GOD ENCOUNTERS

TO TOUCH GOD
AND BE TOUCHED BY HIM

ELMER L. TOWNS

Regal

A Division of Gospel Light
Ventura, California, U.S.A.

하나님을 만난 사람들
(God Encounters)

TO TOUCH GOD
AND BE TOUCHED BY HIM
BY ELMER L. TOWNS

조영근 옮김

하나님을 만난 사람들

· 초판 1쇄 발행 2006년 10월 10일

· 지은이 Elmer L. Towns
· 옮긴이 조영근
· 펴낸이 정종현
· 펴낸곳 도서출판 누가

· 등록번호 제 20-342호
· 등록일자 2000. 8. 30.
· 서울시 동작구 상도 2동 186-7
· Tel (02)826-8802, Fax (02)825-0079

· 정가 11,000원
· ISBN 89-89344-91-3 03230

· 파본은 교환해 드립니다.
· 이 출판물은 저작권법에 의해 보호를 받는
  저작물이므로 무단 복제할 수 없습니다.
· 독자의 의견을 기다립니다.
· lukevision@hanmail.net

Published by Regal Books
A Division of Gospel Light
Ventura, California, U.S.A.
Printed in U.S.A.

> Regal Books is a ministry of Gospel Light, an evangelical Christian publisher dedicated to serving the local church. We believe God's vision for Gospel Light is to provide church leaders with biblical, user-friendly materials that will help them evangelize, disciple and minister to children, youth and families.
>
> It is our prayer that this Regal book will help you discover biblical truth for your own life and help you meet the needs of others. May God richly bless you.
>
> *For a free catalog of resources from Regal books/Gospel Light, please contact your Christian supplier or contact us at 1-800-4-GOSPEL or www.regalbooks.com.*

All Scripture quotations, unless otherwise indicated, are taken from the New King James Version. Copyright © 1979, 1980, 1982 by thomas Nelson, Inc. Used by permission. All rights reserved.

Other versions used are:
KJV-King James version. Authorized King James version.
TLB-Scripture quotations marked (TLB) are taken from The Living Bible copyright © 1971. Used by permission of Tyndale House Publishers, Inc., Wheaton, IL 60189. All rights reserved.

© Copyright 2000 by Elmer L. Towns
All rights reserved.

Cover Design by Kevin Keller
Interior Design by Robert Williams
Edited by Kathi Mills and Wil Simon

LIBRARY OF CONGRESS CATALOGING-IN-PUBLICATION DATA
Towns, Elmer L.
    God encounters / Elmer L. Towns
      p. cm.
    Includes bibliographical references.
      ISBN 0-8307-2336-6 (trade paper)
      1. Christian life. 2. Presence of God. 3. Bible-Biography. I. Title.

BV4509.5.T69 2000   99-087088
231.7-dc21

1 2 3 4 5 6 7 8 9 10 11 12 13 14 15 / 07 06 05 04 03 02 01 00

Rights for Publishing this book in other languages are contracted by Gospel Literature International (GLINT). GLINT also provides technical help for the adaptation, translation and publishing of Bible study resources and books in scores of languages worldwide. For further information, write to GLINT at P.O.Box 4060, Ontario, CA 91761-1003, U.S.A. You may also send e-mail to glintint@aol.com, or visit the GLINT website at www.glint.org.

격려의 글

예수님께서는 하나님을 아는 것이 영생이라고 말씀하셨다(요 17:3). 하나님의 말씀 연구를 통해서 엘머 타운스 박사는 우리의 하늘의 아버지를 보다 친밀하게 만나고 알 수 있도록 도움을 주었다. 이보다 더 중요할 수는 없는 일이다.

- 빌 브라이트(Bill Bright)
플로리다 올렌도에 있는 국제 대학생 선교회
(CAMPUS CRUSADE FOR CHRIST INTERNATIONAL)
설립자겸 총재

나는 엘머 타운스 박사를 30년간이나 알아 왔고, 하나님과의 만남에 대한 주제로 책을 쓰는 일보다 그를 아는 데 있어서 더 중요한 자격이 없을 것이라 생각한다. 그는 토마스 로드 침례교회(Thomas Road Baptist Church)에서 그동안 이런 주제로 성도들에게 말씀을 가르쳐 왔고, 이 가르침의 결과 많은 성도들이 하나님을 더 가깝게 느낀 것이다. 그것은 아마 그가 행했던 사역 중에서 가장 효과적이었을 것이라 짐작된다. 이 책「하나님을 만난 사람들」(God Encounters)은 우리의 주님이신 예수 그리스도를 만나는 일에 있어서 많은 도움이 될 것이고, 당신이 만나고자 할 때, 그분을 알게 될 것이고 경험하게 될 것이다.

- 제리 팔웰(Jerry Falwell)
버지니아 린치버그에 있는 토마스 로드 침례교회 담임 목사

예기치 않은 바로 그 순간에 하나님께서 우리의 삶에 개입하신다는 사실을 안다는 것이 얼마나 격려가 되는가! 성경과 동시대의 이야기를 통해 엘머 타운스 박사는 오늘날 우리의 삶에서 하나님의 손길을 발견할 수 있도록 우리를 일깨우고 있다. 나는 고조되었고 많은 가르침을 받았다. 여러분도 그럴 것이라고 믿고 있다.

- 어윈 루쩌(Erwin W. Lutzer)

일리노이 주 시카고에 있는 무디 교회의 담임 목사

엘머 타운스 박사는 믿을 수 없는 아주 중요한 문제 앞에 통찰력 있고 용기를 주는 한 용어를 우리에게 소개해 주었다. '하나님을 만나다'(God Encounters)라는 말은 이 책을 읽는 모든 크리스천들을 강력하게 하는 원천을 제공한 것이다. 이 책을 추천함에 매우 기쁨을 가진다.

- 애드리안 로저스(Adrian Rogers)

테네시주 콜도바에 있는 벨레뷰(Bellevue) 침례교회 담임목사

엘머 타운스 박사는 「하나님을 만난 사람들」(God Encounters)이라는 책을 우리에게 소개함으로서 예수 그리스도의 몸을 세우는 일에 큰 역할을 감당해 왔다. 쉽게 읽을 수 있도록 이 책을 구성함으로 우리로 하여금 더욱 마음을 끌게 한다. 타운스 박사는 우리가 개인적으로 하나님을 만나는 경험을 해야만 한다는 사실을 가능할 수 있도록 소망을 던져주고 있다. 나는 이 책을 통해 여러분들이 살아계신 하나님을 만날 수 있기를 기도한다.

- 스티브 윙필드(Steve Wingfield)

복음 전도자이자 버지니아 해리슨버그에 있는 윙필드 기관(WINGFIELD MINISTRIES) 총재

머리말

하나님을 향한 갈망(HUNGRY FOR GOD)

1996년 10월 3일, 그날은 주일이었고 나는 하나님을 만났다. 나는 결코 이전과 같지 않았다. 심지어 내 친구는 지금까지도 묻곤 한다. '너에게 무슨 일이 일어났었느냐?' 나는 마지못해 하나님을 만났던 사실에 대해 말하곤 한다. 그러나 이사야는 이렇게 말했다. "내가 주를 본 즉"(사 6:1). 그가 그렇게 말할 수 있었다면, 그래 나도 그럴 수 있음을 고백한다.

타운스 박사님이 내게 「하나님을 만난 사람들」(God Encounters)의 머리말을 부탁했을 때 내 심장은 불안과 흥분에 휩싸인 채 두근거렸다. 그분의 부탁이 나의 명예를 높일 것이라는 스릴과 그가 쓴 책을 읽는 흥분감을 만끽하면서도, 한편으로는 두려움이 나를 엄습하였다. 그 두려움은 일반 독자들이 이 주제에 대하여 이해하지도 못하면서 단지 평범한 주제로 취급해 버리지나 않을까 하는 염려이고, 그와 더불어 하나님을 만났던 경험을 가지고 있는 사람들과 내 가슴에 간직하고 있는 신성한 나의 기억들이 쓰레기 취급을 당할까 하는 두려움이 있었던 것이다. 하지만 이런 나의 두려움은 훌륭하게 쓰여진 글과 성경에 대한 신학적인 명확한 논증으로 인해 깨끗이 해결되었다. 타운스 박사, **당신은 정말 멋진 일을 해냈소이다!** 여러분 자신 스스로가 하나님을 만나고자 하는 도전과 그리고 확신이 없이는 이 책을 읽는 것은 불가능한 일이다.

여러분이 하나님을 만난 적이 없다면, 그 경험의 정도는 단지 사진으로만 보았던 사람들과 실제로 그분을 만난 경험이 있는 사람들과의 차이에서 말할 수 있을 것이다. 그것은 연기와 불, 그리고 향과 피의 냄새를 맡는 차이와 같을 것이다. 하나님을 만난 경험을 가진 사람들이 만남에 대한 이야기를 했을 때, 그들의 음성에는 무엇인가 강한 떨림이 있었고, 그들의 눈에는 어떤 특별한 표정이 있었다. 그리고 그들은 대게 그런 일이 일어났던 날을 분명하게 기억해 낼 수 있을 것이다. 엘머 타운스 박사는 여기에서 이 모든 사람들의 경험들을 열거하고 있다. 그도 분명히 하나님을 만났기에 이 글을 쓸 수 있는 것이다.

현대 기독교에서 주요 인물들과 오랫동안 친구관계를 유지하고, 아주 풍부한 종교적 유산으로부터 이끌어내면서, 엘머 타운스는 현대의 만남의 장소와 성경에서의 만남의 장소를, 현대인들과 과거에 인물들을 엮어 나가고 있다. 그 결과 하나님의 목적지에 다다를 수 있도록 하기 위해 사람들에게 매우 실제적인 지도를 제시한 것이다. 이 지도를 따라간다면 여러분은 하나님과 아주 가까운 지점에까지 도달할 수 있을 것이다. 당신은 현재 자신에 대한 방향 탐색을 마쳐야 할 것이지만, 이 책을 통해 더욱 가깝게 될 것이다.

영적인 돌파구를 위해 하나님을 만남으로 어디서든지 나에게 **특정한 곳**이 되게 하는 방법, 어떤 환경을 만나도 그것이 **특정한 환경**이 되는 방법,

어떤 때이든지 그 시간이 **특별한 시간**이 되는 방법, 그리고 어느 누구라도 **어떤 사람이 어떻게 될 것인가**에 대하여 엘머 타운스는 우리에게 말하고 있는 것이다.

그는 신비롭지 않은 것을 신비스럽게 하는 말재간꾼(storytelling wordsmith)이 아니다. 그는 최근 보여진 것들을 엮으면서 성경 속의 만남 가운데로 활기찬 새로운 삶을 불어 넣는다. 이 책에서 그가 가르치고자 하는 것은 너무나 분명해서 누구나가 하나님께서 임재하시는 곳에 대한 지식의 작은 부분을 따를 수 있다.

구원 받은 사실과 살아계신 하나님과의 만남의 능력에 대한 차이의 설명을 통해서 내 안에 열정이 새롭게 싹트고 있다. 이러한 사실로서 당신을 탐욕스럽게 만드는 메뉴를 늘어놓고자 이 책을 읽게 되는 일은 없을 것이다. 엘머 타운스는 보기 드문 형식을 통해 하나님의 장엄함의 메뉴를 펼쳐 놓을 것이다.

지금도 갈망하고 있는,
「The God Chasers」의 저자
토미 테니(Tommy Tenney)

추천의 글

　인생을 살아가며 자기 삶의 방향전환을 이룬다는 것은 쉬운 것은 아닙니다.
　사람은 살아온 삶의 습관과 모습을 특별한 일이 없는 한 그대로 살아가기가 쉽습니다. 그러나 우리 주변에 새로운 삶을 살아가는 사람들을 발견할 수 있습니다.
　즉 삶의 목적과 방식, 그리고 과거를 해석하는 관점 등의 변화를 통해 영향력 있는 인생을 사는 사람들입니다.
　이들의 공통점은 바로 하나님을 만난 사람들입니다. 하나님을 만난 사람들은 자신의 삶의 변화를 통해 다른 사람과 환경, 그리고 역사를 변화시켜가는 사람으로 달라집니다.
　엘머 타운즈(Elmer Towns)박사는 리버티대학교를 공동설립한 사람으로 70여권의 책을 통해 꾸준히 하나님의 메시지를 전 세계 많은 그리스도인들에게 전해준 분이기도 합니다. 한국에서도 그의 저작들이 여러 권 소개되었지만 이번에 하나님을 만난 사람들(God Encounters)이라는 그의 책은 신앙생활의 가장 근본적이고 중요한 내용을 다룸으로서 우리의 영적생활을 더욱 풍성하게 할 것입니다.
　무엇보다도 이 책에서는 변화에 대한 주관적이고 내면적인 면을 객관적이면서도 현상적으로 잘 분석하고 제시해줌으로 하나님을 만난 사람들의 공통적인 변화의 모습을 보여줍니다. 더 나아가 그 개개인이 가지고 있는 독특한 삶의 모습이 하나님을 만남으로 어떻게 더 존귀하고 아름답게 영향력을 발휘하는지를 알려주고 있습니다.

　이 책에 나오는 다양한 사람들은 다른 장소와 환경 그리고 여러 상황 속에서 하나님을 경험하게 됩니다. 엘머 타운즈 박사는 그것을 살아있는 필체로 전달해줌으로 그 사람과 함께 하나님을 만나는 장면을 경험하게 해줍니다.

　그럼으로 하나님을 만나기를 원하는 사람들에게 용기와 지혜를 제공해주고, 변화하고 새로워지기를 사모하는 사람들에게는 도전을 주고 있습니다.

　그리고 만남이후의 삶의 변화를 자세히 설명해 줌으로서 이미 하나님과의 만남경험이 있는 사람들에게는 자신이 경험한 것을 더욱 이해할 수 있도록 도와주고, 잊혀 진 감격과 사명을 다시 회복할 수 있는 깨우침을 주는 내용이기도 합니다.

　이 책을 한국의 독자들에게 소개하는 조영근 목사님은 자신이 주님을 만난 사람입니다.

　그를 가까이서 지켜보면서 하나님을 만난 이후 어떻게 그의 삶이 변화되고 사역이 달라지는지를 느낄 수 있었습니다. 그런 의미에서 이 책은 하나님을 만났던 사람, 그리고 변화의 감격과 과정을 날마다 체험하는 번역자 자신의 삶을 느낄 수 있는 내용이기도 합니다.

　주님과의 만남을 갈망하고 사모하는 모든 분들에게 이 책은 우리를 만나주시는 하나님은 누구신가? 그리고 그 만남을 통해 우리는 무엇을 경험하는가? 그리고 그 만남의 삶을 통해 어떻게 변화되어 가는가를 함께 살펴볼 수 있는 거울과 같은 내용이며, 영적 여행을 안내하는 지도와 같은 책이기도 합니다.

변화를 원하십니까? 하나님을 만나십시오. 하나님을 만나기 원하십니까? 이 책을 통해서 지혜와 용기를 얻으십시오. 우리를 만나시기를 원하시는 주님을 통해서 우리에게 너무나 크고 놀라운 가능성을 열고 기다리고 계시는 하나님의 사랑을 체험하게 될 것입니다.

동안교회
김 형 준 목사

역자 서문

　성도에게 있어 가장 중요한 일이라면 하나님을 만나는 일일 것이다. 얼마 전 야곱의 이야기에 대한 말씀을 준비하면서 내 자신이 깨달았던 한 부분을 소개하고자 한다. 21년간의 도피 생활을 마치고 고향으로 돌아오는 야곱에게 커다란 인생의 위기가 닥친다. 라반과의 피의 언약을 통해 되돌아갈 수 없는 상황에서 도피할 수밖에 없었던 당사자인 그의 형 에서의 사 백 명의 군사가 앞을 가로막고 있다는 소식이었다. 성경은 이를 두고 "야곱이 심히 두렵고 답답하여(창 32:7)"라고 말씀하고 있다. 그 때 야곱은 진퇴양난의 인생의 위기를 극복하고자 기도하면서 지난 시절 밧단아람으로 떠날 때, 벧엘에서 만난 하나님을 회상했던 것이다. 성도는 매일 일상의 삶에서 하나님을 만나는 경험을 통해 자신도 모르게 솟아나는 용기와 힘을 느끼며 살아간다. 아마 하나님을 모르는 세상 사람들은 이런 기이한 맛을 알지 못할 것이다.

　저자가 소명을 받을 때 만났던 그 동일하신 하나님께서 역자에게도 어김없이 소명의 현장에 찾아오셔서 만나주신 사실이 있다. 오랫동안 소명을 받고도 감당할 자신과 용기가 없이 망설이며 결단하지 못한 채, 세월 속에 묻혀 이리 저리 회피의 삶을 살던 내게 한 신년 집회에서 하나님께서는 말씀으로 나를 만나 주셨다. "형통한 날에는 기뻐하고 곤고한 날에는 생각하라 하나님이 이 두 가지를 병행하게 하사 사람으로 그 장래 일을 능히 헤아려 알지 못하게 하셨느니라 (전 7:14)" 새벽 집회의 본문 말씀이었다. 말씀을 듣고 있던 역자는 갑자기 흘러내리는 눈물을 주체할 수가 없었다. 하염없이 흘러내리는 눈물로 인해 아침을 거른 채, 주님께 기도하는 순간 내 안에서 고통과 슬픔이 사라지고, 기쁨과 함께 목회에 대한 두려움이 거치면서 결단을 내릴 수가 있었다. 하나님을 만나는 순간이었다. 이 경험은 지금도 두렵고 답답할 때마다 역자에게 힘을 샘솟게 하고 있다.

　2003년이 저물어갈 무렵 역자는 오랫동안 기도하며 준비했던 유학의 길에 오르게 되었다. 미국에 첫 발을 들이는 순간 역자를 반갑게 맞이한 이는 다름 아닌 차갑게 살을 에이는 바람이었다. 그렇게 이국의 정취를 간직한 채, 낯선 땅에서 서툰 언어로 매일 매일 연속된 긴장의 삶 속에 한 학기를 보내고 여름 학기를 맞아 저자의 수업을 청강하게 되었다. 그 때 책을 한 권 받았는데, 그 책이 "God Encounters"였다. 이 책을 읽어가며 역자도 모르게 가슴 한 구석에서부터 솟구치는 열망의 불꽃을 느낄 수가 있었다. 기도하는 중에 번역해서 한국 교회에 소개하고자 하는 생각이었다. 다시 주님께 물었다. "저는 감당할 능력이 없습니다." 그러나 식지 않는 뜨거움에 순종하는 마음으로 저자에게 허락을 받고 두렵고 떨리는 마음을 가득 안은 채, 번역을 시작하였다.

　역자는 이 책을 번역하면서 문학적 가치에 중점을 두지 않았다. 또한 그럴 능력이 없음을 미리 밝혀둔다. 미사여구나 화려한 필체에 의지하지 않고, 다만 성경에 기록된 사실을 그대로 알기 쉽게 정리하여 한국 교회 성도들의 이해를 돕고자 했다. 가능하면 문화적 상황의 차이에 대한 극복을 통해 한국적 상황으로 정리하여 이해를 돕고자 노력하였으나 여간 어려운 일이 아니었음을 고백해 본다. 그동안 역자도 다른 번역서를 대하면서 내심 이 정도뿐이 번역하지 못하나 라는 투덜거림이 있었는데, 막상 번역이라는 작업에 돌입하고 보니 만만치 않음을 새삼 느낄 수가 있었으며, 그동안 역자의 소리 없는 비판에 휘둘린 수많은 역자들에게 반성과 함께 미안한 마음을 전하고 싶다.

이 책이 한국 교회에 소개되기까지 정성을 아끼지 않고 솟아 부어주신 고마우신 분들에 대한 노고에 감사하지 않을 수가 없다. 먼저 무명의 목사가 번역한 책을 기꺼이 받아주시고 출판해 주신 누가 출판사와 정종현 목사님께 감사를 드린다. 또한 이 책이 나오기까지 기도와 관심으로 도와주신 동역자들을 지나칠 수가 없다. 추천의 글로 이 책을 더욱 값지게 도와주신 (김형준 목사님과 방선기 목사님), 사랑하는 후배이자 목사 동기인 유승복 목사님, 그리고 필레오 동역자 모임의 목사님들, 특히 미국에 있는 답답한 심정을 해결해 주며 서울에서 분주하게 뛰어다니며 도왔던 정관성 목사님과 이광준 목사님에게 심심한 감사를 드린다. 그리고 빼놓을 수 없는 한 사람이 더 있다. 내게 첫 독자가 되어 준 아내 미경에게 고마움을 전하고 싶다. 번역 초안이 나올 때마다 좋은 소리 한 번 듣지 못하고 꿋꿋하게 버티며 아름답게 태어나는 책을 위해 교정의 수고를 아끼지 않았던 터에 오늘의 귀한 출판의 감동을 가질 수가 있었다. 다시 한 번 이 책을 위해 기도와 관심 속에 헌신해 주신 모든 분들께 감사를 드린다. 그러나 무엇보다도 능력 없는 역자에게 힘과 용기와 능력을 주시어 한국 교회에 이 책을 드릴 수 있도록 허락하신 하나님께 모든 영광과 감사를 드린다.

2006년 여름에
미국에서 조 영 근 목사

차례

서문 · 21

SNAPSHOT 1 잭 헤이포드 · 39 | CHAPTER 1 아브라함 · 45

SNAPSHOT 2 존 맥스웰 · 65 | CHAPTER 2 야곱 · 72

SNAPSHOT 3 빌리 그래함 · 93 | CHAPTER 3 모세 · 96

SNAPSHOT 4 요한 웨슬리 · 117 | CHAPTER 4 기드온 · 121

SNAPSHOT 5 조 포쳇 · 139 | CHAPTER 5 엘리야 · 142

SNAPSHOT 6 오스왈드 챔버스 · 159 | CHAPTER 6 이사야 · 163

SNAPSHOT 7 아드리안 로저스 · 181 | CHAPTER 7 예레미야 · 184

SNAPSHOT 8 리차드 헬버슨 · 201 | CHAPTER 8 에스겔 · 206

SNAPSHOT 9 레이몬드 애드먼 · 225 | CHAPTER 9 혈우병을 앓고 있는 여인 · 230

SNAPSHOT 10 에이미 카마카엘 · 249 | CHAPTER 10 막달라 마리아 · 252

SNAPSHOT 11 드와이트 무디 · 267 | CHAPTER 11 베드로 · 270

SNAPSHOT 12 찰스 피니 · 289 | CHAPTER 12 사울 · 291

맺음말 · 315

결론 · 325

서문
INTRODUCTION

삶의 전환을 위한 하나님과의 만남
(ENCOUNTERING GOD TO TRANSFORM YOUR LIFE)

40일간 금식을 작정하며 기도하고 있을 무렵, 39일째 되는 날 이 책에 대한 생각이 내게 밀려들었다. 나는 이 금식 기간 동안에 하나님께 묻고 있는 것이 있었다. 그것은 하나님의 교회를 다니고 있는 당신의 백성들에게 축복의 글을 써야 할 텐데, 어떤 글을 써야 할지 보여 달라고 기도하고 있었다. 내가 금식하는 동안 우연히 한 편집자를 만났는데, 그는 내게 기도의 응답 중에 가장 귀한 것이 무엇인지를 물었다. 나는 멋진 응답을 받았는데, 그 대답은 "내가 이제껏 하나님을 알고자 배워왔는데…… 그것은 하나님과의 만남이었습니다"라고 말하였다.

그럼 "어떻게 사람들이 하나님을 만났는가에 대한 글을 왜 쓰지 않냐?"고 그는 내게 넌지시 내 비치었다.

그래서 나는 이 책을 집필했고 원고를 그 편집자에게 보냈다. 그는 그 원고를 읽더니만, 추가로 한 가지가 더 필요하다고 제안하였다.

"독자들은 당신 자신이 만난 하나님에 대하여 알기를 원할 것입니다.

그러면 이 책이 더 신뢰성이 있을 것입니다."

구원을 위한 하나님과의 만남
(ENCOUNTERING GOD FOR SALVATION)

내가 초등학교 1학년 때, 어느 방문 판매원이 주일학교로 나를 찾아왔었다. 그는 '이동식 트럭'(Jewell Tea Coffee Truck, 차와 커피를 판매하는 이동식 트럭-역자 주)으로 나를 들어 올렸고, 그 후로도 14년 동안 그러한 경험과 만남을 결코 잊지 못하였다.

나는 어린이 요리문답뿐만 아니라 성경 공부와 매주 요절 말씀을 암송했다. 나는 변화되기 전부터도 술이나 담배 그리고 마약이나 이런 나쁜 짓은 하지 않았다. 나는 대부분의 미국 애들이 다 그렇듯이 모범적으로 자란 전형적인 남부 소년으로 자랐다.

1944년 부활절 주일에 우리 또래 청년들이 교회에 모였다. 우리가 믿음에 대한 근본적인 교리를 믿게 된다면 이라는 질문이 우리에게 던져졌다.

"나는 믿어요"라는 대답이 나의 반응이었다. 나는 예수님의 죽음이 사실로 받아들여졌다. 마치 공립학교에서 가르치는 모든 진리를 받아들이듯이 말이다. 나는 장로교회에 등록을 했고, 세례를 받고, 장로교에서 하기로 되어 있는 모든 것들을 지켜 행했다. 그런데 단지 한 가지 문제가 있었는데, 그것은 나의 개인의 구원자로서 예수 그리스도를 알지 못했던 것이다.

그러던 1950년 7월, 나는 조지아 주(Geogia)의 보나벨라(Bonnabella)에 있는 조그만 장로교회의 부흥회에 참석 했다. 그곳에서 찬양과 설교를 듣고 있는데, 그곳 대기 중에 하나님께서 임재하고 있음이 느껴졌다. 특히 구원으로의 초청이라는 순서가 있었을 때, 사람들이 하나님의 임재를 경험하는 것처럼, 그들은 제단 앞으로 나갔고, 거기서 예수님을 영접하는 기도를 드렸던 것이다.

부흥회는 그 도시 전체를 휩쓸었다. 시골의 한 집배원은 집회에 참석하여 제단 앞에 무릎을 꿇고 주님을 영접하는 기도를 드렸다. 부흥회가 마쳐갈 무렵 그는 무언가를 말하기 위해 참석한 회중 앞에 섰다. 거기에 참석한 사람들은 대부분이 그가 이름을 다 아는 사람들이었다. 왜냐하면 그가 집배원이였기 때문이다. 그가 회중에게 고백하기를 "나는 침례교회 교인으로서 성가대에서 찬양을 하고, 집사였으며, 주일학교 부장이었지만 오늘 저녁에야 비로소 거듭난 것입니다."

그 집배원은 자신이 편지를 배달하고 있는 지역에는 23개나 되는 교회가 있었지만, 매일같이 배달하면서도 어떤 특별한 느낌을 갖지 못했다고 설명했다. 그는 "그런데 약 한 블록 반밖에 떨어지지 않은 이곳에서만은 어떤 특별한 것을 느낄 수가 있었다"고 고백했다. 그 집배원은 교회당 안에 하나님이 임재하셔서 자신을 부르고 있다는 설명을 하고 있었다. 그런데 실제로 사람들이 하나님의 임재하심을 느끼고 있을 때, 이 모든 일을 예배 중에 경험했던 것이다.

7월 25일, 크루세이드(역자 주-한 지역에서 예수 그리스도를 알리고 사람들을 영접하게 하는 성격의 집회)의 두 번째 주, 그날은 앞으로 나오는 사람이 아무도 없었다. 첫째 날과 같이 예수님을 영접하는 기도를 했던 사람들이 아무도 없었던 것이었다. 회중들 가운데에서 정말 실망스런 일이었다. 왜냐하면 그들은 그 저녁에 하나님께서 그들 마음속에서 역사하지 않을 것이라고 생각했기 때문이었다. 목사님이 성찬대 앞까지 걸어 나와서 광고하기를 "여기에 누군가가 이 밤에 앞으로 나와야 했습니다." 그는 자신의 말이 잘 전달되고자 잠시 한숨을 돌리고 다시 말하려고 할 때, 왠지 나에게 직접 말하는 것처럼 보였다.

"비록 너에게 크리스천이 되라고 말씀하셨다는 것을 알지라도 너는 앞으로 나오는 것이 당황스러웠을 거야."

그가 내 감정을 그대로 표현했기에 나는 아무 말도 이을 수가 없었다. 초청의 찬양이 이어지는 동안 구원해 주겠다고 나오라고 하시는 하나님의 말씀하심을 느꼈다. 그러나 나는 주님께 따져 물었다. 그에게 말하기를 '나는 이미 크리스천이에요. 나는 이미 교회를 다니고 있고, 예수님이 나를 위해 죽으심도 믿고 있어요.' 주님이 나의 구원자로서 그분을 내 안에 소유함 없이 예수님에 대해 역사적인 믿음만을 가질 수 있다는 것을 나는 깨닫지를 못한 것이다. 그리고 목사님이 내게 말씀하시기를 "만일에 여러분이 오늘 밤에 이 앞으로 나오기로 되어 있었는데, 두려워서 나오지 못하겠다면" 하시고 무엇을 해야 할지 우리에게 말씀하시는 것을 잠시 멈추시더니 이윽고 말을 이었다. "나는 여러분이 집에 돌아가서 침대에서 무릎을 꿇고 하늘을 바라보며 전에는 결코 그렇게 할 수 없었다고 예수님께 말하시고 여러분 마음에 예수님을 청하시기를 바랍니다."

나는 예배당 뒤를 향해 서서 목사님이 말하는 것이 무엇을 의미하는지 언제 내가 집에 돌아가야 할지를 결정했다. 그러나 집에 돌아 왔을 때, 어느새 내 마음이 바뀌어버렸다. 나는 주기도문을 하고자 무릎을 꿇었고, 그러고 나서 침대에 들어갔다. 그러나 아무리 잠을 청하여도 잠이 오지 않았다. 그 이유는 내가 범한 죄가 느껴졌기 때문이었다. 그래서 다시 기도하기 위해 침대에서 몸을 일으켰다.

잠을 자게 해 주세요.
내 영혼이 지켜지도록 주님께 기도합니다.
만약 내가 일어나기 전에 죽는다면,
내 영혼을 받아 주시길 주님께 기도합니다.

이 기도는 어머니가 내게 가르쳐 준 기도였는데, 때로는 아이처럼 내가 했던 기도였다. 다시 잠을 청했지만 잠을 잘 수가 없었다. 하나님께서 내게 말씀하시고 있었다. 그 목회자가 하라는 대로 해 보라는 것이었다. 그날 밤에 나는 두 번 혹은 세 번이나 침대를 박차고 나와서 기도할 때마다 주기도문을 암송하거나 아니면 "지금 나를 눕게 해 주세요" 하고 기도했다.

내 머리 속에서 나는 크리스쳔이었습니다 라고 하는 말이 맴 돌았다. 왜냐하면 나는 이미 교회에 속해 있었고, 예수 그리스도 안에서 역사적인 믿음을 가지고 있었기 때문이었다. 마침내 나는 침대에 무릎을 꿇고 하늘을 바라보며 목사님이 내게 하라고 말씀하신 것을 기꺼이 해 보았다. 나는 마음을 다해 "주님 제가 전에는 결코 그것을 이루지 못했나이다……"라고 기도했다.

내가 구원받지 못함을 뉘우치며 - 나는 구원받지 못했다고 하나님께서 말씀하신 것 - 정직하게 고백했을 때, 나는 지옥의 두려움이 느껴졌다. 그리고 몇 분이 지났을까 나는 전에는 전혀 경험하지도 못했던 두려움이 느껴진 것이었다. 그리고 서둘러 기도하기를 시작했다. "주 예수님, 내 마음에 찾아오시어 나를 구원해 주시옵소서." 그 기도가 끝나자 내 몸에 전류가 흘렀다. 내가 주 예수 그리스도 안에서 나의 믿음이 있었음을 알았고, 내가 하늘나라로 가고 있음을 알았다. 예수님은 진정 나를 위해 계셨고, 육안으로 내 침실에 계셨던 것이 아니라 그분은 내 마음 속에 살아 역사하는 분이었던 것이다. 나는 전에는 느끼지 못한 어떤 평화로움을 느꼈고, 안전한 느낌도 가졌다. 또한 흥분감도 감추질 못했다. "아멘… 할렐루야 주님을 찬양합니다"라고 하며 조용히 찬송을 했다. 조용히 찬송을 부르면서 발을 구르며 한 손을 들고 찬양을 했다. 아버지가 술에 취해 옆방에 계셨기 때문에 큰소리로 찬송할 수가 없었고, 나를 구원하신 하나님께만 조용히 찬송을 했다.

나는 그날 밤 주님의 임재하심을 느낄 수가 있었으며, 나는 그분께 말하며 찬송가를 조용히 불렀다.

나 같은 죄인 살리신
주 은혜 놀라워
잃었던 생명 찾았고,
광명을 얻었네.

이 원고는 성경 속에서 하나님을 만난 인물들에 대하여 말하고 있는 것이다. 어떤 경우에 있어서는 하나님을 만남으로 변화되는 역사도 있다. 사울은 그가 다메섹 도상에서 예수님을 만나기 전까지는 하나님을 대적하는 인물이었다. 기드온은 아마 나와 같은 사람이었을 것이다. 그는 종교적인 언어나 행동을 아는 그런 사람이었다. 그러나 그가 하나님을 만났을 때는 완전히 변화된 것이었다. 그러나 내 인생에서 다른 순간들이 있었는데, 그것은 내가 하나님을 만나 인생의 계획이 변화되었던 바로 내 삶 가운데 영역이었다.

방향 설정을 위한 하나님과의 만남
(ENCOUNTING GOD FOR DIRECTION)

삼 년 동안 성경 대학에서 가르치고 있을 때였다. 칠흑같이 어두운 한밤중에 무엇인가 극심하게 달아올랐다. 나는 무엇인가 잘못된 것임을 느낄 수 있었다. 두려움으로 온몸에 진땀이 나기 시작했다.

"주님, 이것이 무엇입니까?"

주님은 육안으로 보이진 않았지만, 비전도 보지 못했고, 음성도 듣지 못했지만, 지금 이순간 방안에 계신다는 사실만은 알 수 있었다. 그러나 주님이 무언가로 나를 따뜻하게 하시며 내 침대 곁에 서 계심을 나는 알았다.

나는 혹시 밤손님이 아닐까 라고 생각하면서 더욱 큰 두려움이 밀려들었다. 그리고 나는 아마 거기에 불이 있을 거야 혹은 내가 아는 어떤 사람이 위험 속에 있든지 아니면 죽었든지 라고 생각했다. 나는 몇 번이나 기도를 하였다.

"주님, 제게 말씀하시고자 하는 것이 무엇입니까?"

그때 주님의 말씀이 내 마음 깊은 곳에서, 최근에 마음으로 결심한 새로운 일을 하지 말라고 말씀하시는 것이었다. 며칠 전 나는 성경 대학에서 가르치는 일에 다시 서명을 하였다. 그 일은 국내 주일학교 연합회와 관련된 대학이었는데, 이 연합회는 다른 교단과도 교류하고 주일 학교 비전을 통해 사람들에게 도전을 주는 주일학교 단체였다. 여행할 수도 있고, 많은 사람들에게 영향을 주기도 하고, 많은 교회에서 사역도 감당하면서 국가의 승인까지 받은 완벽한 직업이었다. 그러나 침대에 누웠을 때, 하나님께서 내게 분명하게 말씀하시는 것을 알았다.

"주일 학교에 관계된 일은 하지 마라."

나는 그때부터 침대에서 주님과 씨름을 하였다. 왜냐하면 주일학교에 관계된 일은 엄청난 잠재력이 있음을 알았기 때문이었다. 내가 전국에 알려질 수도 있고, 아주 흥미도 있었을 것이고, 당시 150명의 학생뿐이 안 되는 세인트루이스에 있는 미드웨스트 신학대학(Midwest Bible College)에서 가르치는 것보다 많은 사람들에게 영향을 주는 것이었기 때문이었다.

"그 일을 하지 말라"고 하나님께서는 계속 말씀하셨다.

내가 하나님과 씨름하고 있을 때, 이러한 긴 여정에서 가장 우선되는 것이 무엇인지를 다시 생각하게 되었다. 우선순위가 무엇인지에 대해서 다시 내 자신에게 물었다. 나는 또한 내게 있어 가장 강한 은사가 무엇인지, 그리고 어떻게 내 인생에서 가장 큰 기여를 할 수 있을 것인지에 대해서 물었다. 나는 주님께 내 자신의 유익만을 위해 살아간다고 고백했다. 나는 대학 1학년 때부터 줄곧 대학의 총장이 되고자 하였던 것이다. 주일 학교를 위해 돌아다니며 사역하는 새로운 일로 명성을 얻게 되면 어느 순간에 어느 곳에서든지 대학으로 들어가는 문을 쉽게 찾게 될 것이라는 생각으로 스스로 합리화했던 것이다. 이러한 나의 생각을 계속해서 하나님께 말씀드렸지만, 내가 얻은 것은 똑같은 메시지였다.

"주일 학교에 관한 일은 하지 마라."

합심 기도 이후에 나는 주님 앞에 굴복하고 말았다. 명성은 중요한 것이 아니라고 주님께 고백하였다. 나는 나의 명성을 포기하면서 말하길

"하나님, 내가 스스로 성경 대학의 총장이 될 수 없다면, 당신이 이루어 주시옵소서!"

마침내 내 자신의 뜻을 하나님 앞에서 포기했을 때, 하나님께서 말씀하셨던 것을 다시 한 번 떠올렸다.

"주일 학교에 관계된 일을 하지마라. 하지만, 일 년 내에 나는 대학 총장의 자리를 네게 줄 것이다."

내 인생을 위해 믿음으로 하나님의 뜻을 받아 들였다. 그리고 나는 다가오는 해 미드웨스트 신학대학(Midwest Bible College)에서 계약서에 서명을 하였다. 나는 미국의 주일 학교 연합회의 새 일에도 다시 서명을 하게 되었다.

목회적 소명을 위한 하나님과의 만남
(Encounter with God for a call to ministry)

6개월 후, 내 사역의 방향을 전환시킨 하나님과의 만남이 있었다. 이사야, 에스겔뿐만 아니라 예레미야가 자신들의 사역의 방향이 바뀐 것과 같이, 나는 특별한 방법을 통해 하나님으로부터 음성을 들었다. 눈이 수북이 쌓인 어느 날, 나의 교회인 호프교회(Hope Congregational)를 지나 대학에서 집까지 먼 거리를 운전하였다. 과거에도 그랬던 것처럼, 내가 운전하고 가는 길 위에 자동차 바퀴 자국으로 만들어진 트랙을 발견하였다. 오는 길에 교회의 주차장에 세워 둔 목사님의 차를 보기 위해 뒤돌아보았다. 그리고 잠시 그와 몇 마디 대화를 나누기 위해 오던 길을 멈추고 차를 되돌렸다. 잠깐 동안 대화를 나눈 뒤, 로버트 맥밀런

(Robert Macmillan) 목사에게 말하기를 "나는 언젠가 신학 대학 총장이 되길 원합니다"라고 말했다.

맥밀런 목사는 미드웨스트 신학대학과 아주 밀접한 사람이었으며, 그 대학에서 몇몇 위원회를 섬겨온 사람이었다. 그는 즉시 내 인생의 목표를 북돋우면서 말하기를 "아주 훌륭하고 귀한 생각이군요." 당신과 같은 사람이 신학대학의 총장으로서 추진력과 능력을 소유했다고 생각합니다. 당신이야말로 아주 훌륭한 신학대학 총장이 될 것으로 여겨집니다.

캐나다 토론토에서 목회를 하고 있는 스튜어트 뵈머(Stuart Boehmer) 목사에게서 전화가 걸려 왔다. 그는 맥밀런(Macmillan) 목사와 아주 절친한 친구 사이였다. 그들이 서로 기쁘게 인사를 나눈 후, 뵈머(Boehmer) 목사가 맥밀런(Macmillan) 목사에게 묻기를

"위니팩(Winnipeg) 신학 대학에서 총장이 될 젊고 유능한 사람을 찾고 있는데, 좋은 사람 추천해 줄 수 있겠나?"

"자네가 찾고 있는 아주 적합한 사람이 여기 있네."

맥밀런은 기다렸다는 듯이 대답했다.

하나님께서 미리 준비하시고 결정하신 일에는 우연이란 있을 수가 없었다. 모든 일은 하나님의 목적을 위해 합력해서 이루어지는 것이다.

위니팩 신학교의 이사장 마니타바(Manitoba)는 신학교 총장이 될 인물을 물색하기 위해 토론토에서부터 1,200마일을 달려 왔다. 내가 그 신학교 총장이 되고자 말씀을 나누는 동안, 그 신학교의 이사장 프랭크 프로글리(Frank Frogley)는 신학교 총장을 찾는 일을 도와 준 스튜어트 뵈

머(Stuart Boehmer) 목사님에게 물었다. 그래서 뵈머(Boehmer) 목사님은 맥밀런 목사님에게 이렇게 대답을 하였다.

"나는 총장이 되고자 하는 사람을 내 사무실에서 직접 만났다. 우리 함께 통화해 봅시다. 주선이 된다면 한번 만납시다."

거의 30분 동안 프랭크 프로글리(Frank Frogley)와 나는 위니팩 신학대학에 대하여 서로의 의견을 나누었다. 우리는 신학교의 전략이나 목적, 그리고 신학 등 신학교 전반적인 사항에 관하여 서로의 의견을 교환하였다. 그러나 그 논의의 대부분은 하나님의 뜻에 의한 것이었다. 우리가 전화로 대화를 나누는 동안 나는 다른 귀에서 들려지는 세미한 하나님의 음성을 들을 수가 있었다.

"보라…… 내가 너에게 말하노니 만일 네가 주일학교 사역을 택하지 아니한다면, 나는 네게 일 년 이내에 대학의 총장 자리를 맡기리라."

서로의 대화가 끝나기도 전에 나는 하나님께서 내게 총장의 자리를 준비해 주셨다는 것을 알았다. 그리고 하나님으로부터 인치심을 받음으로서 프랭크 프로글리(Frank Frogley)는 그 대화를 이렇게 결론 내렸다.

"당신은 나의 사람이오, 나는 당신을 면접하기 위해 내일 아침 내 차를 타고 세인트 루이스로 직접 내려갈 것이오."

위니팩(Winnipeg) 신학대학의 위원회는 그동안 많은 후보자들을 거절했었다. 그러나 프랭크 프로글리 이사가 나를 만나러 왔을 때, 나는 그 자리를 얻게 된 것이다.

하나님을 만난 나의 경험은 아마도 내게 어쩌다 한번 이루어진 일로

만 지나지는 않을 것이다. 우리는 모두가 다른 상황에 살고 있다. 서로가 다른 인격과 성장 배경, 그리고 인생의 목적이 다를 것이다. 하나님은 서로 다른 모습으로 우리를 만나 주시며, 각각 다르게 인도하신다. 하나님을 만나는 체험 속에는 어느 것도 완전한 경우는 없다. 그러므로 하나님을 만난 나의 경험과 견준다든지 다른 사람들과 똑같은 경우를 위해 노력하는 일은 하지 않도록 주의해야 한다.

이 책에서 나는 하나님을 만났던 열 두 명의 사람들을 소개하였다. 당신은 그들의 진실함을 신뢰하게 될 것이다. 왜냐하면 그들의 이야기는 성경에 있는 내용이기 때문이다. 또한 당신은 어떻게 그들이 하나님을 만났는가에 대해 배우게 될 것이다. 왜냐하면 이 이야기는 하나님으로부터 나온 것이기 때문이다.

하나님께로부터 친구라고 불림을 받은, 즉 엘카힐(el-kahil 히브리어로 친구란 뜻임-역자 주)의 아브라함처럼, 당신도 하나님을 알게 될 것이다. 아브라함의 인생을 바꿔 놓은 그 만남, 그것은 우리의 인생을 변화시킬 아주 혁신적이고 놀랍고 경이로운 만남이다. 당신은 하나님을 만나고 함께 동행했던 그의 사건을 통해서 배우게 될 것이다.

하나님을 만났던 몇 번의 특별한 경험,
대부분의 경우는 아니지만,
그런 당신은?

모세가 하나님을 만난 후 40일 동안, 어떻게 그의 얼굴에서 광채가 나타났는지 우리는 배워야 한다. 야곱이 하나님을 만난 후에 어떻게 그의 인생의 나머지를 절뚝거리며 살았는지 또한 배워야 한다. 바울은 다메섹 도상에서 예수 그리스도를 만난 후에 그가 지니고 있었던 대부분의 것은 죽여야만 했다. 예수 그리스도를 만난 후, 바울은 수없이 많은 죽음의 상황에 직면하였다. 매를 맞기도 하고, 파선하기도 하고, 폭풍을 만나기도 하였으며, 강도를 당하기도 하였다. 그는 죽음을 두려워하지 않았다. 왜냐하면 그의 옛 자아가 예수 그리스도를 만남으로 인해 이미 죽었기 때문이다. 새사람 바울은 그 경험을 한 후에 아무런 욕심 없이 열정적으로 주님을 섬겼다. 우리는 바울과 같은 죽음에 직면했을 때, 어떻게 그 상황을 바라보아야 하는지 배워야 한다. 당신도 막달라 마리아와 같이 시원한 아침 동산에서 예수 그리스도를 만나고 싶지 않은가? 그렇다면 하나님과의 만남을 인도할 각 장의 마지막에서 제시된 성경적 원리를 찾기 바란다.

하나님을 만난다는 것이 어떤 의미를 주고 있는가? 하나님과의 만남을 설명하는 가장 최상의 방법이 무엇인지를 당신에게 말하는 것이다. 만남이라는 것이 단지 하나님께 기도하고 있는 것만을 의미하지는 않는다. 당신이 기도하는 동안에 일어났을 것이지만, 그것은 당신이 일평생 단지 한 번이나 몇 번의 상황 혹은 그 이상의 무수히 많은 일들 속에 일어날 수도 있었던 것이다.

비록 당신이 당신의 인생에서 말씀 묵상을 통해 하나님을 만나게 될 많은 경험들이 있을지라도, 만남이라는 것이 단지 매일 큐티를 할 때와 같이 하나님을 만나는 그런 것만을 의미하지는 않는다. 하나님과의 만남은 우리의 인생을 변화시킨다. 왜냐하면 하나님의 임재는 아주 특별한 실제가 되기 때문이다. 하나님과의 만남은 다시는 일어나지 않을 아주 중대한 상황도 포함하고 있기 때문이다.

만남은 예배라든지 혹은 심령 수련회의 제단과 같이 당신이 하나님께 예배드리는 장소만을 의미하지는 않는다. 만남이라는 것이 당신이 예배 때 부어지는 기름부음만을 의미하지는 않는다는 것이며, 성경 공부를 통해 통찰력 있는 결과만으로 나타나는 것도 아니다. 그렇다면, 만남은 어떤 특별한 장소에서 일어날 수도 있고, 만남 때문에 당신이 기름부음을 받을 것이며, 그것으로 인해 놀라운 통찰력을 얻게 될 것이다.

이사야, 예레미야, 에스겔과 같은 사람들은 인생을 이롭게 하는 예배를 통해 하나님을 만났다. 밧모섬에서의 요한 같은 이들은 하나님을 신실하게 섬겨온 인생의 마지막에서야 하나님을 만났다.

혹여 어떤 사람들은 이 책 읽기를 거부할 수도 있을 것이다. 왜냐하면 하나님은 좋은 사람들만 만나주신다는 잘못된 생각을 하고 있기 때문이다. 이들은 하나님과 가까이 있지 않기에 그러한 경험을 할 수 없다고 생각할 것이다. 이 책에서 일어났던 상황에 좀더 가까이 다가서서 보아라. 당신은 영적으로 충만하지도 않은 내가 어떻게 하나님을 만난다는 말인가 라는 생각만으로도 하나님을 만나는 일에 있어서 아무런 문제가 되지 않을 것이다. 야곱은 하나님을 만났을 때조차도 어려움에서 벗어나려고 많은 잔꾀를 생각해 냈다. 엘리야는 자신을 하나님께서 삶의 방향을 바꾸어 놓은 이후에도 적들로부터 도망하는 낭패에 빠지기도 하였다. 베드로는 담대함에 대하여 자랑을 하였지만, 예수님을 세 번씩이나 부인하였다. 크리스천을 심하게 학대했던 바울에게도 다메섹 도상에서 예수님이 만나주셨다는 사실을 잊어서는 안 될 것이다. 이러한 것들이 무엇을 의미하고 있는가?

당신도 하나님을 만날 수 있다!

이 책에서 하나님을 만난 모든 사람들은 각각의 다른 상황, 다른 장소, 그리고 서로 다른 사람에 의해 하나님을 만났다. 우리는 서로가 주의 깊게 그런 사람들의 상황에서 비슷한 요인들을 찾아내야 한다. 각각의 경험 속에서 하나님과 한 인간은 만나는 것이다. 그들의 경험과 중복되도록 노력해서는 안 된다. 다만 우리의 개인적인 필요에 따라 하나님을 만나는 일에 있어 도움을 줄 수 있는 그런 원리들을 찾아내기 위해 주의 깊은 연구를 해야만 하는 것이다.

만일 당신이 이 이야기들을 읽고 그 인생 가운데에서도 하나님을 만날 수 없는 상황이라고 생각된다면 이 책의 맺음말(에필로그)을 읽기 바란다. 또한 이 책은 당신을 위해 좋은 처방을 줄 뿐만 아니라 그 안에서 하나님을 만나는 원리를 발견하게 될 것이다. 어느 누구라도 하나님을 만날 것이다. 당신도 예외는 아니다.

이 이야기들을 읽는 것과 더불어 당신은 이런 만남들이 일어난 상황들을 성경 안에서 살펴보아야 할 것이다. 성경 사전에서 지리적인 요인들도 살펴보기 바란다. 그들의 강점이 무엇이고 또 약점이 무엇이며, 그들이 꿈꾸고 있었던 것이 무엇인지에 대해서도 알기 위해 그들 개인의 특성도 살펴야 할 것이다. 당신은 성경 연구를 하면서 하나님을 직접 대면하게 될 것이다.

하나님과의 만남의 각각의 상황들에 대한 감정적인 부분까지도 공감할 수 있도록 하기 위해 현대적 대화체 형식으로 기록하였다. 반면 모든 대화나 활동이 성경의 이야기로만 포함된 것은 아니며, 각각의 상황에 역사적 배경도 참고하였다. 성경은 각 사건을 해석하고 있는 복음주의 학자들의 견해에 따라 해석하였다.

이 책은 40일 작정 기도가 끝난 후에 집필하였으나, 내가 금식하며 기도하기 전부터 만남에 대한 많은 교훈들을 배웠다. 1950년 변화를 받아 주님의 자녀가 된 이래 그동안 꾸준히 성경을 연구해 왔다. 이 책은 하나님을 만나는 것이 무슨 의미를 지니고 있는가에 대한 주님을 향한 인생의 순례 여정의 결과이다.

하나님께서 이 책에 복을 주시며 유용하게 하실 것으로 믿는다. 또한 내 자신의 관점에서 기록된 만큼 그 제한성에 대하여는 하나님께서 혜량하여 주실 것으로 믿는다. 이 책을 읽는 독자들과 하나님을 알고 있는, 그리고 하나님을 세상에 알리고자 하는 모든 사람들에게 하나님의 은혜와 복이 넘치길 소망한다.

버지니아 Blue Ridge 산기슭에 있는 나의 집 서재에서
저자 엘머 타운스

SNAPSHOT 1

한 친구를 위해
왕이 되신 분[1]

잭 헤이포드(JACK HAYFORD)
캘리포니아에 있는 온더웨이교회(the church on the way van nuys)의 목사

텅 빈 교회당 둥근 첨탑에 높이달린 창틈 사이로 들어오는 빛의 광채 가운데 하나님의 임재를 느끼며, 우리는 아무 말 없이 하나님을 경외하며 서 있었다. 영국의 한 시골 마을, 무너져 버린 옛 예배 처소 주위를 천천히 걷고 있는 우리를 마치 환영이라도 하듯이 아침 햇살은 지평 너머로부터 밀려들기 시작했다.

두 주 동안, 나와 내 아내 안나는 작은 렌트카를 운전하면서 스코틀랜드와 웨일즈 지방 그리고 잉글랜드 지역의 구석구석을 돌아다니며 아름다운 곳을 찾아 다녔다. 우리는 여가를 즐길 좋은 장소를 택하여 그때그때의 느낌에 따라 성과 오두막집을 찾았다. 여행의 한 모퉁이에서 우리는 아주 환상적이라고 할 수 있는 옥스퍼드 지방에 들어가게 되었다. 그 지역의 왕과 귀족이 다가옴을 느낄 수가 있었고, 내가 전혀 예상치도

---

[1] Jack Hayford, *Introduction to Worship His Majesty* (Ventura, CA: Regal Books, 2000).

못한 것을 배울 수가 있었으며, 처음 들어보는 노래가 내 마음을 끌었다.

블레넘(Blenheim) 궁전은 18세기 초, 앤(Anne) 여왕의 명을 받들어 지어진 거대한 건물이었다. 그 여왕은 스페인과의 전쟁에서 승리한 말보로(Marlborough)의 첫 번째 공작 요한 처칠 경에게 경의를 표하기 위해 그 궁궐을 선물했던 것이다. 두 세기가 지난 후 그곳에서는 제2차 세계대전의 영웅 윈스톤 처칠 경이 태어나 자랐으며, 전쟁이 한창 진행 중일 때, 지도자로서의 고뇌를 달래고자 이곳에 자주 왔었다. 파죽지세로 공격하고 있는 히틀러 공군의 엄청난 공습에 대피해 있는 영국 사람들에게 다시 한 번 힘을 내어 영국을 지켜내도록 강한 정신을 일깨웠던 감동의 연설문을 작성한 곳도 바로 이 곳이었다.

외곽을 지나 아주 장엄하고 섬세하게 가꾸어진 꽃들로 단장된 지역을 돌아본 후에, 혼란스럽기도 하고 명확하지도 않았던 감정이 잘 정리가 되면서 아주 분명한 생각들로 들어찼다. 남서쪽으로부터 그 지역과 궁궐을 돌아보며 좁은 길과 운동장 위로 지났던 처칠의 앞선 행보를 거슬러 밟아가는 동안, 나는 감개무량하여 소리를 내어 말하였다. "이런 아름다움에 감추어진 모든 것들이 있었기에 시대의 운명을 짊어지며 마음에 품은 뜻을 펼쳐가기에 충분했구나."

마침 내가 그곳에 서 있었을 때, 사반세기를 거슬러 올라가 수백만의 보통사람들이 한 여성(엘리자베스 여왕)을 왕으로서 그녀의 인격을 신뢰하며, 그녀를 경축함에 대하여 감격해 하며 흥분되어 있었다. 봉건 영주

라기보다는 귀품 있는 친구로서 권위를 나타내고, 합법적인 권력을 가지고 백성들을 통치하지만, 직권남용하지 않고 일반 시민들에게 공의롭게 함으로 국가적 존엄성을 가진 자, 제왕으로서 왕관을 쓰고 있는 자에 의해 그들 각 한 사람 한 사람이 개인적으로 대표되어지고, 연결되어져 있음을 인식하고 있다는 이 모든 사실이 어떤 신비적인 방법으로 불가피하게 연결되어진 듯 보였다.

그런데 두 번째 생각이 내 뇌리를 뚫고 지나갔다. 예수님께서 그분 자신이 주인이신 교회에 우리들 모두가 귀속되기를 원하시는 그런 관계성의 본질이었다. 예수님은 우리의 운명을 결정하고, 우리의 정체성을 귀한 신분으로 높이시기 위해 부요한 자원을 가지셔야만 했으며, 자신에게 부여된 직임에 대한 권위, 능력의 풍성함, 그리고 본질에 대한 풍요로움을 원하셨던 것이다.

깊은 감성적 충만함에도 불구하고, 정말 나를 감싸 안은 것은 거룩하게 드려진 평온함과 진정한 기쁨이었다. 그곳에 서서 다시 한번 모든 광경을 바라보았다. 푸르름과 실록이 가득한 들판, 장미 향기의 그윽함, 그리고 말로는 표현할 수 없는 역사적 사실이 그대로 녹아있는 건축물에 대한 웅장함 등을 바라보면서 나는 조용히 안나의 손을 잡고 있었다.

"여보, 내 안에서 일고 있는 감정의 느낌들을 당신에게 무어라 설명하기가 어렵구려. 이 모든 것에는 분명 웅장한 어떤 것이 있음에 틀림이 없고, 왜 여기에 살았던 사람들이 역사를 형성하는 과정에서 그런 중대한 영향력을 끼쳤는가에 대한 분명한 근거가 있다는 것을 나는 확실히 믿고 있소. 아름다운 건축물 그 자체가 위대함을 나타내고 있다는 뜻은 아니오. 다만 어떤 사람들은 자신들의 비참한 환경 때문에 그들에게도 분명하게 가지고 있는 가능성을 인식하지 못하고 있음을 느낄 뿐이오."

우리가 계속해서 주변을 걷고 있을 때, 아내와 나는 서로 동감하고 있는 관심사항에 대하여 더 깊이있게 논의했다. 내가 그래왔던 것과 같이 아내도 그리스도의 풍성함을 이해하고, 예수 그리스도의 섭리하시는 놀라운 은혜를 많은 사람들에게 깨닫도록 하기 위해 장기적인 목회적 소명을 느꼈던 것이다. 그것은 그 사람들이 자신들이 실현하는 것이야말로 주님이 주시는 구원함의 실현을 통해 가능하다는 것을 인식하는 것이다. 그분의 나라로 그분과 함께 연합체가 되도록 우리를 초청하는 일이 얼마나 완벽하고 욕심 없는 것인지를 보여준다. 그리고 소망이 없고 상처나고 찢긴 이 세상을 치유하고 사랑하시는 예수님의 삶을 보여주시어 우리를 통해, 그리고 우리에게 전하기를 원하는 하나님 나라의 권세가 얼마나 크고 광대한가를 말씀해 주시는 것이다.

더 넓어지고 깊어진 그 깨달음이 내 안에서 용솟음치고 있었다.

광대하심!

그 말씀이 내 안에서 또렷하게 메아리쳤다.

광대하심, 나는 생각했다. 그것은 예수 그리스도의 왕으로서의 위엄성이요, 탁월함이요, 놀라움이다. 우리에 대한 나눔과 정체성을 이룩하고자 은혜와 능력으로 끌어 올리시는 하나님 나라의 영광인 것이다.

광대하심!

마치 엘리자베스 여왕의 권좌가 어쨌든 영국 국민들에게는 왕권을 세우고, 왕의 계승을 인정하는 영연방의 제도권 내에서 다른 어떤 사람들도 이에 미치지 못한 것과 같이, 우리에게 구원자로서 그분의 위치야말로 진정한 왕으로서 자리매김하였으며, 우리 각자에게 그분은 왕으로서의 무한한 자원들을 부어주고 있는 것이다.

광대하심!

운명의 사람으로 자신 스스로를 인식한 지도자에 의해 행동으로 가열되고, 그 광대한 환경 속에서 어린 시절부터 자신의 정체성을 확립함으로, 한 나라가 나치를 응징함으로 악의 체제에 대항하여 다시 일어났듯이, 교회도 그렇게 일어날 것이다.

많은 여행객들이 블레넘(Blenheim)에 모여들었다. 순간의 놀라움에 더 익숙해질 필요도 없이 그 정도면 충분했다. "여보, 갑시다." 나는 이렇게 말하고는 우리는 차로 향했다. 나의 영혼은 하늘나라에서 울려나는 황홀한 감동의 여운이 아직도 진동하고 있었다.

안나와 내가 아슬아슬하게 달리는 차들로 물결치는 좁다란 고속도로를 운전하고 있을 때, 나는 아내에게 말하기를,

"노트를 꺼내어 내 말을 받아쓰실래요, 아가씨?"

나는 그 가곡들의 음률과 곡조와 가사들을 써 내려가기 시작했다. (아직도 그녀는 자신이 이 노래를 작곡했다고 주장하고 있지만……)

광대하심, 그분의 광대하심을 경배하리!

예수님께 영광 돌리며, 그분의 이름을 찬양하리.

광대하심, 그 나라의 권세,
그 왕좌로부터 나와 그분께
그의 송가가 울려나네.

예수 가장 귀한 그 이름을 높이세.
광대하심, 왕이신 그리스도 예수께 영광 돌리세.
광대하심, 그분의 광대하심을 경배 드리세.
우리를 위해 죽으신 예수, 지금은 영광 받으시네,
만왕의 왕이신 분.

CHAPTER 1

아브라함(ABRAHAM)

하나님과 친구가 된 사람
(BECOMING A FRIEND WITH GOD)

••••••••••••••••••••••••••••••

만남: 친구로서 사귐을 기초로
장소: 유대 언덕의 한 장막에서
본문: 창세기 18장

99세의 덧없는 인생의 끝자락에 서 있는 한 노인이 그의 대규모의 유목민(the great Bedouin)촌 장막 입구에 다리를 걸치고 앉아 있었다. 통렬히 내리 쬐는 태양빛으로부터 자신을 보호하기 위해서 그늘이 드리워진 천막을 받치고 있는 지주 대가 세워진 입구였다. 그는 태양의 반사광선으로부터 보호하기 위해 눈을 감고 있었다. 산들바람이 약간 불고 있었지만, 아주 뜨거운 120도(역자 주-섭씨 40도가 넘는 날씨)의 날씨였다. 파리 한 마리가 그의 얼굴 주위에 윙윙거리고 있었지만, 뜨거운 날씨로 인해 너무 지쳐서인지 파리를 잡을 힘조차 내지 못하는 것 같다.

아브라함의 장막은 모든 사방을 바라볼 수 있는 언덕 꼭대기에 있었다. 그는 요단강 계곡이나 멀리 바라다 보이는 20마일(역자 주-약 30킬로미터) 떨어진 거리의 사해(死海)까지 바라다 볼 수가 있었다. 도로는 요단강 계곡을 통과해 바다를 따라 멀리 소돔과 고모라까지 뻗어 있었다. 아브라함은 그의 장막으로부터 모든 골짜기를 볼 수가 있었다.

갑자기 24명의 종들 가운데 한 사람이 그곳으로 올라오는 오솔길을 내려다보며 그곳을 손으로 가리켰다.

"주인님, 저기 보세요. 세 사람이 올라오고 있어요."

"그들이 누구일까?"

노인 아브라함은 자신의 손으로 태양 빛을 가린 채 일어나며 물었다.

"이 산길을 오른 여행객들은 없었는데."

여행객들이 주로 다니는 곳은 여리고와 소돔 사이를 지나는 커다란 도로로서 평평한 골짜기를 지나 사해까지 곧게 뻗어 있는 길이다. 아브라함은 여행이 어려운 언덕 꼭대기에 살고 있었고 그 장막에 오는 방문객은 좀처럼 찾아보기 힘들 정도이다.

"모셔 오라"

낯선 자들과 인사하기 위해 힘차게 내려가면서 아브라함은 하인에게 명했다. 아브라함의 캠프는 흥분에 휩싸였다. 장막에서의 방문객은 특별한 연회뿐만 아니라 새로운 바깥소식을 접할 좋은 기회이기도 하였다.

"안녕하십니까? 어서 오십시오."

아브라함의 목소리는 세 명의 방문객들에게 큰 소리로 고함치는 듯 칼칼한 목소리였다. 그들은 아브라함의 인사에, 처음부터 그를 잘 아는 것과 같이 동양의 풍속으로 머리를 숙이며 반응을 하였다.

"내가 당신께 은혜를 입었사오면" 하고 입가에 미소를 띠며 말하기를 "당신들께서 나를 주인으로 여기신다면, 나는 당신들께 마실 물과…… 발 씻을 물과…… 떡을 몇 조각 드리리이다"라며 아브라함이 상수리나무 한 모퉁이로 돌아서면서 그들의 말을 가로막으며 말하였다.

"여기 오셔서 좀 쉬시지요, 여기가 시원합니다. 내가 저녁을 준비하겠나이다." 아브라함은 무언가 반응을 기다리면서 "우리와 함께 드신 후에 계속해서 여행길을 가소서"라고 권하였다.

세 사람 중에 제일 윗사람으로 보이는 사람이 그의 호의를 받아들였다. "우리가 그리할 것이다."

아브라함은 즉시 손님들이 쉴 수 있는 상수리나무 가지가 뻗어 있는 안락한 곳으로 안내하고는, 황급히 자신의 장막으로 가서 장막 입구에 쳐진 문을 걷어 치면서 큰소리로 준비할 것을 지시하였다.

아브라함의 장막은 갑자기 분주해지기 시작했다. 아무도 뜨거운 열기를 신경쓰는 사람은 없었다. 자신들의 일에 집중하면서 시킨 일에만 묵묵히 매달려 있었다. 아브라함은 방문객들이 그늘에서 편히 쉴 수 있도록 하고서 그들의 쉼이 방해되지 않도록 주의하였다. 해가 서산으로 기울기 시작하면서 골짜기에는 시원한 산들바람이 밀려들었다. 귀뚜라미 소리에 화음을 맞추듯 아브라함의 음성이 들렸다.

"음식 준비 다 되었습니다."

아브라함이 차려낸 식사는 일품이었다. 따뜻하게 구어 낸 소고기는 아주 부드러웠고, 버터가 잘 녹아 있는 비스킷도 있었다. 초저녁 하늘에 반짝이는 별들이 잔칫집을 비추듯 하늘 창공을 아름답게 수놓고 있었다.

저녁 식사를 마치면서 제일 윗사람 격으로 보이는 사람이 아브라함에게 감사의 말을 전했다. 그리고 곧바로 아브라함과 세 명의 손님들이 장막 문 주위에 펴 놓은 모닥불 가에 앉았다.

"세상 돌아가는 이야기를 해 주실 수 있겠습니까?"라고 아브라함이 말문을 열었다. 그러나 여행객들은 사회적인 소식들에 대해서는 나누길 원하지 않았다. 그들은 다른 목적이 있었기 때문이었다.

"네 아내 사라가 어디 있느냐?"

아브라함은 장막 쪽을 향해 머리를 끄덕였다. 사라는 문가에 기대어 서서 이들이 나누고 있는 대화의 내용을 다 듣고 있었고, 아브라함도 사라가 그럴 것이라고 짐작하고 있었다.

그들 중에 한 사람이 "네 아내 사라에게 아들이 있을 때에 다시 돌아올 것이다"라고 말하였다. 아브라함에게는 충격적인 이 말은 달리 설명할 방법이 없었다. 그들은 계속 말을 이어 나갔다. "사라는 잉태할 것이고 한 아들을 낳을 것이다."

아브라함의 감정은 격앙되어졌다. 자식이 없는 사람에게는 언제나 아들을 갖고 싶은 소원이 있는 법이다. 지금 이 방문객들은 그러한 일이 생겨날 것이라는 희망을 선물하고 있는 것이다. 아브라함은 그동안 하나님께 순종하며 살아왔다. 자신의 고향인 갈대아를 떠나 이 땅으로 가라고 하나님의 지시가 떨어졌을 때 순종하였다. 그동안 해변의 모래알보다 많은 자녀를 주시겠다고 주님이 말씀하셨을 때, 아브라함은 하나님을 전적으로 믿었다. 하지만 그 뒤로 24년의 무수한 세월이 흘러버렸고, 사라는 경수가 끊어져 아이를 더 이상 잉태할 수 없는 나이가 된 상황이었다.

아브라함은 애굽에서 데려온 여종 하갈에게서 한 아들을 낳았던 14년 전의 일을 기억해 냈다. 하지만 그 소년은 하나님께서 약속한 영적인 상속자가 아니었다. 지금 89세나 된 늙은 사라에게서 아이를 가질 수가 있으며, 그것도 아들을 낳을 것이라고 아브라함에게 말하고 있는 것이다.

"어떻게 이런 일이 일어날 수 있나이까?" 점점 더 어두워지는 밤을 밝히기 위해 마른 장작을 집어넣으며 아브라함은 물었다.

다시 이윽고 방문객들 중의 제일 연장자가 말하기를 "나는 사라가 잉태할 시점에 이르게 되면 다시 돌아올 것이다. 여호와께 능치 못한 일이 어디 있겠느냐?"

이런 의문을 가진채, 아브라함은 자신에게 그 말을 한 사람에게 집중하였다. 나약한 노인은 오래전에 그에게 말씀하셨던 그분에 대해서 그리고 까마득히 잊고 있었던 자신과 자신의 아들에 대해 생각하였다. 오직 하나님만이 기적을 보이실 분이시오, 오직 하나님만이 모든 사람들 가운데 회복시키실 분이라는 것을 아브라함은 다시 한 번 마음에 새겼다. 자신의 장막에서 식사를 대접했던 분이 바로 그 하나님이시라는 것을 아브라함은 깨달은 것이다. 하나님께서는 식탁에 앉아 인간과 함께 저녁을 먹을 수 있는 사람의 형상으로 자신의 임재를 아브라함에게 나타내 보이셨던 것이다. 아브라함은 믿었지만 금방은 이해할 수 없었다.

두 친구가 계속해서 말을 이었다. 아브라함은 잠시 하나님과 이와 같은 방법으로 대화할 기회를 얻었던 것이다. 하지만 하나님은 어느 곳에서나 충분히 그러실 수 있는 분이라는 사실에 대해 아브라함은 그렇게 깊은 믿음을 갖지 못했다.

하나님과 대화를 나누고 있는 동안 아브라함은 사라가 장막 안에서 듣고 있었다는 사실을 잠시 잊고 있었다. 사라는 자신이 비록 늙은 나이였지만, 잉태할 수 있다는 그 낯선 사람의 말을 다 듣고 있었던 것이다. 사라는 자신이 아들을 가질 것이나 믿지는 못할 것이라고 자신의 남편에게 했던 말까지 다 듣고 있었던 것이다. 사라는 그동안 모닥불 주변에서 사람들 사이에서 오고갔던 허풍스런 말들을 많이 들어 왔던 게 사실이었다. 사라는 그 사람들이 너스레를 떨며 허풍떠는 것이라고 여겼다. 그녀는 신중하게 그 말을 받아들이지 않았다.

"하하……!" 사라는 비웃었다.

사라는 하나님이 그녀의 남편에게 아들을 주겠다고 했던 약속을 알고 있었다. 하지만 그녀는 결혼하고 지금까지 아이를 한번도 가져보지 못했다. 사라는 하나님께서 자기의 남편에게 주셨던 바다의 모래보다 더 많을 것이라는 그 약속을 알고 있지만, 그녀에게만은 아들을 주겠다고 약속하지 않았던 것이다. 그녀는 하나님께서는 무엇이든지 다 하실 수 있는 분이라는 사실을 남편이 믿고 있다는 것도 안다. 하지만 그녀는 늙은 여자가 어떻게 아이를 가질 수 있겠는가라는 사실도 알고 있다. 그녀에게는 단지 불신앙에 따른 비웃음만 있을 뿐이다.

하지만 하나님께서는 사라의 비웃음조차도 다 알고 계셨다. 왜냐하면 하나님께서는 모든 것을 다 아시는 분이시기 때문이다. 비록 사라가 장막 밖에서 큰소리로 떠들며 비웃지는 않았을지라도 하나님은 그녀의 비웃음을 다 듣고 계셨던 것이다. 왜냐하면 하나님께서는 어느 곳에나 계시는 분이시기 때문이다. 하나님께서는 아브라함에게 이르시기를 "왜 사라가 비웃고 있느냐?"

아브라함은 아무런 대답도 하지 못했다. 사라가 언제 비웃었는지 그는 알지 못했으며, 사라 또한 하나님께서 그녀의 비웃음을 듣고 계셨음을 알지 못했던 것이다. 사라는 심지어 하나님께서 자신의 남편 아브라함에게 왜 그녀가 비웃지 라는 질문까지 했던 사실에 대해서도 알지 못하고 있었다. 그런 여호와께서 이르시기를 "너는 왜 웃고 있느냐?"라고 말씀하신 것이다.

그들이 하나님의 임재 가운데 있었다는 것을 아브라함이 설명하기 전에 사라는 "나는 웃지 않았다"라고 대답했었다.

"그렇지 않아!" 여호와께서는 사라에게 말씀하셨다. "너는 웃었어. 그건 나를 믿지 못하는 비웃음이었어."

사라가 무엇이라 할 수 있었을까? 아무도 그녀의 웃음소리에 대하여 듣지 못했을지라도 모든 생각을 아시는 그분은 그녀의 웃음소리에 대하여 사라에게 말씀하셨다. 그때 여호와께서 사라에게 다시 상기시키기를

"이것이 사람에게는 불가능한 것일지라도, 나에게는 불가능이란 없는 것이다"라고 하셨다.

애굽에서 데려온 하녀에게서 난 아브라함의 아들, 이스마엘에 대해서는 그날 저녁 아무런 논의가 없었다. 비록 이스마엘의 몸속에는 아브라함의 피가 흐를지라도, 이스마엘은 약속의 자녀가 아니었던 것이다.

다음 날 아침, 세 명의 여행객들은 소돔으로 가겠다고 말하였다.

"당신들은 여기를 떠나 가다보면 아주 큰 도시를 보게 될 것입니다"라고 아브라함은 그들에게 말했다.

"하지만 그 길은 따라 가기가 어려울 것입니다." 그는 자신의 지팡이를 집어주면서 다시 말하기를 "당신들이 길을 잃지 않도록 동행할 것입니다."

아브라함과 세 명의 방문객들은 소돔을 향해 아브라함의 장막이 있던 언덕을 내려가기 시작했다. 이윽고 다른 두 명의 방문객들이 소돔에 먼저 당도 했다. 아브라함은 하나님의 임재 가운데 홀로 남게 되었고 그때 여호와께서 하시고자 의도 했던 일들을 아브라함과 함께 나누기 시작하였다. "나는 소돔이란 도시의 울부짖는 음성을 듣고 있었다"라고 하나님께서 아브라함에게 말씀하셨다. 하나님께서 하시고자 했던 일이라는 것은 너무나 중요한 일이었기 때문에 아브라함에게 숨길 수가 없었던 것이다.

"소돔의 죄가 너무나 크구나, 그곳을 어떻게 심판해야 할지 결정하기 위해 나는 그곳에 갈 것이다."

아브라함은 소돔이 멸망할 것이라는 생각 때문에 슬픔에 잠기고 말았다. 결혼한 그의 조카 롯이 삶의 터전으로 소돔을 택했던 것이다. 소돔은 상업의 중심 도시였으며, 수많은 사람들이 모여 살고 있고, 무역의 중심 도시였다. 아브라함은 소돔이 사악한 곳이라는 것을 알고 있었기 때문에, 그는 그 도시에 죄악으로부터 뿐만 아니라 그곳에 사는 사람들과 떨어져 지내기 위해 장막에서 유목 생활하며 살고 있었던 것이다. 그들의 죄악은 음주로 인한 죄악들을 비롯하여 폭력, 방탕함, 그리고 성적 타락 등이다. 아브라함은 언덕 한쪽 편에 올라서 하나님께 기도를 드렸다. 그리고 그는 하나님이 그에게 상기시켰던 창조에 대한 생각에 깊이 잠기었다.

아브라함은 여호와께 더 가까이 나가 무릎을 꿇고 땅에 얼굴을 묻고, "여호와, 나의 주여! 제발 소돔을 멸하지 마시옵소서."

아브라함이 자신의 감정을 추스르는 사이에 그들 가운데 침묵의 순간이 조금 흘렀다. 그때 아브라함은 도중에 그를 만날 다른 사람을 얻고자 노력하면서, 평소 다른 부족의 족장들과 어떻게 거래를 했는지에 대하여 생각해 냈다. 아브라함은 얼마나 많은 의인이 그 도시를 구원할 수 있을 것인가에 대하여 의아해 하고 있었다. 그래서 아브라함은 감히 하나님께 이렇게 구하였다. "만일에 소돔에서 의인 50명만 발견하신다면, 아니 그곳에 의인 50명만 있다면 용서해 주실 것이지요?"

"만일 내가 소돔에서 의인 50명만 찾는다면, 나는 그 도시를 멸하지 아니하리라."

아브라함은 소돔 안에 그가 알고 있는 선한 사람 모두에 대하여 생각해 내기 시작했고, 그리고 만일 50명을 만나지 못한다면, 무슨 일이 벌어질 것인가에 대해서 놀라지 않을 수가 없었다. "그렇다면 단 45명만 찾아낸다고 해도 그 도시를 구원해 주실 것이지요?"

하나님께서는 대답했다. "45명의 의인만 찾아내어도 소돔을 멸하지 않을 것이다."

똑같은 생각이 다시 아브라함 마음속에 찾아 들었다. 소돔 안에 45명의 선한 사람들이 없다고 가정해 보자. 어떻게 될까? 그리고 다시 "40명의 의로운 영혼들만 있어도 구원해 주실 것이지요?"

아브라함은 그동안 꾸준히 정해진 방법대로 하나님께 제사를 드렸으며, 그는 또한 자신의 죄를 고백하며 하나님께 기도드렸다. 하지만 이런 경우에 있어서 하나님의 음성을 들어보지 못했다. 그러나 다른 경우에 있어 아브라함은 하나님께서 들으시도록 말씀을 드렸다. 아브라함은 하나님께서 말씀하시는 음성을 들었고, 하나님께서는 그와 계속 대화를 나누었다. 그러나 아브라함은 이제까지 음성은 들었으나 하나님을 보지는 못했다. 이것이 다른 점이었다. 지금 하나님께서는 아브라함을 초청하고 있는 것이었다. 지금 그는 하나님을 보고 있었던 것이었고, 하나님께 말하고 있었으며, 하나님의 음성을 듣고, 그분께 자비를 구하고 있는 중이었다.

하나님께서는 아브라함에게 대답하시기를 "의인 40명만 찾아도 나는 그 도시를 용서해 줄 것이다."

아브라함의 마음속에 의심의 실체가 다시 드리워지기 시작했다. 아브라함은 마지못해 다시 기도하면서 40명은 너무 많다고 생각했다. "30명의 의로운 영혼들만 이 도시에 있어도 용서해 주실 것이지요?" "30명의 의로운 영혼만을 위해서라도 나는 소돔을 용서할 것이다"라며 하나님 앞에서 자신이 쩔쩔매기보다는 많은 영혼들에게 관심을 가진 늙은 족장의 끈질긴 간청에 참으시고 인내하시는 하나님은 응답을 하셨던 것이다. 그래서 아브라함은 의인 20명을 위하신다면 그 도시를 용서해 주시라는 요청을 하면서 계속해서 다음 과정을 반복했다. 하나님께서는 동의하셨다.

아브라함은 소돔이란 도시에 단지 몇 명밖에는 알지 못한다는 것을 깨달은 것이다. 그가 알고 있는 전부는 롯과 그의 아내, 그리고 네 명의 딸과 사위, 총 10명이 전부였다. 그는 다시 한번 요청을 해야만 했다. "만일 10명의 의인만 찾아도 그 도시를 용서해 주실 거죠?"

"10명의 의인만 찾는다고 해도 나는 그러하리라."

아브라함은 10명에서 멈추었다. 그는 더 이상의 요청은 지나치다고 생각하였다. 그는 하나님께서 소돔성에서 10명의 의인을 찾지 못할 것이라는 생각은 상상하지 않았다. 설마 10명이 없겠는가!

아브라함은 기도하기를 멈추고 기도하던 손을 자신의 몸 아래로 늘어뜨린 후에, 언젠가 자신을 그 땅 밖으로 밀쳐냈던 그들을 생각해 내었다. 그의 관절은 삐걱거렸고, 힘 없이 약해져버린 무릎은 아팠지만, 그는 일어서고자 노력하였다. 그는 소돔을 구해야겠다는 생각을 하면서 집으로 돌아갔다. 이글거리는 유황불이 치솟으며, 피어오르는 누런 연기를 본 후에야 그는 그 땅에서 10명의 의인은 찾을 수가 없음을 깨달았다.

아브라함은 여호와의 말씀이 진실하다는 것을 알았고, 타락한 도시를 파괴하겠다는 하나님의 약속하심은 아브라함에게 아들을 주시겠다는 약속과 같은 진실임을 또한 알았다. 아브라함은 아내와 동침을 한 후에 사라는 잉태를 하였고 그리고 이삭이 태어났다. 이삭이란 이름의 뜻은 웃음이었고, 하나님께서는 아브라함에게 하셨던 두 가지의 약속을 모두 지키실 것을 다시 한 번 상기시켰다. 심지어 그의 백성들이 불신앙의 웃음을 지을 때에도 하나님께서는 신실하셨다.

하나님을 만난 후

성경에서 아브라함은 하나님께서 자신의 친구라고 부른 단 한 사람이었다. 하나님을 향한 믿음 때문에 아브라함은 하나님과 동행하였고, 하나님과 대화할 수 있었다. 예수님께서는 이렇게 말씀하셨다. "너희 조상 아브라함은 나의 때 볼 것을 즐거워 하다가 보고 기뻐하였느니라"(요 8:56). 예수님은 아브라함이 그분 앞에서 중보하며 기도할 때, 그날을 언급하셨을 것이다. 하나님께서는 해변의 모래알과 같은 큰 민족을 이루게 하고, 그 유대 민족의 아비로 삼겠다는 자신의 약속하심을 아브라함에게 지키셨던 것이다.

하나님을 발견한 아브라함에게서 얻는 교훈

1. 예기치 못한 시간에 하나님께서는 우리를 만나 주신다.

아브라함은 이 길이 아니라고 생각하며 하나님을 볼 수 있을 것에 대해서는 기대하지 않았다. 하나님께서 아브라함에게 한 아들은 주시겠다고 약속하셨을 때, 아브라함은 자신이 생각한 방법으로만 주실 것이라고 기대했었다. 그는 애굽에서 데리고 온 여종 하갈을 취해 이스마엘이라는 아들을 낳았다. 하지만 이스마엘은 하나님의 약속의 아들이 아니었다.

언덕 꼭대기에서, 뜨거운 오후, 기진맥진해 있는 상황 가운데 하나님은 아브라함을 만나주셨다. 더 분명하게 말한다면, 아브라함은 하나님을 만날 것이라고 전혀 기대하지 않은 상황에서 단지 세 명의 여행객을 대접할 식사를 준비하기에만 바삐 움직였던 것이다. 그런데 나중에야 아브라함은 그들 가운데 한 명이 하나님이 육체로 나타나신 분이라는 것을 알았다. 그분은 또한 그리스도의 재현(Christophany)이었으며, 예수 그리스도의 현현(appearance)이었다. 후에 예수님께서 말씀하셨다. "너희 조상 아브라함은 나의 때 볼 것을 즐거워하다가 보고 기뻐하였느니라"(요 8:56). 이러한 하나님과의 만남이 실제적으로 아브라함이 그리스도 예수를 보았을 때의 경험이라고 할 수 있음을 대부분의 학자들은 동의하고 있다.

주께서 앞뒤를 둘러싸 막아 주시고, 내게 주의 손을 얹어 주셨습니다.

이 깨달음이 내게는 너무 놀랍고 너무 높아서, 내가 감히 측량할 수조
차 없습니다(시 139:5,6-표준새번역).

2. 하나님께서는 분명한 목적을 가지고 우리를 만나 주신다.

하나님께서는 이 만남에 두 가지 목적을 가지고 있다고 여겨진다. 하나는 아브라함에게 아들을 주시겠다고 한 약속을 다시 상기 시켜주시기를 원하셨다. 처음 약속할 때와는 달리 하나님께서는 이제 사라까지도 그 약속에 포함시킨 것이다. 그녀의 반응은 믿음에 대한 것이 아니었다. 사라는 불신앙의 웃음을 지었고, 하나님께로부터 책망을 받았다.

이 만남에 있어 또 다른 하나의 목적은 소돔성에 대한 심판을 아브라함에게 일러줌이었다. 경건한 사람으로서 아브라함은 소돔과 그 성에 사는 사람들을 구원하시는 하나님 앞에서 즉시로 중보기도를 하였다.

내가 너희를 고아와 같이 버려두지 아니하고 너희에게로 오리라
(요 14:18).

3. 하나님께서는 믿음 없는 우리의 불신앙의 상태를
   모두 다 알고 계신다.

웃음에는 두 가지 반응이 있었다. 본문의 전장인 창세기 17장에서는 아브라함에게 아들을 주시겠다고 하나님께서 말씀하실 때, 성경은 이렇

게 말씀하고 있다. "아브라함이 엎드려 웃으며"(창 17:17). 아브라함의 웃음은 하나님을 전적으로 믿는 웃음이었다. 하지만 사라의 웃음은 아브라함의 웃음과는 다른 웃음이었다. 그녀의 마음 한 가운데 불신앙이 자리 잡고 있다는 것을 표현하는 회의론으로부터 기인한 것이었다. 심지어 사라가 생각하고 있는 상황은 확신하지 못하는 흔들림이었다. "사라가 속으로 웃고 이르되 내가 노쇠하였고 내 주인도 늙었으니 내게 어찌 낙이 있으리요"(창 18:12).

하나님께서는 즉시 사라의 마음이 딱딱하게 굳어 있음을 인지하시고 이렇게 말씀하셨다. "사라가 왜 웃었느냐"(13절). 은혜 가운데 하나님께서는 사라의 웃음에 대한 책임을 묻고자 그녀를 불렀다. 우리들 가운데 일부는 하나님 앞에서 웃음을 짓거나 적어도 불신앙으로 인한 웃음을 지을 때가 있다. 그리고 하나님께서는 우리를 홀로 남겨 두신다. 우리는 하나님과의 만남을 놓쳐 버렸다는 사실을 전혀 깨닫지 못할 것이다.

> 저희의 믿지 않음을 인하여 거기서 많은 능력을 행치 아니하시니라 (마 13:58).

4. 우리는 가끔씩 하나님께 거짓말을 하지만, 그곳에는 우리가 거짓말을 할 수 없는 두 존재가 있다는 사실을 잊곤 한다. 바로 그 존재는 하나님과 우리 자신이다.

여호와께서 웃음 짓는 사라 앞에 섰을 때, 사라는 두려움 가운데 자신의 웃음에 대해 부인하며 말하기를 "내가 웃지 아니하였나이다"(창

18:15). 성경은 우리 모두가 거짓말을 한다고 말씀하신다(시편 116:11). 그러나 거짓말을 시도하는 어떤 사람들에게는 뜻밖에 이상한 특징이 있다. 왜냐하면 거짓말을 할 수 없는 사람이 있다면, 그것은 바로 당신 자신이기 때문이다. 당신 자신은 당신이 지금 하고 있는 말에 대한 진실함을 알고 있을 것이다. 역시 당신은 하나님 앞에서도 거짓말을 할 수가 없을 것이다. 왜냐하면 하나님께서는 진리 그 자체이시며, 그분은 사라가 거짓말을 할 때 그 앞에 계셨던 분이시기 때문이다. 하나님께서 우리에게 해 주실 수 있는 가장 은혜로운 것이 있다면, 그것은 우리의 문제를 올바로 처리할 수 있도록 돕고자 우리의 양심을 사용하시는 것이다.

> 거짓말 하는 습관을 버리게 하시고 하나님의 법대로 행할 수 있는 욕심을 내게 주소서(시 119:29-저자의 사역)

5. 하나님과 친구가 된 사람은 그분의 마음을 안다.

성경에 세 번씩이나 아브라함은 하나님의 친구로 불려졌다(대하 20:7; 사 41:8; 렘 2:23). 성경에서 유일하게 하나님의 친구라고 불린 사람은 아브라함 외에 아무도 없다.

친구라고 하면 자신이 친구에게 숨기는 것이 아무 것도 없어야 하는 것이다. 그래서 하나님 또한 그의 마음을 열고 아브라함에게 소돔을 향해 자신의 계획을 말씀하셨다. 그리고 아브라함의 반응은 무엇이었던가? 사람들을 향해 무너지는 마음을 가지고 하나님의 친구인 아브라함은 하나님께 나아갔다. 그리고 그 도시와 사람들을 위해 중보기도하였다.

너희가 나의 명하는 대로 행하면 곧 나의 친구라(요 15:14).

6. 참으시는 하나님께서는
   끊임없이 드려지는 중보기도에 응답하신다.

우리가 하나님 앞에 선 아브라함의 얼굴을 보았을 때, 두 가지의 증거를 발견할 수가 있다. 하나는 멈추지 않고 끊임없이 기도하는 아브라함의 끈기이다. 그는 하나님께 만일 여호와께서 50명의 의인을 찾는다면 이 도시를 구해 주옵소서 라고 요청하였다. 그리고 그는 계속해서 10명으로 내려갈 때까지 끊임없이 중보기도 하였다.

우리가 보았던 다른 한 가지의 그림은 끝까지 참으시는 하나님이었다. 그분은 다른 사람의 영혼을 위해 하나님 앞에서 간절히 탄원하는 한 사람의 기도를 들으신다. 노하시거나 성급하게 행하시지도 않으시고 하나님께서는 소돔의 수많은 영혼들을 위해 중보하며 기도하는 아브라함의 믿음에 응답하신 것이다.

쉬지 말고 기도하라(살전 5:17).

7. 사람들은 하나님을 만났을 때
　 우리도 많은 영향을 하나님께 미칠 수 있다.

대게의 경우 하나님을 만났을 때, 우리에게 미칠 하나님의 영향력에 대해 생각한다. 하지만 잊어서는 안 될 것이 있다. 반대의 경우도 있다는 것을…… 우리가 하나님께 영향을 줄 수도 있는 것이다. 우리의 기도가 성경에 기초를 두고 있다면, 우리의 마음이 순수하고, 그리고 우리의 믿음이 강력하다면 하나님은 우리의 기도에 응답하신다는 사실이다.

너희가 내 이름으로 무엇을 구하든지 내가 시행하리니 이는 아버지로 하여금 아들을 인하여 영광을 얻으시게 하려 함이라(요 14:13).

적용 생각하며 실천하기

- 나는 예기치 못한 시간에 하나님으로 말미암아 그분을 만날 수가 있다.

- 나는 분명한 목적을 위해 하나님으로 말미암아 그분을 만나게 된다.

- 나는 대게 하나님께서 나에 대하여 알고 계신다는 사실을 잊고 산다.

- 나는 하나님께 거짓말을 할 수가 없다.

- 나는 하나님의 친구가 되어 그분을 알 수가 있다.

- 나는 하나님께 응답되어지는 기도를 드릴 수가 있다.

- 나는 만남을 통해 하나님께 영향력을 끼칠 수가 있다.

SNAPSHOT 2

다섯 번의 만남
(face to face five times)[2]

존 맥스웰(JOHN MAXWELL)
두 곳의 대형교회 목사이자 리더십 훈련의 국제적 강사

내 인생을 변화시킨 다섯 번의 경험
(Five Life-Changing Experiences)

하나님은 다섯 차례의 결정적인 경험을 통해 나를 변화시켰다. 내가 지금 살아가고 있는 삶의 원리는 하나님이 계획하시고 준비하신 다섯 번의 위기 속에서 다듬어졌다고 할 수 있다.

친구의 죽음과 습성의 변화 (The Death of a Friend-and of a Habit)

당시 영적으로 형성되어지는 시기였던 70년대 초, 나의 목회에 첫 번째 위기가 있었다. 당시 한 친구의 죽음을 통해, 나는 하나님의 사람으로서 모든 사람들에게 칭송받으며 이른바 행복하고 잘나가는 설교자가

---

[2] Elmer Towns, *10 of Today's Most Innovative Churches*(Ventura, CA: Regal Books, 1990), pp. 23-26.

되기를 소망하는 것으로부터 나를 변화시켰다.

당시 나의 첫 목회지는 인디아나(Indiana) 힐한(Hillhan)이라는 곳이었다. 나는 일곱 명의 성도들과 함께 목회를 시작하였다. 비록 내가 극적으로 사람들의 마음을 움직였을지라도 그것이 영적인 성장은 아니었다. 이 시기 동안에 나는 병원에 입원중인 친구를 자주 문병하였다. 그 시절을 뒤돌아볼 때 나를 움직였던 중요한 동기 가운데 하나는 나를 좋아하도록 환자들의 마음을 사는 것이었다. 그런데 그 친구는 결국 죽고 말았다. 장례식이 치러지는 동안 나는 통곡을 하였다. 그러나 그 통곡은 그 친구나 가족의 슬픔을 위한 것이라기보다는 나의 영적인 무기력함 때문이었다.

그 이듬해 나는 진심을 다해 주님을 찾았고 나의 영적인 무감각성을 회개하였다. 어느 토요일 저녁인가 설교 준비를 하고 있을 때였다. 내가 식탁 밑바닥에 엎드려 하나님께 진실한 마음으로 영적인 능력을 구하며 기도하였다. 그날의 기도는 내가 변화되는 계기가 되었고, 순간적이거나 일시적이 아닌 몇 달 이상 꾸준히 지속되었으며, 이는 양떼를 목양하기 위한 영적인 힘을 가질 수 있는 계기가 되었다. 존 웨슬리(John Wesley)와 같이 완전한 사랑과 진실된 거룩함을 얻게 되었다. 나는 성령이 충만해졌고 예수님께로 사람들을 인도하기 위해서 증거할 수 있는 영적인 능력을 받은 것이다.

지평의 확장 (Expanding Horizons)

두 번째 위기의 경험은 1973년 2월 버지니아 린치버그에서의 버스 컨퍼런스(bus conference) (역자 주: 주일 학교 사역의 일종인 버스 사역-단순히 버스에 태워 교회로 데려오고 데려다 주는 일에서 벗어나 그 과정 속에서 특별 프로그램을 통한 사역)에서 일어났다. 이제까지의 나의 교회적 배경은 오히려 바람직한 복음적 교회나 말씀의 선포를 가로막았다. 린치버그에 있는 TRBC(Thomas Road Baptist Church)에서 나는 위대한 버스 사역(busing ministry)을 보았다. 훌륭한 복음적 영역을 확장하고 있는 대형 교회의 리더들로부터 실제적인 증언을 들은 것이다. 나 자신의 불신이 얼마나 하나님을 제한하고 있었는지에 대한 사실을 깨달은 것이다. 월리 베베(Wally Beebe), 제리 팔웰(Jerry Falwell), 밥 그레이(Bob Gray)와 그 밖의 다른 사역자들의 영향으로 나는 나의 지평이 넓어져야 할 필요를 깨달았다.

숙소로 돌아와서 나는 밤새도록 하나님과 씨름하였다. 다시 방바닥에 누운 채 랭커스터(Lancaster)에 있는 나의 교회가 일 년 안에 두 배로 성장하기를 경주하였다. 그 교회는 평균 출석 인원이 400명이었는데, 일 년 내에 400명이 더 늘어나게 해야 한다고 결심하였다. 교회에 돌아가서 공식적으로 교회에 나의 새로운 결심을 알리기로 하였다.

오하이오로 돌아가면서, 나는 주일날 문을 두드리며 사람들을 버스에 태워 초청하는 일을 시작할 수 있도록 토요일에 성도들을 규합하였다. 주일 아침 교회 버스에서 내린 인원은 주일학교 아이들 19명이었다. 배운대로 우리는 어린이들을 세면서 교회 로비로 모든 아이들을 안내하였고, 그들을 사랑으로 껴안았다. 나는 선포하였다. "지금은 우리 버스 안에 19명이 타고 있지만 다음 주일에는 38명이 탈 것이고, 더 많은 버스를 사용하게 될 것이다." 그리고 우리는 해냈다. 일 년 안에 우리는 버스로 예배에 출석하는 평균 목표인원을 달성하였다. 내가 하나님을 제한하지 않고 이 엄청난 생각을 시작했을 때, 나와 함께한 성도들 역시 하나님을 제한하지 않고 그들 또한 엄청난 생각을 했던 것이다.

열매 없는 제단 (The Barren Altar)

세 번째 위기는 1973년 존 르이스(John R. Rice)목사님이 인도하시는 집회(a Sword of the Lord conference)에서 일어났다. 나는 우리 교회에 변화가 부족하다는 이른바 "열매 없는 제단"이라는 확신을 갖게 되었다. 나는 집에 가는 차 안에서 하나님과 씨름하였다. 우리 교회를 위해 기도한 것이었다. 많은 인원의 출석만으로는 충분하지 않다는 생각을 하면서 "주님! 이번 주일에 교회에서 구원의 확신을 갖지 못하고 앉아 있는 사람들이 절대로 없기를……." 나는 돌아가서 교인들에게 이렇게 외쳤다. "다음 해에는 열매 없는 제단이 아닌 영적으로 승리하는 위대한 일을 합시다."

그 해에 나는 우리 교회에서 설교를 부탁하여 엘머 타운스(Dr. Elmer Towns) 교수를 초청했다. 연례 행사로 만찬이 있었던 어느 날, 그 주말에 타운스 교수와 그의 아내가 함께 오도록 초청했고, 우리는 그곳에서 그들을 만났다. 타운스 교수가 도착하자 그에게 밤에 심방할 곳이 있다고 말하였고, 우리는 영적인 승리를 얻기 위해서 열정적으로 매달렸다. 비록 사회 문화적인 제약이 방해할지라도 그날 밤 나는 존 폴스톤(John Polston)이라는 변호사를 찾았고, 결국 그분은 주님을 만남으로 영적인 승리를 거두었다. 그 후 몇 년 동안 타운스 교수는 설교하기 위해 우리 교회를 방문하였고, 폴스톤은 연례 만찬 행사에 나가는 것 대신에 영적인 승리의 경험을 함으로 우리가 얼마나 행복했는가에 대한 그날 밤의 일을 우리에게 상기시켰다.

1974년 나는 개인적으로 주께 200명의 불신자들을 전도하고자 하는 목표를 이루었다. 내가 그러한 사실을 사람들에게 말했을 때, 그들 가운데에서 놀라운 부흥의 열정이 솟아났던 것이었다. 그 해에 나의 목표가 완벽하게 도달된 것은 아니다. 그러나 나는 186명에게 예수님을 영접하는 기도를 드렸다. 나는 이 사건이 성도들 사이에서 영적인 승리의 확신을 갖게 했다고 느낀다. 이것은 새로운 목회를 형성하고 교회를 짓는 일에 커다란 원동력이 되었다.

기도의 동역관계 형성 (Networking and Praying)

네 번째 경험은 위기라기보다 내가 성공한 목회자와 많은 이야기를 나눌 수 있었던 경험을 통해 변화의 위기감을 느낀 것이다. 몇몇 훌륭한 목사님들에게 전화를 걸어 당신을 만날 수 있는 기회를 주신다면 한 시간 당 100달러를 주겠다고 제안했다. 왜냐하면 어떻게 그 목사님의 교회가 성장하는 좋은 교회가 되었는가에 대한 이유를 발견하고자 했기 때문이었다. 그 뛰어난 리더들을 방문하여 그들과 대화를 나눌 때 나는 그들에게 나와 함께 기도하기를 요청하였다. 그리고 그들과 개별적으로 상담을 마치고 나면 나는 곧바로 차로 가서 운전대에 머리를 숙인 채 좋은 교회로 성장시키기 위한 영적인 강건함을 위해 간절한 간구를 했던 것이다.

영광의 위기 (A Crisis of Glory)

다섯 번째 경험은 1976년 오하이오에서 주일학교를 빠르게 성장시킨 공로를 인정받았을 때 일어났다. 내 공적이 세상에 알려지게 된 것은 미시간 주 디트로이트에 있는 국제 기독교 교육 단체(International Christian Education Convention)에서 발행하는 크리스천 라이프 지(誌)에 내 기사가 실린 것이 계기가 되었다. 랭커스터(Lancaster)교회의 주일학교가 주일 평균 출석 인원이 860명에서 1012명으로 성장한 것이다.

공로패를 받고 모든 행사를 마친 후 호텔로 돌아온 나는 하나님 앞에 공로패를 내어 놓으며 다시 얼굴을 묻으며 엎드렸다. 그 순간 나는 모든 교회가 성장을 위해 당연히 해야 할 것을 단지 내가 했을 뿐이라는 것을 깨달았다. 즉시 성경을 펼쳐 마태복음 16장 18절의 예수님의 말씀을 다시 읽었다. "내가 교회를 세우리니" 교회는 존 맥스웰의 것이 아닌 예수님께 속한 것이다. 모든 영광은 사람이 아닌 하나님이 받으시는 것이다. 이 역경의 중심에서 나는 내 목회의 모든 영광을 드리기로 작정하였다.

그날 저녁, 주님을 섬기기 위해 내게 특별한 은사가 주어졌다는 사실과 하나님은 반드시 그 은사를 통해 그분의 뜻을 이루어 가신다는 사실을 깨달은 것이다. 왜냐하면 각양 좋은 은사는 위로부터 내려오기 때문이다(약 1:17).

CHAPTER 2

야곱(JACOB)

대면하여 하나님을 보는 것
(SEEING GOD FACE-TO-FACE)

만남: 두려움 때문에
장소: 얍복강 나루 근처 장막에서
본문: 창 31:11-32; 32:1-32

맹렬한 싸움으로부터 서로를 떼어 놓으려는 듯이 길 한 복판에 서 있는 크고 날카로운 바위 하나가 있는 데, 그 바위를 사이에 두고 두 사람이 도전적인 눈으로 서로를 노려보고 있었다. 두 사람 가운데 라반이라는 노인은 자신의 원수를 추적한 끝에 이 바위가 서 있는 곳에서 잡았다. 그가 손에 움켜쥐고 있는 무기는 없었지만, 그의 충실한 종복들에게는 칼, 활 그리고 창과 같은 무기가 준비되어 있었다. 성미가 급한 주인을 따라오느라 아주 지저분해지고 상당히 지쳐 있는 모습이었지만, 그래도 이들은 혈기 왕성한 채 당장에 주인이 싸우라는 말 한 마디면 기꺼이 따를 태세다. 그러나 백발의 노 주인은 아무런 말이 없다.

사막의 뜨거운 모래 바람은 이들의 발목을 감싸 돌면서 요동치고, 이들의 제복은 몸에서 펄럭이고 있다. 작열하는 태양은 그들의 거친 기질을 자극하고 있다. 끈질기게 추적하느라 수염은 더러워졌고, 옷에서는 악취가 뿜어져 나왔지만, 이러한 것들이 늙은 라반의 계획을 돕지는 못했다.

젊은 야곱은 외삼촌이자 장인인 라반 앞에 놓인 바위의 다른 쪽에서 움직이기 시작했다. 라반의 사람들은 다른 사람을 신뢰하지 않았다. 만약에 누군가가 무기를 갑작스레 움직였다면 거기에는 아마 전쟁이 일어났을 것이다. 라반의 스물 네 명의 용사들은 야곱과 함께 야전의 경험이 있는 자들이었지만, 그들은 야곱을 신뢰하지 않았다. 그들은 야곱을 죽일 만반의 준비가 되어 있었다. 야곱도 라반만큼이나 대규모 가축 떼를 돌보는 많은 목동들을 거느리고 있었다. 비록 그들이 용사는 아니였지만 전쟁이 일어난다면 살기 위해서는 어쩔 수 없이 싸워야 한다는 것을 알고 있었다.

사막의 뜨거운 모래바람 가운데 정적이 흐르고 있다.

"왜 너는 나의 딸들을 취했느냐?" 라반의 신경질적인 이 한 마디가 팽팽한 긴장의 순간을 무너지게 했다. "왜 너는 내 손자들을 데리고 몰래 야반도주를 했느냐?"

"삼촌이 나를 그냥 가도록 놔두지 않으리라는 것을 저는 잘 압니다." 야곱은 당황해 하며 대답했다. 순간, 야곱은 자신이 지은 죄 때문에 눈을 똑바로 쳐다보지 못하고 아래도 떨어뜨리고 말았다.

"저들은 나의 딸들이다." 라반은 더욱 강한 어조로 "이 애들은 내 자식들이야!" 야곱의 열 한 명의 아이들이 라반으로부터 기인된 것이라는 사실을 모든 사람들에게 더 확실하게 하고자 하였다. "네놈이 내 가축 떼 중에서 살찌고 좋은 것들로만 취했구나." 라반은 염소, 양, 낙타, 약대, 소 그리고 당나귀까지 바라보면서 야곱이 취한 많은 가축 떼를 가리켰다. 그것들은 부의 상징이기에 라반은 야곱이 많은 것을 훔쳐 달아났다고 생각한 것이다.

라반이 모든 이들을 향해서 길 한 복판에 둥글게 깎아 놓은 바위를 가리키면서 말하기를 "이 돌로 우리 사이를 나누어 놓자"고 했다. "너는 바위 이쪽으로 오지 못할 것이고 나는 네 쪽으로 가지 않을 것이다."

"받아 들여라" 야곱은 재빨리 모든 사람들이 들을 수 있도록 "그렇게 하겠습니다!"라고 소리쳤다.

"칼을 가져오라"고 라반이 다그쳤다.

야곱은 그 순간 "칼"이라는 말을 들었을 때 움찔했지만 유목민들의 전통을 기억했다. 라반은 칼을 움켜쥐고서 손목 부분을 피가 보일 때까지 찌르고 난 후 바위 건너편에 서 있는 야곱에게 칼을 던졌다. 야곱은 자기 외삼촌이 한 그대로 따랐다. 그들은 손을 뻗쳐 서로의 피가 섞이도록 피가 나는 부분이 서로 맞닿은 채 팔을 걸었다. 피와 피가 맞닿으므로 인해 그들은 피로써 서로 약속을 한 것이다.

"우리가 서로 나뉘어질 때 주께서는 우리 사이에 계셔서 지켜보았을 것이다"라고 그들은 함께 말을 하였다.

라반은 그의 딸들과 아이들에게 입맞춤을 한 후 그의 말에 오르려고 차비를 하면서 다시 바위를 가리켰다. "이것은 너와 나 사이의 증거니라. 나는 네 쪽으로 건너가지 않을 것이다." 그는 이와 같은 약속의 다짐을 하려다가 그의 말을 멈추고 돌아서서 야곱을 가리키며 말하기를 "만약 너로 인하여 나의 아이들 중에 한 명이라도 문제가 생긴다면, 내가 무엇을 어떻게 할 것인지에 대해서는 하나님께서 증인이 되어 주실 것이다."

라반은 그러한 경고를 한 후에, 아직 분이 풀리지 않은 퉁명스런 모습으로 돌아섰지만 마음을 진정시키고 발꿈치로 땅을 파며 자신의 말에 오르자마자 말을 재촉하여 동쪽의 집을 향해 말을 몰았다. 그 뒤로 그의 용사들도 일렬로 그를 따라갔다.

그날 이후 야곱의 머릿속에는 그의 말이 떠나질 않았다. 비록 그의 외삼촌이 "미스바"라고 불리는 그 돌을 넘어 오지 않겠다는 약속을 했을지라도 라반이 밤에 쳐들어오지도 않고, 자기를 죽이지도 않고, 그의 딸과 손자들을 데리고 가지도 않겠다는 약속을 확신할 수가 없었다.

반면 라반은 화가 난 삼촌이었지만 야곱을 심히 걱정했다. 왜냐하면 그의 형인 에서를 떠올렸기 때문이다. 21년 전에 야곱은 형 에서가 자신을 위협할 것이라는 두려움–"아버지가 죽으면 자신을 죽일 것이다"– 때문에 몰래 아버지의 장막을 빠져 나왔기 때문이다.

야곱은 자신의 형, 에서의 분노한 모습을 보았고 형이 자신을 죽일 것이라 믿었다. 그래서 그는 집에서 도망친 것이다. 그는 외삼촌 라반의 집에서 20년간의 세월을 보냈고 라반의 두 딸 레아와 라헬과 결혼도 하였다. 지금 야곱은 부자가 되어 집으로 가고 있다. 두 아내와 열 한 명의 자식들과 종복들과 많은 가축 떼를 이끌고 가고 있는 것이다. 빈손으로 고향을 떠나와 이제는 거대한 유목민을 이끌고 약속의 땅을 향해 가고 있는 것이다. 그는 자신으로 인해 분노한 외삼촌을 떠나 이제는 더 큰 화로 자신을 기다리는 형에게 다가서고 있는 것이다.

야곱은 장자의 명분 때문에 그의 형을 속였다. 이 장자의 명분은 가족을 대표할 뿐만 아니라 가족을 대표하는 제사장의 기능도 함께 가진 위치이다. 이어 그는 축복권까지 빼앗았고 야곱의 아버지는 인생을 염려하며 달려 나가기만 하는 형 에서보다 더 많은 두 배의 유산을 야곱에게 약속했다.

다음 날 아침 야곱은 에서를 찾을 수 있는 약도를 주며 형에게 사자들을 보냈다. "에서에게 '나의 주'라고 부르라. 그에게 말하기를 내가 지금 집으로 돌아가는 중이며… 내가 얼마나 부자인지를… 그리고 내가 주께 은혜 받기를 원한다고 해라"

야곱은 사자들이 돌아오기까지 이틀을 기다려야 했다. 그는 주님께 은혜를 구하는 기도를 하였다. 하나님은 그에게 20년 전에 나타났었고, 많은 것들을 주시겠다고 약속했었다. 나는 너희 조부 아브라함과 아비 이삭의 하나님이라. 나는 이 땅을 너와 네 자손에게 줄 것이며, 너는 티끌같이 많은 자손을 가질 것이며, 너를 부요하게 할 것이며 너를 지키리라고 말씀하셨다 (창 28:13-15).

그것은 야곱이 기도했던 것과 같이 하나님의 보호하심에 의지하고자 하는 마지막 순간이었다. 갑자기 그의 생각은 장막 밖에서 나는 소리로 인해 방해를 받았다. "사자들이 돌아오고 있어요!"

에서에게 갔던 두 사자가 직접 야곱의 장막에 들어갔다. 야곱은 반가운 소식이 들리기를 위해 기도하고 있었지만, 사자들로부터 들려진 소식은 그가 염려했던 것보다 더 심각한 수준이었다. "에서가 사백 인을 거느리고 주인을 만나려고 오더이다."

더 이상 도망가거나 숨을 곳이 없었다. 바로 이런 상황이 진퇴양난의 순간이 아니겠는가! 미스바라는 도로 중앙에 세워 둔 바위가 더 이상 라반에게도 돌아갈 수 없도록 만들어 버렸다. 갑작스럽게 찾아온 공포감이 야곱을 휘감았으며 생각하기조차 힘든 지경이었다. 그러나 한 꾀가 서서히 그의 마음 한 구석에서부터 드러나기 시작했다. "내가 모든 것을 에서에게 줄 것이라 하면 그러면 아마 나를 죽이지는 않을 것이다."

야곱은 재빠르게 행동하는 재간꾼이었다. 그는 언제나 난관으로부터 민첩하게 대응할 수 있는 사람이었다. 에서에게 모든 것을 주겠다는 음모는 그의 형을 혼란케 하도록 애써 머리를 써서 짜낸 계획이었다.

야곱은 일행을 두 떼로 나누고, 그들을 종들의 손에 맡기고 서로를 지키게 했다. 그런 후 야곱은 한 떼는 형 에서를 향해 가도록 하고, 다른 한 떼는 동시에 다른 길로 향하게 했다. 첫 번째 행렬은

암염소가 200이요… 다음은

수염소가 200이요… 다음은

암양이 200이요… 다음은

수양이 20이요… 다음은

젖 나는 약대가 삼십고 그 새끼요… 다음은

암소가 40이요… 다음은

황소가 10이요… 다음은

암나귀가 20이요… 다음은

그의 새끼가 10이라.

야곱은 그의 목동들에게 붉은 턱수염을 보면 자신의 형 에서임을 확인할 수 있을 것이라 말하고, 그를 보거든 땅에 엎드려 절을 할 것을 지시했다. 그리고 "이것은 우리 뒤에 오고 있는 당신의 종 야곱에게서 가져온 선물입니다"라고 말하도록 지시했다.

  그날에 똑같은 일이 여러 차례 반복되어 졌을 것이다. 에서는 희뿌옇게 일어나는 먼지 속에서 누군가 다가오는 것을 보았을 것이다. 그때 에서는 그 먼지는 아마도 군대가 다가오고 있다고 생각했을 것이고 전쟁할 차비를 했을 것이다. 에서는 자신의 무기를 챙기고 그의 군대에게도 자신과 같이 하도록 했을 것이다. 그러나 에서는 돌아오는 자기 동생을 맞이하기 위하여 선물을 주고자 했지만, 야곱은 각각의 순간마다 에서를 속이고 있었다. 엄청나게 많은 선물을 본 후 에서는 야곱이 매우 큰 부자가 되었을 것이라고 생각하기 시작했다.

  해질녘이 되어도 에서에게 모든 가축 떼는 도착되지 않았다. 에서는 밤을 지새우기 위하여 캠프를 쳤고, 소와 양들의 울음소리가 주변을 맴돌았다. "나는 내일 내 동생을 만나러 갈 것이다"라고 다짐을 하며 이리

저리 뒤척거리며 붉은 머리 에서는 잠을 청하고자 애를 썼다. "내일 20년만의 감격의 만남이 있을 것이야!"

야곱은 자신의 형을 여전히 속인 채 얍복강 나루 근처에 캠프를 쳤다. 그는 강둑에 커다란 천막을 치고 두 아내와 자식들을 데리고 들어갔다. 종들은 천막 밖 주위에서 잠을 잤다. 주변에는 모닥불이 타오르고 있었다. 밤을 지새우는 동안 만일 에서가 공격해 온다면 그는 두 아내와 자식들, 그리고 종들은 잔다 해도 아마 숨어서 웃으며 마지막 계략을 꾸미고 있는 야곱은 잡지 못할 것이다.

이윽고 천막 주변에 어둠이 밀려오고 야곱은 펄럭거리는 천막 밑에서부터 서서히 움직이기 시작했다. 그를 본 사람은 아무도 없었다. 달 빛조차 없는 칠흑 같은 밤에 캠프로부터 도망하기란 식은 죽 먹기로 쉬운 것이었다. 그는 얍복강의 얕은 물가를 따라 걸어갔고 물 숲 주변에 숨겨져 있는 조그마한 천막을 찾았다. 그는 천막 안으로 들어가서 무릎을 꿇고 기도를 했고, 미칠 듯 한 생각들이 자신에게 밀려들기 시작했기 때문이다. "자신의 외삼촌인 라반이 자신을 죽이려고 올 것도 같고⋯⋯ 혹은 형 에서가 내일 자신을 죽이려고 올 것만 같다"는 두려움에 빠진 것이다.

야곱은 하나님 앞에 무릎을 꿇고 땅바닥에 머리를 조아렸다.

"오 나의 조부 아브라함의 하나님, 나의 아비 이삭의 하나님, 내가 지금 내 고향으로 돌아가고 있습니다. 왜냐하면 당신이 나를 보내고 있기 때문입니다." 하나님을 상기 시키며 야곱이 기도했던 이유는 자신이 집으로 돌아가겠다고 했던 결정이 하나님으로 인해 주어진 생각이며 자신은 이에 순종하고 있는 것이라고 생각했기 때문이다. 그는 자신의 죄를 하나님 앞에 고백했으나 자신이 가고 있는 것은 한편으로 순종했기 때문이라는 당당함이 있었다. "20년전 요단강을 건널 때에 내게는 단지 지팡이 하나만 있었습니다." 감사의 눈물이 그의 눈가를 적셨다. "주님은 내게 많은 자녀와 가축과 종들을 가질 수 있도록 복을 허락하셨습니다. 오늘 밤 저는 가족과 헤어질 것입니다."

이루 말할 수 없는 고독감, 그것은 가족을 속임으로 인해 20년 전 부모를 떠날 수밖에 없었던 것이었고, 지금의 고독감 역시 그 밤에 약속한 땅으로 다시 들어오도록 준비되고 있는 것이었지만 그는 한번 더 그의 가족을 속이고 있는 것에서 오는 고독감이었다.

"형 에서로부터 나를 구하소서. 형이 나와 자녀와 아내들을 죽일 것 같은 두려움이 있습니다." 야곱은 혹시 자식들이 없으면 어쩌나, 아브라함에 약속하셨던 그 하나님의 약속이 깨어지면 어쩌나 하는 생각 때문에 견딜 수가 없었다.

"주여! 당신은 나를 이롭게 할 것이라고 약속하셨습니다." 야곱은 하나님이 약속하신 말씀을 다시 하나님께 되뇌이었다.

"당신은 내게 바다의 모래보다도 더 많은 자식들을 주시겠다고 약속하셨습니다."

갑자기 야곱은 천막 밖에서 모래바닥을 걷고 있는 발자국 소리를 분명하게 들었다. 그것이 무엇이란 말인가? 그는 생각했지만 말할 수가 없었다. 발자국 소리는 멈추는 듯 했다. 순간 적막감이 스치며 다시 발걸음이 시작된 듯 했다. 눈이 아른거리며 마음이 두근두근하여 밖을 향해 소리를 쳤다. "거기 누구 없어!"

아무도 대답하지 않았다. 천막의 날개부분이 움직였다. 야곱은 천막 날개를 뒤로 당기고 있는 한 손을 보았고, 그 모습이 천막 안으로 들어 왔다. "이러면 안 돼!" 야곱은 소리치며 그 사람을 잡기 위해 뛰었다. 야곱이 그 사람의 손을 잡았을 때 그들은 서로 엎치락뒤치락하며 혹시나 무기가 있을까 해서 잡고 있었다.

"이거 놔! 놔!" 그 사람이 말하자,

야곱은 "그럴 수 없어!"

야곱은 즉시 그 사람에게 무기가 없음을 알아 차렸다. 그것은 강인함에 맞서는 강인함이고, 의지에 맞서는 의지이며, 힘에 맞서는 힘이었다. 그는 완고했지만 모든 일에 있어서 야곱은 그 자신에 대해선 너무나 잘 알고 있었고, 야곱은 그가 고집이 새다는 것도 잘 알고 있었다.

"나는 너의 기도에 응답하기 위해 온 것이야"라고 그 사람이 말하자 잔꾀 많은 야곱은 그가 자신을 잘 알고 있음을 알아차렸다.

"내가 하나님께서 당신을 보냈셨는지 어떻게 알 수 있겠습니까?" 야곱이 투덜대며 말했다.

"너는 죽음 때문에 두려워하고 있지?"라며 상대가 맞받아 쳤다.

"아주 쉽게 알 수 있어! 내가 두려워하기 때문에 이 천막 안에 숨어 있는 것이지!"

"하나님께 너를 보호해 달라고 했었지?"라며 상대방이 말했다.

"내 종들은 그런 나의 기도를 들어 왔었다"며 야곱은 비웃으며 말했다.

야곱은 이제까지 싸우며 살아왔던 방법이었기에 끝까지 버티며 그 손을 놓지 않고 있었다. 그가 만약에 그냥 간다면 결국 모든 것을 잃어버릴 수 있을 것이라 생각 했다. "만일 당신이 하나님으로부터 왔다면…… 만일 하나님이 당신을 보냈다면 그러면 나를 축복해 주시오." 이것이 그동안 야곱이 살아온 방식이다.

그들은 몇 시간 동안 힘겨운 씨름을 하였다. 야곱이 상대가 누구인지 알아 볼 수 없도록 달조차도 떠오르지 않았다. 칠흑같이 어두운 밤 내내 보이지 않는 형상과 씨름하였던 것이다. 자신보다 더 강한 존재였다. 야곱은 마침내 자신이 칠 수도 없고 잔꾀를 부릴 수도 없는 한 인격체를 만난 것이다. 그가 할 수 있었던 일은 고작 그에게 매달리는 것뿐이었다.

그리고 새로운 날의 시작을 알리는 빛이 동쪽 언덕에 떠올랐다. "나는 가야만 해!"라며 그 존재는 놓아달라고 했다. "날이 새었구나"

"아니오" 야곱은 밤새도록 했던 답변을 다시 했다.

"당신이 나를 축복하기 전에는 가지 못합니다."

"너의 이름이 무엇이냐?"라고 말하자

"야곱이오"라고 대답했다. 속이고 밀어낸 자라는 이름의 뜻을 가진 것이다.

"너는 새 이름을 가질 것이다." 그 사람은 야곱에게 이렇게 말했다.

"하나님은 네게 복을 줄 것이다. 너의 이름은 '이스라엘'이 될 것이며, 너의 새로운 이름의 뜻은 '하나님이 함께 하는 왕자'(Prince with God) 이며, 네 나머지 일생을 통해 하나님은 네게 특별한 존재가 될 것이고, 하나님은 네 자손들에게 영원한 복을 줄 것이다. 왜냐하면 네가 끝까지 포기하지 않고 하나님과 씨름하였고, 너의 속임수에도 불구하고 언제나 여호와를 찾아 왔으며, 싸워 이겼기 때문이다."

그 사람이 야곱의 넓적다리를 만지자 그 고통이 다리 아래 발가락까지 느껴졌으며 뇌의 신경계통에까지 전달되었다. 야곱은 견딜 수 없는 고통에 소리를 질렀다.

"너는 나머지 생애 동안 절름발이가 될 것이다. 네가 걷는 어디서든지 너는 고통 가운데 걸을 것이며 이 날을 기억할 것이다. 끝까지 가지 않고 하나님과 씨름하였던 것을 기억할 것이다."

"당신의 이름을 말해 주시오." 야곱은 주저앉아 고통을 느끼며 말했다.

"왜 네가 나의 이름을 알기 원하느냐?" "너는 내 이름을 알 필요가 없다! 너는 하나님의 복을 사모하며 기도만 하여라. 그러면 복을 받을 것이다."

야곱은 이 분이 자신의 기도를 들었다는 것을 깨달았다. 오직 하나님만이 사람들의 기도를 들을 수 있는 것이다. 야곱의 마음을 알고 계셨던 하나님만이 모든 사람들의 마음을 알 것이며, 야곱에게 복을 주어 왔던 하나님만이 복을 주실 수 있는 것이다.

　야곱은 그 사람 앞에 무릎을 꿇었다. 그 넓적다리에서 느껴진 고통의 체험은 하나님 임재를 경험함으로 인해 경외하는 마음을 갖게 된 대가였다. 야곱은 두려움으로 위를 볼 수 없어 땅을 향해 머리를 조아렸다. 비록 야곱이 이른 아침 빛을 통해 그 사람의 얼굴에 대한 흔적을 보았다지만, 야곱은 보기에도 몹시 두려웠던 것이다. 야곱은 전 날 밤의 사건이 자신에게 있어 얼마나 큰 불신앙이었는지를 생각하며 많은 부끄러움에 휩싸였다.

　하나님의 복된 손길이 야곱에게 임함으로 인해 이 전과는 같아질 수가 없었다. 야곱은 하나님을 만난 것이다. 이것은 하나님에 의한 이끌림이며 만남이었다. 이제 하나님과 함께 걸어감으로 더 이상 인간적 행동에 의지해서는 안 된다. 야곱은 하나님이 함께하는 왕자인 이스라엘이 된 것이다.

　아침 햇살이 동쪽 언덕 하얀 자작나무 숲을 뚫고 들어오며 비칠 때 야곱은 좁은 천막에서 나왔다. "나는 하나님을 보았습니다." 하나님을 듣고 본 사람들이 없다지만 야곱은 이렇게 말한 것이다. "나는 하나님과 직접 대면한 것입니다. 그런데 죽지 않았네요."

　야곱이 얍복강을 향해 한 걸음씩 나갈 때 엉덩이에서 느껴지는 고통이 더해졌고 자주 걸음을 멈춰 서야만 했다. 그는 지팡이에 의지해 걸어 천막에 도달할 수 있었으며, 자신을 정결하게 하고 영적인 회복과 부흥을 위해 얍복강으로 절름거리며 내려간 것이다.

"나는 하나님을 만난 이곳을 브니엘이라 할 것이다"라고 야곱은 선포하였다. "여기가 바로 내가 하나님과 대면해서 만난 곳이다."

이제까지의 야곱의 삶은 하나님을 대면하고, 만남으로 그분의 삶 가운데 살았다기보다는 하나님의 보호의 손길만을 구하며 살아왔던 것이다.

하나님을 만난 후

잔꾀만 부리며 거짓말을 일삼던 야곱이 이스라엘이 되고 하나님이 함께 하시는 왕자가 된 것이다. 그는 믿음의 사람이 된 것이고 열 두 아들, 더 나아가서 열 두 지파를 하나님을 향해 순종함과 경배하도록 인도한 사람이 된 것이다. 그의 나머지 생애가 절름발이 신세가 되었다고 하지만, 그러한 경험을 통해서 하나님과의 만남을 생각나게 하는 것이었다.

하나님을 만난 야곱으로부터 배울 수 있는 교훈

1. 하나님을 찾게 되는 동기는 다양하게 일어난다.

야곱은 자신으로 인해 분노했던 외삼촌으로부터 도망 나와서 다시 형에서에게로 가야했다. 그의 두려움 때문에 야곱은 천막 안에서 홀로 하나님을 찾았던 것이다. 그러나 그의 인생을 변화시킬 특별한 일이 천막 안에서 일어난 것이다. 야곱은 한번 하나님을 만나면, 결코 그분을 그냥 가시도록 내버려 두지 않는다. 그동안 그의 인생에 있어서 하나님을 만나는 체험보다도 우선적으로 행했던 것은 끊임없이 매달리는 일이었다.

과거에도 언제나 그랬듯이 하나님께 매달리던 일이 야곱의 인생을 변화시키는 원천이 되었던 것이다. 두려움, 도산, IRS(internal revenue service-역자주: 세무서)의 세무감사, 암, 이혼 등 이런 것들이 당신으로 하여금 하나님을 찾게 하는 자극이 될 수 있는 것이다. 당신이 하나님의 임재하심을 느꼈을 때 야곱과 같이 끝까지 매달려라. 당신에게 친밀하게 다가오는 바로 그 하나님이 당신을 변화시킬 것이다.

내가 두려워하는 날에는 주를 의지하리이다(시 56:3).

2. 가족과의 관계가 하나님의 임재하심으로 이끈다.

야곱은 아내들과 여러 자녀들이 있었다. 그는 끊임없이 그들의 안전을 위해 기도했다. 자신의 인생이 가장 중요했다지만, 가족을 위한 기도가 그의 입술에서 언제나 떠나질 않았다. 하나님께서는 다른 방법으로 우리의 주의를 끌 수 없을 때 우리의 배우자나 자녀들을 통해 다가오신다. 하나님께서는 마치 야곱이 외삼촌 라반이나 형 에서와 같이 적대적인 관계를 통해서 역사하신 것과 같이 심지어 가족 간의 다툼을 통해서도 하나님을 찾게 하신다.

내 부모는 나를 버렸으나 여호와는 나를 영접하시리이다(시 27:10).

3. 하나님의 임재하심을 경험하기 위해서는
   소중한 것을 포기해야만 한다.

야곱은 모든 것을 포기했다. 그는 형 에서에게 모든 것을 주고자 했다. 그의 가족마저 희생하고자 했다. 그는 약속의 땅으로 가지고 온 모든 것을 하나님께 드렸다. 하나님께 의지함으로 모든 것을 포기한 것이다. 가장 소중한 것을 포기했을 때 야곱은 하나님의 임재를 경험한 것이다. 만일 당신이 하나님과 더욱 친밀해지고자 한다면 당신과 하나님 사이에 어떤 것도 들어오게 해서는 안 된다.

> 아비나 어미를 나보다 더 사랑하는 자는 내게 합당치 아니하고 아들이나 딸을 나보다 더 사랑하는 자도 내게 합당치 아니하고 또 자기 십자가를 지고 나를 쫓지 않는 자도 내게 합당치 아니하니라 자기 목숨을 얻는 자는 잃을 것이요 나를 위하여 자기 목숨을 잃는 자는 얻으리라 (마 10:37-39).

4. 모든 것을 잃었다고 생각 될 때, 하나님 만나기를 사모하라.

야곱은 그가 모든 것을 잃었다고 생각했다. 심지어 천막 밖에서 들리는 발자국 소리에도 자신을 헤치고자 하는 사람이라고 생각했다. 그에게 있어 가장 큰 공포는 자신의 마음 안에 있는 두려움이었다. 모든 것을 잃어버린 듯 한 절망 가운데에서도 야곱이 하나님을 만나고자 사모했기 때문에 하나님은 야곱에게 다가오셨다. 하나님은 우리에게 마음의 절박함을 경험하게 하신다. 왜냐하면 사람들의 절박함은 하나님의 기회이기 때문이다. 하나님이 자신을 우리에게 드러내시는 것은 이러한 절박함이 우리 안에 있을 때인 것이다.

> 나는 거의 실족할 뻔하였고 내 걸음이 미끄러질 뻔하였으니 (시 73:2) 내가 항상 주와 함께하니 주께서 내 오른손을 붙드셨나이다 주의 교훈으로 나를 인도하시고 후에는 영광으로 나를 영접하시리니 하늘에서는 주외에 누가 내게 있으리요 땅에서는 주밖에 나의 사모할 자 없나이다(시 73:23-25).

5. 하나님을 찾고자 한다면 홀로 대면하라.

야곱의 아내들이나 자녀들은 그로 하여금 하나님의 임재를 경험하는 일에 도움을 주지 못했다. 영적인 면에서도 라반과 에서는 도움을 줄 수가 없었다. 야곱은 혼자서 외로이 하나님과 씨름하여 이기었다. 그는 하나님과 대면하였다. 하나님을 향하여 가는 여정에서 배우자가 동행하여 주기를 기다릴 수 없다. 그것은 고독한 여정이며 혼자 힘으로 가야할 길이다. 아브라함이 소돔을 위해 혼자서 중보기도 하였고, 모세도 시내산에서 혼자서 중보기도 했으며, 엘리야가 갈멜산에서 450명의 바알 선지자들과 혼자 대적해서 싸웠고, 조지 워싱턴이 포지(Forge)계곡에서 혼자 무릎을 꿇고 기도했던 것과 같이 우리는 하나님을 홀로이 만나야 하며 그럴 수밖에 없다.

> 너는 여호와를 바랄지어다 강하고 담대하며 여호와를 바랄지어다 (시 27:14).

6. 뜻하지 않은 곳에서 하나님을 만나게 되면 놀라움을 갖게 된다.

야곱은 천막 안에서 하나님의 임재를 기대하지 못했다. 단지 숨고자 한 것이다. 야곱은 밤새도록 하나님과 씨름하리라고는 전혀 생각하지 못했다. 과연 자신 앞에 나타난 존재가 하나님이었다는 것을 알았다면 야곱이 그렇게 그 형상에게 매달릴 수가 있었을까? 그 존재가 하나님인 줄 알았다면 그렇게 가도록 놔두었을까? 야곱은 스스로 하나님의 임재를 발견한 것에 대하여 놀라지 않을 수가 없었다. 때때로 우리는 하나님 만나기를 기대하지 않은 채 교회에 간다. 그러나 기대하지 않은 의외의 장소에서 하나님을 만나는 놀라움을 경험하게 된다.

> 내 마음이 눌릴 때에 땅끝에서부터 주께 부르짖으오리니 나보다 높은 바위에 나를 인도하소서(시 61:2).

7. 인생의 가장 암울한 경험을 한 후에야 어둔 골짜기에서 하나님과의 만남을 알게 되는 그곳에 새벽은 찾아온다.

모든 것이 장밋빛 인생일 때 하나님은 찾아오지 않으신다. 건강하거나 행복하거나 돈이 너무 많아 주체할 수가 없고 걱정거리가 없으면 대부분 하나님에 대해 깊이 생각하지 않는다. 그러나 어찌할 수 없는 어려움에 처하게 되면, 우리 스스로가 하나님을 볼 수 없다고 느껴질 때, 이런 어려운 고난 속에서 하나님을 찾게 되고 하나님께서도 그런 우리에게 다가오신다.

며칠 동안 야곱은 갈수록 어두워지는 골짜기에서 살았다. 야곱이 스스로 자신의 형편을 더 좋아지도록 교묘하게 하면 할수록, 그에게 닥친 상황은 전보다 더 악화되어졌다. 많은 어려움과 절망 가운데서 야곱은 하나님을 만난 것이고 하나님의 복을 받은 것이다. 절망의 끝에 섰을 때 우리는 비로소 하나님께 돌아가야겠다는 절실함을 느낀다. 하나님께서는 우리에게 분명히 찾아오실 것이다. 폭풍우 치는 밤이 지나면 싱그러운 아침 햇살이 언제나 있기 마련이다.

> 그 노염은 잠간이요 그 은총은 평생이로다 저녁에는 울음이 기숙할찌라도 아침에는 기쁨이 오리로다(시 30:5)
>
> 주께서 나의 슬픔을 변하여 춤이 되게 하시며 나의 베옷을 벗기고 기쁨으로 띠 띠우셨나이다(시 30:11).

적용   생각하며 실천하기

- 나는 우리 삶에서 다양한 이유들로 인해 하나님을 찾을 수 있다.

- 나는 가족을 위한 염려로 인해 하나님을 찾을 수 있다.

- 나는 하나님을 만나기 위해 소중하다고 생각한 모든 것을 포기해야만 한다.

- 나는 모든 것을 잃었다고 느껴질 때 하나님을 찾을 수 있다.

- 나는 혼자서 있을 때에 만이 하나님을 찾을 것이다.

- 나는 대부분 하나님이 나를 만나주셨을 때 놀라움을 갖게 된다.

- 나는 어두운 밤이 지난 후에야 새벽을 기대할 수 있다.

하나님으로부터 받은 용기
(THE COURAGE FROM GOD) 3)

빌리 그래함(BILLY GRAHAM)
전도자

내 인생에서 성령의 충만함을 느낄 수 있는 감동의 순간이 여러 번 있었다. 그때마다 내게 주어진 사역을 감당함에 있어 어떤 특별한 힘이 더해지는 것을 알 수가 있었다.

1954년, 3개월 동안 인도해야만 했던 전도 집회(crusade)를 위해 우리는 영국을 향해 배를 타야만 했다. 항해하고 있는 동안, 무언가 나를 짓누르고 있는 압박감을 분명하게 경험하였다. 사탄은 가공할만한 무기를 준비해서 나를 공격하고자 계획했던 것으로 여겨진다. 그러한 것에 짓눌리는 압박감에 시달렸을 뿐만 아니라 사기를 저하시키는 의기소침한 마음에 사로잡힌 채, 설상가상으로 내 앞에 놓여진 사역을 감당하기에는 너무나 역부족이라는 나약한 생각까지 엄습해 온 것이다.

그날 이후로 나는 거의 밤낮을 가리지 않고 기도했다. 사도 바울이 말

---

3) Elmer Towns, *Understanding the Deeper Life* (Old Tappan, NJ: Revell, 1988), pp. 214, 215.

했던 "쉬지 말고 기도하라"는 말이 우리에게 무엇을 의미하는 것인지를 새롭게 안 것이다. 아내와 동료들과 함께 기도 모임이 있던 어느 날, 마음에서 어떤 것이 부서지는 듯한 느낌을 받았다. 내가 지금 행하고 있는 능력은 하나님께로부터 주어진 것이며, 하나님만이 신실하시다는 깊은 확신이 밀려들었다.

그때 나는 주님 앞에서 하염없이 흘러내리는 눈물을 주체할 수가 없었다. 내가 구원을 받았을 때 성령의 역사로 세례를 받고 그리스도의 한 지체가 되었다. 하지만 이번 영국을 향한 일정에는 하나님께서 내게 특별히 기름을 부어 주신 것이다. 그 이후로부터 나는 하나님의 성령이 내 앞에 펼쳐진 모든 사역을 주관하고 계시다는 확신을 갖게 되었다.

그리고 그런 모든 것이 사실로 드러났다.

이런 경험은 전에도 일어났었고, 그 이후에도 지금까지 여러 번 내게 반복되어지고 있다. 때로는 눈물이 말라버리기도 하였고 때로는 밤에 깨어 있으면서 내 자신 앞에 놓인 사역을 위해 성령이 충만하여짐으로 인한 잔잔한 확신 같은 것을 갖기도 하였다.

"내가 너희 가운데 거할 때에 약하며 두려워하며 심히 떨었노라"
(고전 2:3).

하지만 사도 바울이 말씀했던 것과 같이 내가 이 말씀을 선포했을 때에 여러 가지 많은 일들을 경험할 수 있었다. 내 자신이 아주 미천한 자유를 누리고 있을 때나 거듭되는 뼈아픈 실패 속에서 순간순간 하나님이 이루신 그 능력의 역사가 있어 왔다는 사실을 말했을 때, 우리 팀 내의 많은 동역자들이 그 설교 말씀을 통해 확신을 갖곤 하였다.

CHAPTER 3

모세(MOSES)

하나님의 종
(THE SERVANT OF GOD)

****

만남: 좌절 가운데
장소: 시내산 광야에서
본문: 출 32:1-34:35

모세에게 많은 문제들이 산적해 있듯이, 험준한 산 정상에 오르는 것 자체도 모세에게는 아주 심각한 문제였다. 해발 7,500피트나 되는 이 산은 가파른 오르막길과 도처에는 무서운 독사들이 숨어있고 위험한 절벽들로 인해 전혀 안심할 수 없는 곳이었다. 모세 앞에 육체적으로 커다란 장애가 놓인 것이다. 게다가 그는 80세 고령이다. 어떤 사람들은 그가 너무 약해서 산 정상까지 오르는 것뿐만 아니라 다시 돌아올 수도 없다고 생각했다. 그의 여정이 시작되었을 때, 한 음성이 많은 무리 가운데에서 고함치듯이 들려왔다.

"모세는 시내산에서 죽을 것이다!"

그 음성이 모세를 놀라게 하지는 못했다. 위험하다고 소리친 사람들은 자신들이 그런 경험을 했던 사람들이었다. 그들은 그동안 산에 접근하지 말라고 수도 없이 경고해 왔었다. 그 산에서 길을 헤맨 사람들이나 동물들이 실제로 죽었기 때문이었다. 아비들은 그들의 장막 문에서 좀 떨어진 채 기다리고 있었고, 어미들은 두려움에 휩싸인 채 장막 안에서 도망갈 준비를 하며 자녀들을 한자리에 모아 놓고 있었다. 시체 썩은 냄새가 이스라엘 백성들의 장막 주변에 가득 차 있었다. 금송아지 우상을 만들어 놓고 그 앞에서 춤을 추며 하나님께 반역함으로 인해 자신들을 더럽힌 자들이 죽임을 당한 것이다.

모세는 헐떡이는 숨을 잠시 멈추었다. 그가 오르는 길이 너무 가파르고 험준해서 그의 노쇠한 다리로는 너무 힘들어 피곤해 지쳤던 것이다.

잠시 휴식을 취한 후 그는 다시 산을 오르기 시작했다. 너무나 지쳐있고 약해진 다리 근육 때문에 산을 오르는 일은 더딜 수밖에 없었다. 그는 이리 저리 튀어 나온 커다란 바위를 피해 조심스레 비켜 오르면서 지팡이에 의지해야만 했다. 그가 "하나님의 지팡이"라고 불렀던 자신의 지팡이에 의지하여 바위를 넘어가며 산에 오른 것이다.

모세는 좀 쉬기도 하고 무엇인가를 생각하고자 다시 멈추었다. 애굽왕 바로 앞에 던졌던 지팡이를 기억했다. 그것이 뱀이 된 것이다. 또한 지팡이를 뻗었을 때 홍해가 갈라진 것을 기억했고, 바위를 치니까 물이 나온 것을 기억했다.

"지금은 그와 같은 기적이 더 이상은 없구나!"라며 자신을 향해 중얼거렸다. 어제는 매우 힘든 하루였다. 어제 모세는 이스라엘의 죄를 다스려야만 했다. 어제는 이스라엘 역사의 흐름 가운데에서 가장 최악의 날이었던 것이다. 모세가 시내 산에서 내려왔던 어제, 그는 사람들이 고함치는 소리를 들은 것이다. 잠깐이었지만 무슨 전쟁이라도 일어났는가라는 잘못된 생각을 할 정도였다. 하지만 그것은 이스라엘 백성들이 스스로의 도덕성을 잃어버린 것이었다. 많은 사람들은 벌거벗은 채 춤을 추고 있었다. 어떤 이들은 금송아지 앞에서 머리를 숙인 채 절을 하고 있었다. 그들은 모세의 지도력에 등을 돌린 것이다. 이것은 하나님을 거절함과 같은 것이었다.

어제 주모자들이 하나님에 대한 반역의 죄 값으로 죽었다. 노쇠한 다리로 달릴 수 있는 최대한의 속도로 모세는 성막을 향해 달려갔다. 사람들을 향해 이렇게 소리 쳤다. "너희의 죄가 크도다! 하지만 너희들의 죄를 위해 나는 중보기도할 것이다. 아마도 하나님께서는 우리 모두를 멸하지 않을 것이다." 모세는 이스라엘 백성들의 속죄를 위해 지성소로 급히 들어간 것이다.

어제 모세는 언약궤 앞에서 하나님께 자신의 얼굴을 들어 보이며 양팔을 뻗었다. 턱수염이 붙어 실처럼 늘어지기까지 오랫동안 모세는 눈물을 흘리며 간절한 마음으로 하나님께 기도를 드렸다.

"오, 하나님! 이들의 죄가 크지만 용서하여 주시옵소서!"

모세는 하나님이 그만하라고 할 때까지 많은 시간을 백성들을 살려달라고 청원하며 매달렸다.

"그런즉 나대로 있게 하라. 이 백성들은 목이 곧은 백성이요 나에 반역하였구나. 내가 그들이 했던 행실로 인해 진노하였다."

모세는 하나님의 말씀 앞에서 하염없이 눈물을 흘렸다.

"제발 그들의 죄를 용서하여 주시옵소서!"

그러나 하나님은 이스라엘을 멸하기로 작정하신 것이다. 하나님이 거하시고 계시는 성막 가운데 어디선가로부터 주님의 음성이 흘러 나왔다.

"나는 이들을 진멸하고 너로 하여금 새로운 나라를 건설하게 할 것이니라."

모세는 새로운 나라의 조상이 되는 것을 원치 않았다. 아브라함이 이스라엘의 조상인 것이다. 이스라엘은 이삭, 야곱, 요셉 그리고 애굽의 조상들로부터 위대한 유산을 상속받아 이어져 내려왔다. 그동안 속박에서 벗어나 백성들을 구원한 놀라운 기적과 하나님께서 약속하셨던 말씀을 회상하면서 모세는 하나님께 기도하였다.

"이들은 주님의 백성들입니다. 여호와 하나님께서 애굽으로부터 이들을 건져내셨잖아요. 아버지의 종인 아브라함과 이삭과 야곱을 기억하옵소서. 아마도 애굽 사람들은 여호와께서 이들을 진멸하기 위해 광야로 끌어내었다고 비웃을 것입니다."

어제 구름 가운데 하나님의 임재하심이 성막에 가득하였다. 하나님의 임재는 그의 종 모세의 기도를 들으시기 위해 나타나셨던 것이었다. 그들은 오랜 시간 대화를 하였다. 마침내 모세는 이스라엘을 위해 자신의 전 생애를 걸었다.

"만일 하나님께서 이들의 죄를 사하여 주시지 않는다면 주의 기록하신 책에서 내 이름을 지워버려 주옵소서."

백성들의 죄로 인한 하나님의 마음은 찢어지는 아픔이었다. 아니 어느 누구도 그 마음을 헤아리지 못했을 것이다. 하나님은 그 종의 기도를 응답하셨다. 부드러운 음성으로 하나님께서는 "내가 그들의 죄를 용서하리라……"고 모세에게 말씀하셨다.

모세의 기도는 응답되었다. 하나님께서는 이스라엘의 죄를 용서하신 것이다. 이제 이스라엘은 죽지 않을 것이다. 하지만 이스라엘 백성들의 범죄함으로 인해 하나님께서는 그들에게 복을 주시기 위한 조건 한 가지를 제시하셨다. 하나님께서는 모세에게 백성들을 약속의 땅으로 인도하라고 말씀하셨지만, 그들을 과거에 이끌어 오셨던 것과 같이 미래에도 같은 방법으로 베풀지는 않을 것이라고 말씀하셨다. 하나님은 모세에게 말씀하시기를 내가 이제 그들과 함께 가지는 않을 것이다. 대신에 "나는 너희를 인도할 여호와의 천사를 보낼 것이다……."

이와 같은 모든 일들이 바로 어제 골짜기에 일어났던 일이었다. 오늘 모세는 하나님을 만나기 위해 시내산 정상을 향해 올라가고 있는 중이다. 하루가 지나 오늘 다시 새날이 밝은 것이다.

모세는 산 아래 이스라엘 백성들의 장막을 내려다보았다. 캠프 한 가운데에 있는 성막도 바라보았다. 갑자기 검은 비구름이 모세를 향해 쏟아지기 시작했고, 모세는 이윽고 그 비구름 사이에 휩싸이고 말았다. 모세는 더 이상 광야 한 복판에 있는 산 아래의 이스라엘 백성들의 장막을 내려다 볼 수가 없었을 뿐 아니라 시내산 정상도 올려다 볼 수가 없었다. 그는 이 비가 보통의 비가 아닌 하나님의 임재임을 깨달았다. 이것은 하나님이 거하시는 짙은 먹구름이었다.

모세는 바닥에 자신의 옷을 펼친 후 무릎을 꿇고 하나님의 음성을 듣기 위한 순간을 기다렸다. 그가 들을 수 있는 소리라고는 산들 부는 바람에 흔들리는 덤불숲 속의 나뭇잎이 살랑거리는 소리였다. 시내산의 정상에는 나무가 전혀 없었다. 그는 자신의 지금 느끼고 있는 감정을 표현하기 위한 말씀을 찾았다. "오, 주 하나님이여! 내게 애굽에서 백성을 이끌어내도록 하셨으면서 왜 주님은 우리와 함께 가시지 않겠다고 하시나이까."

모세는 자신을 약속의 땅으로 안내할 보다 많은 천사를 원했다. 그는 기도했다. "오, 내 주 하나님! 하나님께서는 제 이름을 알고 계시잖아요. 제가 하나님의 백성을 이끌어가기에 부족하다는 것을 알고 계시잖아요. 만약 중심으로 제가 주님의 은혜를 사모해 왔다면 주님은 저와 함께 가셔야 할 것입니다." 모세는 하염없이 흘러내리고 있는 회한의 눈물로 인해 더 이상 말을 잇지 못했다.

"여기 주님의 백성들이 있잖아요, 주님! 우리와 함께 가시옵소서!"

모세는 하나님이 자신의 기도를 들으셨다는 것을 알았다. 그것은 짙은 먹구름 속에 나타나신 하나님의 임재하심을 느꼈기 때문이다. 하나님은 편재하시는 분이시기에 그들이 어디에 있든지 어느 곳을 가든지 전혀 문제 삼지 않으시고 어떤 기도도 들으신다는 것을 알고 있었다. 또한 모세는 시내산이 하나님에게 있어서 특별한 곳이라는 것도 알았다. 모세가 불에 타고 있는 떨기나무를 본 곳이나 십계명을 받은 곳이 바로 이 산이었던 것이다. 모세가 이 산에서 하나님의 임재하심을 분명하게 느꼈기 때문에 그는 기도를 계속해야만 했다.

"만약에 하나님의 임재하심이 나와 함께 행하지 않으신다면, 우리를 약속의 땅으로 옮기지 마시옵소서!"

하나님께서는 어두운 구름 속에서부터 응답하셨다. "나는 너희와 함께 갈 것이다." 하나님은 모세의 간절한 부르짖음을 들으셨던 것이다. 하나님은 자신의 백성들을 용서하셨으며, 그들이 원하는 것으로 회복시키신 것이다.

대부분의 사람들은 모세가 그의 인생에서 기도에 대한 엄청난 응답을 받아 왔고 그리고 그 정도면 충분하다고 생각해 왔다. 그러나 모세는 보다 많은 것을 요구하였다. "주의 영광을 내게 보이소서."

"나를 보고 살 자가 아무도 없음이니라"고 하나님은 대답하셨다.

시내산 정상이 먹구름으로 뒤덮였다. 그동안 모세가 보아 왔던 어떤 구름보다도 더 어둡고 짙은 구름이었다. 모세는 하나님의 임재하심 가운데 있었던 것이다. 그 구름은 아주 짙은 검은색 연기와 같았다. 마치 검은 진흙과 같이 두껍고 흐릿한 감람유나 피와 같이 두껍고 진한 구름이었다. 하지만 모세는 그 순간 많은 두려움으로 부들부들 떨고 있었다. 그는 양치기 시절에 많은 도둑과 무서운 맹수들과도 맞부딪치면서 살아

왔었다. 이 세상에서 가장 힘이 세다는 애굽 왕 바로와도 대결하여 살아 남았던 그였다. 지금 모세는 하나님께 말씀을 드리고 그리고 말씀을 듣고 기다리는 그분의 임재 가운데 서 있는 것이다. 그동안 모세는 하나님의 엄청난 능력을 보아 왔었다. 수많은 죽음도 체험하였던 것이다. 모세는 지금 하나님 만나기를 간절히 소원하고 있는 것이다. 그때 하나님께서는 당신이 이루시고자 하시는 일을 모세에게 말씀하셨다.

"내가 나의 모든 선한 형상을 네 앞으로 지나게 하고 여호와의 이름을 네 앞에 반포하리라. 왜냐하면 네가 나의 이름을 알 때 너는 나를 알 것이기 때문이다."

또한 은혜 베풀 자들에게 은혜를 주고, 내가 택한 자들에게 긍휼을 베푸신다고 하나님께서는 모세에게 말씀하셨다.

그리고 하나님은 당신의 복 가운데 모세를 두시면서 말씀하시기를 "나는 네게 긍휼을 베풀 것이다. 오라! 내 영광을 볼 수 있는 곳이 있을 것이다."

하나님은 모세를 시내산 정상으로 인도하셨다. 집채보다도 더 크고 월계수 나무 가지가 사방으로 뻗어 있는 숲보다도 더 넓은 바위로 모세를 이끌어 내셨다. 그 바위는 마치 칼에 의해 갈라진 빵 조각과 같은 모습으로 나뉘어진 채 가장 높은 곳에 있었다. 꼭대기로부터 바닥까지 쫙 갈라진 바위의 틈새는 사람들의 시야로부터 한 사람을 숨기기에 충분했다.

"거기"라고 하나님은 모세에게 지시했다.

"바위의 갈라진 틈에 숨어라."

공포감이 모세를 압도했다. 그리고 죽음의 공포가 모세의 어깨를 짓눌렀다. "저 죽습니다"라고 모세는 소리쳤다.

"아니다"라고 하나님은 모세를 안심시킨 후, "나의 임재가 네 앞을 지날 것이나 너는 죽지 아니하리라"고 말씀하셨다.

하늘의 하나님께서 재차 시내산 정상을 지나시기로 이미 예비되어 있었다. 짙고 어두운 구름 가운데 살아 계시는 빛의 하나님은 그가 말씀하신 것을 행하기 위해 이미 나타나 있었던 것이다. 시내산은 어두움으로 덮여있었다. 산 아래 사막에 있는 이스라엘 백성들은 산 위에서 나타나고 있는 먹구름 속에 휘감긴 사나운 폭풍우를 보았다. 이스라엘 백성들의 모든 가족들은 장막 안으로 대피하였다. 장막의 펄럭거리는 소리는 마치 두려움에 휩싸여 있는 백성들을 보호하는 것과 같았다.

하나님의 임재하심은 지금 모세가 숨어 있는 바위틈 사이 갈라진 곳을 향해 움직이기 시작했다. 그리고 긍휼하심으로 하나님은 바위틈을 덮고자 그의 손을 내밀었다. 하나님의 영광은 모세를 태우지 않았다. 하나님의 손길은 모세의 인생을 보호한 것이다. 하나님의 영광은 마치 토네이도와 같이 큰 능력으로 나타나고 있었으며, 큰 강물이 유유히 흐르듯이 거대한 물결로 밀려들고 있었다. 또한 하나님의 영광은 마치 방안에서 모든 것을 감싸 안는 어머니의 부드러움과 같이 느껴졌다. 하나님의 장엄하고 광대하심은 마치 왕이 지날 때 열병하는 모습이었고, 참관자들이 모든 것을 볼 수는 없었지만, 그분의 왕 되심이 모든 것을 주재하는 주권의 놀라우신 존귀함으로 나타난 것이다.

모세는 갈라진 바위틈에서 잔뜩 웅크린 채 쪼그리고 있었다. 그의 관심은 어떻게 바위가 쪼개졌는가보다는 안전하게 있는 것이었다. 하나님의 영광이 통과한 것과 같이 그는 하나님의 손 뒤에 숨겨졌다. 그리고 모세는 하나님의 강력한 음성을 들었다.

"여호와로라 여호와 하나님이로라 자비롭고 은혜롭고 노하기를 더디하고 인자와 진실이 많은 하나님이로라. 인자를 천대까지 베풀며 악과 과실과 죄를 용서하나 아비의 악을 자녀손 삼 사 대까지 보응하리라."

주님의 영광이 바로 그의 이름이다. 모세는 시내산 정상에서 하나님을 만난 것이며, 그분의 임재를 경험한 것이었다.

주님의 커다란 음성은 마치 지나가면서 부르는 노래 소리처럼 서서히 사라져갔다. 그 음성은 거리가 멀어질수록 희미해졌다. 그리고 하나님은 그의 손을 제거하고 모세는 골짜기 아래로 움직이는 짙은 구름 속에서 하나님의 뒷모습을 본 것이다. 비록 그것이 물러갈지라도 모세는 친근하게 임재하고 계시는 하나님을 느꼈다. 모세는 자세하게 보기 위해 눈을 크게 떴지만, 겨우 구름 속에서 희미한 형상만을 볼 수 있었다. 이것이 무엇이었던가?

그것은 하나님의 뒷모습이라는 것을 이해하는 순간이었다. 하나님의 의로움이 있은 후, 모세는 40일간을 시내 산에 머무르면서 하나님 임재 가운데 금식하며 주리고 지쳐 있었다.

다시 한 번 하나님은 모세에게 십계명을 주셨다. 하나님께서 손수 십계명을 기록하셨다. 하나님이 말씀하실 때 모세는 돌 판에 새겨 넣었다. 모세는 하나님께 말하고 하나님은 모세에게 말씀하신 것이다.

40일 후에 모세는 서서히 그의 발걸음을 산 아래로 옮겼다. 그의 발걸음은 전보다 더 힘들었다. 모세가 늙었을 뿐만 아니라 40일간을 금식했기 때문이었다. 더구나 하나님께서 주신 두 돌 판은 무거웠다. 심한 고난의 여정 후에 모세는 조그마한 두 언덕 사이에서 이스라엘의 장막을 보았다.

모세가 두 언덕 사이에 나타났을 때 많은 사람들이 그임을 알아챘다. 모세의 형인 아론이 모세가 안전하게 돌아오기를 기다리며 곳곳에 파수병들을 배치해 놓았던 것이다. 모세가 시내산 정상에서 검은 구름에 휩싸여 있을 때, 모든 이스라엘 백성들은 그를 위해 기도했던 것이었다. 육신의 갈급함을 채우기 위해 떠난 몇 명을 제외한 대부분의 사람들은 장막 가운데 머물러 있었다. 모든 사람들은 지금에 처한 환경에 대해서 죽음의 위기감을 느꼈다. 각 사람들은 다음 심판이 어느 곳을 강타할지 전전긍긍해 하며 안절부절못하고 있었다. 많은 사람들은 모세가 산에서 죽었다고 생각했었다. 그들에게도 짙은 구름이 심한 뇌우로 보인 것이다. 나약한 노인이 분명히 죽은 시체로 변했을 것이라고 많은 사람들은 생각했다. 그들을 인도한 모세가 없다면, 모든 장막을 걷어 내어버리고 다시 애굽으로 돌아가기를 원했을 것이다. 밤새 지키고 있던 사람들이 산에서 내려오는 모세를 보았을 때 그들은 장막을 향해 소리를 쳤다. "모… 모… 모세… 모세가 오고 있다!"

그리고 그들은 그 광경을 보았고, 마치 호수 가에 빛이 반사되어 빛나는 듯이 모세의 얼굴은 엄청난 광채가 빛나고 있었다.

갑자기 밀려든 군중들은 믿어지지 않는 듯이 멍하니 서서 아무 소리 하지 못하고 그저 바라만 보았다. 어떤 엄마들은 자기 아이들을 장막 안으로 밀어 넣었다. 그들은 매우 조심스러웠다. 전에는 그런 얼굴을 전혀 보지 못했기 때문이다.

모세는 자신의 얼굴이 그런 광채가 있는지 알지 못했다. 어떤 사람들은 그의 빛을 보고 서 있으면서 어둠의 체험을 까마득히 잊어 버렸다. 모세는 하나님의 임재 가운데 있었던 것이고 그래서 지금 그의 얼굴이 빛나고 있는 것이었다.

아론과 다른 지도자들 역시 모세가 그들 앞에 다가 올 때 뒷걸음질 치고 말았다. 그들은 자신들의 얼굴을 가렸다.

모세는 스카프로 자신의 얼굴을 가렸다. 그러자 사람들은 자신의 지도자에게 다가갔다. 많은 사람들은 자신들의 지도자인 모세를 사랑하고 있었지만, 알지 못하는 어떤 두려움이 그들로 하여금 모세를 피하게 한 것이다.

그후 40일 동안 여전히 모세의 얼굴은 광채가 났고, 하나님의 임재 가운데 금식하는 기간과 같이, 그리고 그는 자신도 얼굴을 가리고 있었다. 그가 기도하기 위해 성막에 들어갔을 때, 모세는 하나님 앞에 간구하기 위해 두건을 벗었지만, 그는 사람들에게 말할 때를 위해 완전히 제거하지 않고 위에 얹어 놓고 있었던 것이다.

하나님을 만난 후

모세가 시내산에서 하나님을 만난 이후, 하나님께서는 그분의 백성을 멸망시키지 아니하시고, 그들을 약속의 땅으로 인도하였다. 모세는 백성들에게 십계명을 주고 국가를 세웠다. 그는 성막을 세우고 영적, 사회적, 경제적 그리고 가족의 삶을 위한 법률을 제정하였다. 모세는 이스라엘 역사에서 가장 존경받는 지도자 중의 한 사람이 된 것이다.

하나님과 만난 모세의 기사에서 보여주는 것은 무엇인가?

1. 하나님과의 만남에는 육체적으로 나타나는 증거가 있다.

40일 동안 지속적으로 모세의 얼굴에 광채가 나타난 것은 하나님의 뒷모습을 보았기 때문이다. 만약 모세가 정면에서 하나님을 보았다면 무슨 일이 일어났을 것인지 상상할 수 있는 사람은 아무도 없을 것이다. 그리고 어떻게 그의 얼굴에 그런 광채가 나타날 수 있는지에 대해 설명할 사람도 없을 것이다. 우리가 말할 수 있는 것이라고는 단지 모세가 하나님의 영광을 보았고, 그의 얼굴에서 하나님의 광채를 발산했다는 것이다. 거울이 빛을 반사하고, 달이 태양의 빛을 반사하듯이 모세는 그가 보았던 하나님의 영광을 반사한 것이다.

당신에게도 하나님을 만났을 때 육체적으로 나타난 가시적인 결과가 있을 것이다. 하나님을 만난 사람 중에 어떤 이는 암을 치료받게 되고, 어떤 이는 경제적 유익을 얻게 되며, 어떤 이는 영적인 능력을 얻게 된다. 우리가 하나님을 만났을 때, 하나님께서 우리 육체 가운데 무엇으로 역사하실 지에 대해서는 말할 수 없다. 왜냐하면 하나님은 스스로 하시고자 하는 일을 선택하시기 때문이다.

> 모세는 자기가 여호와와 말씀하였음을 인하여 얼굴 꺼풀에 광채가 나
> 나 깨닫지 못하였더라(출 34:29).

2. 하나님께서는 사람들과 만나기 원하는 정한 장소가 있다.

하나님께서는 기술적 방법으로 어떠한 장소에서든지 사람들과 능히 만나실 수 있으신 분이시며, 우리는 인류역사를 통해 그런 상황들을 볼 수가 있었다. 하지만 하나님께서 만나고자 하는 장소는 하나님께서 다른 어떠한 것들보다 자신 스스로를 명백하게 나타내고자 하는 장소들로 보여진다. 제단은 그런 장소들 중에 한 곳이다. 한 죄인이 자신의 죄를 회개하고자 피의 희생 제물을 가지고 성전이나 성막에 들어왔을 때, 하나님께서는 그곳 입구에서 그를 만나 주셨다.

분명히 시내산은 하나님께서 자신 스스로를 드러내시고자 하는 또 다른 장소 중에 한 곳이었다. 그곳은 모세가 불에 타고 있는 떨기나무 숲을 본 곳이며, 십계명을 받고 하나님의 영광을 본 곳이다. 후에 엘리야도 같은 장소에서 하나님을 만났다.

이와 같은 원리를 생각해 본다면, 하나님은 벧엘에서, 실로에서, 미스

바에서, 또는 사람들이 하나님께 제사 드리는 곳이라면, 어디든지 사람들을 만난 것이다. 오늘날 사람들이 헌신하기 위해, 구원받기를 위해, 치료받기를 위해, 또는 단지 하나님을 만나기 위해 오는 많은 교회의 본당 앞에는 제단이 있다. 이제까지 하나님께서는 교회에서 철야기도나 부흥회나 또는 주일 오전 예배를 통해서 수많은 사람들을 만났던 것이다.

오늘 당신은 어느 곳에서든지 하나님을 만날 수 있다. 그러나 당신이 지금 당장 하나님과 만나기를 절실히 원하거나, 힘든 상황에 처해 있다면, 즉시 하나님께서 자신을 드러내시기 원하시는 곳으로 가라. 전에 당신이 하나님을 분명히 만난 곳이 있다면, 그곳으로 가라. 당신의 인생을 하나님께 헌신 했던 곳이 교회든지 아니면 다른 곳이든지 그곳으로 다시 가라. 만일 당신에게 주어진 삶의 여건으로 인해 갈 수 있는 입장이 아니라면 마음만이라도 돌아가라. 분명하게 당신이 그곳에서 진심으로 하나님을 만났다면, 당신은 그곳에서 다시 하나님을 만날 것이다.

> 모세가 양 무리를 광야 뒷편으로 인도하여 하나님의 산인 시내산 정상의 호렙에 이르매(출 3:1-저자 사역).

3. 하나님의 임재하심은 그분의 이름과 연결되어져 있다.

모세가 하나님의 임재하심을 보기 위해 기도했을 때, 그의 앞으로 지나간 것은 그분의 이름이었다. 어떻게 우리는 우리의 삶 가운데 하나님의 임재를 체험할 수 있는가? 초대교회 성도들은 그리스도의 이름으로 용서하는 것과 치료하심과 능력을 얻는다고 배웠다. 악한 귀신이 그 귀하신 예수의 이름 앞에서 떨었고, 순교자들은 그분의 이름을 위해 자신의 삶을 전적으로 헌신했다. 당신은 하나님의 이름 이외에는 다른 어떤 것으로도 더 많은 하나님의 임재를 체험할 수 없을 것이다.

> 내가 나의 모든 선한 형상을 네 앞으로 지나게 하고 여호와의 이름을 네 앞에 반포하리라 나는 은혜 줄 자에게 은혜를 주고 긍휼히 여길 자에게 긍휼을 베푸느니라(출 33:19).

4. 천사나 어떤 사람의 도움이 아닌 바로 하나님 그 자체가 우리의 열정이다.

모세는 자신의 소원하는 바를 하나님이 들어 줄 때까지 하나님의 임재 가운데 머물렀지만 그가 한 일이라고는 극소수에 불과했다. 그것은 하나님께 대한 끊임없는 부르짖음이었다. 하나님께서는 이스라엘을 향해 이제는 자신의 임재가 그들과 함께 약속의 땅으로 가지 않겠다고 말씀하셨다. 그것은 모세와 그들 모두에게 있어 견딜 수 없는 폭탄과도 같은 선언이었다. 모세는 하나님이 이스라엘과 함께 가겠다고 말씀하실 때까지 뜨거운 열정을 가지고 끊임없이 기도했다. 우리들 가운데 너무나 많은 사람들이 하나님의 능력과 그분의 무한하신 은혜와 복 내려 주심, 또는 우리 모든 삶 속에서 역사하시는 하나님의 보호하심 가운데 놓여겨 있다. 하지만 우리에게 정말 필요한 것이 있다면, 그것은 하나님 그 자체일 것이다.

> 여호와께서 모세에게 이르시되 "보라, 나의 천사가 네 앞서 행하리라." 그때 모세가 주께 고하되 "주께서 친히 가지 아니하시려거든 우리를 이 곳에서 올려 보내지 마옵소서"(출 32:33, 34; 33:15-저자 사역).

5. 우리는 우리의 것이 아닌 하나님의 조건과 방법으로 하나님을 만나는 것이다.

모세가 하나님의 영광을 보고자 간구했지만, 그는 결코 자신이 기대하는 방식으로 하나님을 볼 수가 없었다. 아마 모세는 하나님이 너무 가까이 계시기 때문에 오히려 더 위험하다는 사실을 이해하지 못했을 것이다. 모세는 그가 바라고 원했던 방식으로 하나님의 얼굴을 보지 못하고, 단지 자신을 보호할 바위 틈 갈라진 곳에 있게 된 것이다. 그때에 아마도 십중팔구는 모세의 전 삶을 구원하기 위해 하나님께서는 자신의 손으로 모세를 덮으셨어야만 했을 것이다.

우리가 하나님을 만날 때, 그것은 우리의 조건이 아닌 하나님의 방식과 계획대로 이루어질 것이다. 하나님은 복을 주는 분이시다. 우리는 단지 이 복을 받아들이는 수납자일뿐이다.

모세가 가로되 "원컨대 주의 영광을 내게 보이소서." 그러나 여호와께서 가라사대 "네가 내 얼굴을 보지 못하리니 나를 보고 살 자가 없음이니라"(출 33:18, 20-저자 사역)

6. 하나님께서는 자신을 만나기 원하는 사람들을 알고 계신다.

모세가 하나님의 임재 가운데 들어갔을 때, 하나님이 그의 이름을 알고 있다는 사실을 발견하였다. 그러나 하나님은 그의 이름보다도 모세 자체를 아신 것이다. 당신이 하나님 만나기를 시도할 때, 당신이 왜 하나님을 만나고자 하는지 하나님께서 모든 것을 알고 있음을 분명하게 기억하라. 하나님은 당신의 강함과 약함, 그리고 하나님을 향한 어떤 열정을 가지고 있는지 모두 알고 계신다. 하나님을 만나고자 하는 일에 있어서 분명하게 주목해야 할 것이 있다면, 그것은 하나님께서 당신에 대한 모든 것을 알고 계신다는 것이다. 당신은 하나님께 그 어떤 것도 숨길 수가 없다. 만약 하나님이 당신을 만나고자 한다면, 그분은 조금도 놀라지 않을 것이다. 왜냐하면 하나님은 이미 당신에 대해 알고 있기 때문이다. 이것이 오히려 하나님을 만나는 일에 있어 우리에게 위로함이 되는 것이다.

여호와여 주께서 나를 감찰하시고 아셨나이다. 주께서 나의 앉고 일어섬을 아시며 멀리서도 나의 생각을 통촉하시오며(시 139:1,2).

모세 *113*

7. 하나님의 임재 가운데 들어가고자 할 때
   그분의 약속하심을 믿고 구하라.

모세는 하나님께 백성들을 위해 중보하며 기도를 드릴 때, 이스라엘은 하나님의 백성이며, 그들에게 복 주시겠다고 약속하셨다는 사실을 고하며, 그들과 함께 약속의 땅으로 가시겠다는 약속도 하나님께 상기 시켰다. 왜냐하면 하나님께서 약속하신 모든 일들을 기억하며, 그것을 믿고 간구했기 때문에, 모세는 하나님께로부터 간절히 구한 모든 것을 얻을 수가 있었던 것이다.

> 모세가 여호와께 고하되 보시옵소서 주께서 나더러 이 백성을 인도하여 올라가라……" (출 33:12).

적용 생각하며 실천하기

- 나는 하나님을 만남으로 인해 육체 가운데 경험된 분명한 증거를 가질 것이다.

- 나는 하나님을 만나는 일에 있어 좋은 장소가 있을 것이다.

- 나는 하나님의 임재하심으로 그분의 이름을 찾을 수 있다.

- 나는 천사나 어느 누구의 도움 없이 하나님을 만나기를 사모한다.

- 나는 내 자신이 아닌 하나님의 뜻에 따라 하나님을 만난다.

- 나는 하나님께서 나를 찾아 오셨음을 그분에 의해 알게 된다.

- 나는 하나님의 임재 가운데 그분의 약속하심을 구해야 한다.

SNAPSHOT 4

두려움에서 벗어남
(OVERCOMING FEAR) [4]

요한 웨슬리 (JOHN WESLEY : 1703-1791)
감리교 운동의 설립자

1735년 요한 웨슬리는 그의 동생 찰스와 함께 해외 복음 선교회(역자 주-1701년 영국의 제임스 오글톱(James E. Oglethorpe)이 설립한 선교 단체(Society for the Propagation of the Gospel), 웨슬리 형제가 미국의 조지아 주 선교를 위해 1735년 미국을 여행할 수 있었던 것도 바로 이 선교회의 선교사 자격으로 갔음)의 선교사로서 식민 지역인 미국 조지아로 가기 위해 여행하였다. 웨슬리는 거센 폭풍으로 인한 물결로 흔들리는 배 안에서 자신의 인생에 대한 두려움을 가지고 있었다.

하지만 그와는 달리 이런 어려움 속에서도 묵묵히 기도하고 있는 한 모라비안 선교사를 보았다. 이 모라비안 선교사를 통해 얻은 경험은 이후에 웨슬리 자신이 그리스도께 변화되는 데 많은 영향을 주었다. 그는 전혀 예수 그리스도를 자신의 구주로 여기지 않은 채, 단지 고상한 앵글

---

[4] Elmer Towns, *The Christian Hall of Fame* (Grand Rapids, MI: Baker Book House, 1971), pp. 74-76.

리칸 교회의 교인으로서 신비주의와 혼합하여 의례나 법을 엄격하게 고집한 사람이었다. 웨슬리는 인디언과 식민 지역에 사는 사람들에 대한 목회가 실패하자 조지아를 떠났다.

- 1738년 1월 24일 웨슬리의 기고문 중에서 -

나는 인디언을 변화시키기 위해 미국으로 건너갔다. 그러나 오! 누가 나를 변화시킬 것인가? 누가…… 불신앙의 악한 마음으로부터 나를 구원할 수 있는 것이 그 무엇이란 말인가? 나는 여름철 부흥집회를 아주 멋있게 인도하였고, 나는 말을 썩 잘하는 재주를 가지고 있었다. 그동안 내 주변에는 아무런 위험이나 장애 요소들 없이 나는 나 자신만을 믿고 살아 왔다. 하지만, 죽음이 내게 찾아 왔을 때, 내 영이 혼란스러울 뿐이다. 무슨 말을 할 수 있겠는가! 아무 말도 없이 그저 죽음을 맞이할 뿐이다.

이런 두려움의 죄 가운데 빠져 질질 끌려온 나에게 찾아온 것은 결국 해변에서 죽음을 맞이한 운명인 것을!

어느 봄날 저녁, 그때가지도 웨슬리는 구원에 대해 깊은 생각에 잠기었다. 그는 자신이 변화를 체험한 엘더스게이트(Aldersgate)의 한 모라비안 집회에 참석을 했던 것이다. 그는 이렇게 자신의 회심을 회고하였다.

― 1738년 5월 14일 웨슬리의 기고문 중에서 ―

그날 저녁, 나는 마지못해 엘더스게이트가(Aldersgate Street)에 있는 한 선교 단체에 들어갔다. 그곳에서 한 사람이 로마사람에게 보낸 서신의 서문을 읽고 있었다. 8시 45분쯤 되었을 때, 예수 그리스도를 믿음으로 말미암아 하나님이 그 마음에 역사하셨다는 사실로 인해 변화를 받았다는 자신의 간증을 설명하고 있을 무렵, 나는 내 마음에 강한 온기가 가득 차 있음을 느꼈다. 그 느낌은 홀로 구원의 역사를 이루시는 그리스도, 그분을 신뢰하는 것이었다. 그리고 그 확신은 그리스도께서 나의 죄를 사해 주셨다는 사실을 믿게 한 것이었으며, 심지어 내 마음에까지 죄와 사망의 법에서 구원해 주신 것이었다.

조나단 에드워드가 뉴잉글랜드 지역에서 집회를 성공했던 이야기와 장외 집회에서 말씀으로 수많은 사람들에게 영향을 끼친 조지 휘필드의 성공담에 대하여 들은 직후, 그 이듬 해 봄, 그는 비로소 설교하기 시작하였다. 웨슬리는 많은 사람들이 구원을 체험하는 장면을 목격하였다. 감리교는 순식간에 부흥하였고, 그는 50년 이상을 감독으로서 감리교를 섬겼다. 그는 길거리에서나 사역의 현장에서나 그리고 감리교 예배당에서 예배를 통해 말씀을 전하는 일로 여생을 보냈다.

그는 매일 아침 5시 전에 일어나 기도하고 말씀을 읽었으며, 15-20마일씩 말을 타고 돌아다니며 하루에 네다섯 차례씩 그것도 매일 말씀을 전하였다. 그는 일생동안 250,000마일의 전도여행을 하였고, 42,000

천명에게 말씀을 전하였다. 그는 88세의 나이에 생을 마쳤으며, 죽음이 임박한 그 달까지도 말씀 전하는 일을 계속하였다.

CHAPTER 4

기드온(GIDEON)

마지못해 지도자가 된 사람
(A RELUCTANT LEADER)

만남: 나약한 자신의 모습 때문에
장소: 한 상수리 나무 아래에서
본문: 삿 6:11-24

　나약하기 짝이 없는 한 젊은 남자가 밀 더미 앞에 엎드려서 밀알 껍질을 벗겨 내면서 조금씩 앞으로 기어가고 있었다. 그는 상수리 나무 숲이 우거진 골짜기 아래 포도주 틀을 놓고 그 앞에 움쿠리고 앉았다. 혹시 어떤 위험이 밀려올 것만 같은 불안한 사람처럼 신경이 잔뜩 곤두선 채, 그의 어깨 너머에 있는 쪽을 향해 두리번거렸다. 그는 이 숲 저 숲을 샅샅이 살폈다. 그는 자신을 엿보고 있는 사람이 아무도 없다는 것을 확인하여 안심하고는 다시 일하기 시작했다.

　그때는 이스라엘의 수확 철이었다. 해마다 이 시기가 되면 광야로부터 미디안의 도적 떼들이 약속의 땅으로 들어와 수확해 놓은 곡물들을 다도적질해 간다. 어떤 사람들은 이들과 대항하다가 죽음을 당하기도 하였다. 미디안의 도적 떼들이 올 때쯤이면 농부들은 이를 경계하기 위해 언덕 꼭대기에 보초를 세워 놓는다. 미디안 도적 떼가 온다는 보고를 접하면 가족들은 재빠르게 자신들의 농장에서 철수하여 그들이 가지고 나온 수확물들을 움켜 쥔 채 바위나 나무 사이로 숨고, 어떤 사람들은 산으로 도망하여 수확 철이 끝날 때까지 돌아오지 않는다.

기드온은 도리깨질 한 자신의 밀 더미를 바라보며 낱알을 까부르고 있었다. 풍성한 수확이었다. 그는 하나님의 풍성하심에 감사를 했다. 그러나 곡식을 넣은 자루가 그렇게 많이 싸이지는 않았다. 아직도 해야 할 일이 많이 남은 것이다. 아마 다 끝내기 위해서는 겨울 내내 일을 해야 할 것이다.

기드온은 쑤시고 아픈 허리를 펴기 위해 구부리고 있던 손과 무릎으로 자신의 몸을 일으켜 세웠다. 그는 눈을 지그시 감고 잠시 자신의 어린 시절을 회상했다. 그는 밀을 타작하기 위해 가족들과 함께 일했던 일, 농장 위쪽 가장 높은 언덕에 올라갔던 일들을 생각했다. 그는 밀알의 껍질을 제거하기 위해 도리깨질을 했다. 가족들은 언덕 꼭대기에서 불어오는 세찬 바람을 맞으며 오후 늦게까지 일을 했다. 그 바람은 곡물을 까부르기에 아주 필요한 바람이었다. 그의 아버지는 까불러진 밀의 윗부분을 고르기 위해 삽을 들었고, 왕겨는 바람에 날리고 낱알은 멍석에 떨어졌다. 그리고 그의 누이들은 이리저리 흩어진 낱알을 자루에 쓸어 담았다. 그들이 일 년 동안 먹어야 하는 빵을 만들 수 있는 곡물을 까

부르는데 꼬박 만 이틀에서 삼일이 걸린다.

그러나 기드온은 올리브 나무와 포도나무가 있는 시원한 아래쪽에 숨어 있었다. 그는 한번에 한 움큼씩 곡물을 까부를 수 있었다. 그는 껍질을 벗겨 내기 위해 밀을 한 움큼씩 돌에 올려놓고 문질렀다. 한 줌씩의 밀 껍질은 불어서 떨어뜨리고 낱알은 자루에 넣었다.

기드온은 일하는 좁은 틈으로 다시 뛰어 올라와 손과 무릎으로 포도주 틀 주변을 기었다. 한 번 훅 불 때마다 조금씩 곡물을 거둘 수가 있다. 한 번 훅 불어서 벗겨내는 양이면 가족의 한 사람이 하루에 빵을 만들어 먹을 수 있기에 충분하다. 그는 밀 껍질을 다 벗겨 내는 일에 겨울을 지나야 한다는 것을 잘 알고 있었다. 그때 갑자기 떠오른 어떤 생각 때문에 일을 중단할 수밖에 없었다.

"안녕!" 그에게 한 음성이 들렸다. 앉아 있는 바위에서 몇 발짝 떨어져 있는 곳에 유대인도 아니고 미디안 사람도 아닌 어떤 낯선 사람이 있었던 것이다.

기드온은 주춤하며 물러섰다. 그는 어떤 위협감을 느꼈지만, 무기는 없어 보였다. 그는 무기를 사용하면 어쩌지 라는 마음에 잔뜩 불안감을 가지고 있었다.

"안녕!" 하고 낯선 사람이 다시 말을 했.

"너는 하나님의 용사요 용감한 사람이로다."

기드온은 그 인사가 말도 안 된다고 생각했다. 그 낯선 사람은 그에게 찬사를 보내고 있었지만, 기드온은 모든 사람들뿐만 아니라 자신에게 말을 걸어오는 사람에게조차 두려움을 가지고 있는 나약한 존재였다. **이 낯선 사람은 매년 가을이면 미디안의 도적 떼가 우리 땅을 침입한다는 것을 알지 못한다**고 기드온은 생각했다. **이놈도 틀림없이 어느 낯선 나라에서 왔을 거야.** 기드온은 자신에게 하는 인사가 너무나 어처구니 없음을 부지중에 말해버렸다.

"만일 내가 하나님의 용사라면"

기드온은 젊었기 때문에 예의 바르게 행동을 하려고 애를 썼다.

"내가 용기를 가졌다면 왜 내가 미디안 사람들을 피해 이 조그만 곳에 숨어 있겠습니까? 왜 내가 이정도의 곡식 좀 얻고자 이렇게 손과 무릎을 굽혀가며 이 고생을 하고 있겠습니까?"

그 낯선 사람은 미디안의 용사도 아니고 어떤 다른 나라에서 온 사람도 아니었다. 그 사람은 하나님으로부터 기드온에게 메시지를 전하기 위해 온 것이었다. 그 사람이 설명하기를 "여호와께서 너와 함께 계시도다." 그는 계속해서 기드온의 반응을 보기 위해 기다리고 있었다. "너는 용기를 가질 것이다. 왜냐하면 여호와께서 너와 함께 하시기 때문이다."

낯선 사람은 기드온에게 설명하기를 너는 네 스스로가 강한 사람은 아니지만, 하나님 안에 있으면 강하게 될 것이라고 했다. 비록 그가 상수리나무 아래 숨어 있었지만, 하나님은 그를 용기 있는 자가 되게 할 것이다. 그러나 기드온은 확신하지 못했다. 그는 대답하기를 "만일 하나님께서 나와 함께 한다면"—두려워 떨고 있는 기드온이 말을 잇지 못하고—"마… 마… 만일 하나님께서 우리와 함께 한다면, 하나님이 우리에게 보여줄 수 있는 기적은 도대체 어디에 있단 말입니까?"

기드온은 죽어가는 가족들을 볼 때마다, 그래 하나님은 어디에 계시나이까? 기드온은 마을이 짓밟힐 때마다 노인들의 절규함을 들으면서, 도대체 하나님은 어디 계시나이까? 라고 했다. 기드온은 자기 아버지가 곡식을 노략질 당할 때면, 하나님! 도대체 어디 계시나이까? 하나님은 그의 기도에 응답이 없었던 것이었다.

"만일 하나님이 자기 백성들과 함께 계셨다면," 기드온은 물었다.

"왜 하나님은 이스라엘 백성들을 애굽에서 이끌어내실 때 하셨던 것처럼, 어찌하여 우리를 위해 기적을 보여주지 아니하시나이까?" 의기소침해 진 기드온은 경멸하지는 않았지만, 마음을 모질게 갖지는 못했다. 그러나 물이 끓을 때 품어져 나오는 증기를 보지 못한다면 물이 뜨겁다는 것을 인정하지 않음과 같은 것이다. 기드온은 하나님을 믿었고 하나님께서 이스라엘을 보호해 주기를 원했다. 하지만 하나님 백성들이 당하고 있는 고통이 그를 무척이나 당황하며 혼란에 빠트리고 말았다.

"하나님은 우리를 버리셨습니다." 기드온은 계속 하였다. "하나님은 우리를 미디안의 손에 붙이셨습니다. 우리가 당하고 있는 고통에 속수무책일 수밖에 없어요. 하나님은 우리를 벌주고 있는 것입니다."

아직까지 바위 위에 앉아 있는 낯선 사람은 기드온에게 하나님께서는 모든 나라로부터 보호해 달라고 하는 가족들의 기도를 들으셨다고 설명해 주었다. 하나님께서는 이스라엘이 그들의 죄를 뉘우치고 있는 것을 알고 있다. 하나님께서는 이스라엘이 그들을 구원해 달라는 울부짖음

또한 들으셨다. 그리고 낯선 사람이 기드온에게 말하기를

"미디안으로부터 이스라엘을 구원하기 위해 너를 사용하실 것이다. 너는 여호와의 능력으로 인해 용기를 가질 것이다. 너는 여호와의 능력으로 인해 싸울 것이다. 너는 하나님의 능력으로 인해 미디안을 몰아낼 것이다."

"나는 아닙니다!" 기드온은 생각 없이 말했다.

"저는 미디안으로부터 이스라엘을 구원할 수 없나이다. 그들은 너무나 강하고 너무나 많은 무리가……."

전쟁에서 군대를 이끈다는 생각은 나약하기만 한 기드온으로서는 상상조차 할 수 없는 일이었다. 그는 여호수아와 같은 강력한 장군도 아니었고 갈렙과 같은 용사도 아니었다. 기드온은 아주 낮은 자존감을 지닌 존재였을 뿐이었다. 그는 자기 확신에 대한 부족함을 가지며 다시 이렇게 말하였다. "나는 우리 가족 중에서 가장 연약하고…… 나의 아버지는 아비에셀 사람들 중에 가장 가난하고…… 므낫세 지파는 이스라엘 열두 지파 중에서 가장 약한 지파입니다."

낯선 사람은 기드온의 변명들을 들은 후에, 젊은 사람이 자신감을 갖도록 다시 말하기를 "내가 반드시 너와 함께 하리니 나의 능력으로 너는 미디안을 칠 것이다"라고 했다.

기드온이 낯선 사람에게 왜 하나님은 이스라엘이 미디안에게 패하도록 그냥 놔두셨는지, 왜 이스라엘과 함께 하지 않으셨냐고 물었다. 낯선 사람은 지금 하나님께서 미디안을 치도록 기드온과 함께 하리라고 주장

하고 있는 것이었다. 기드온은 놀라지 않을 수가 없었다. *이 낯선 사람이 하나님이란 말인가?* 그는 낯선 사람을 시험해 보기로 하였다. "내가 주께 은혜를 얻었사오면 나로 하여금 미디안을 멸할 것이라는 증거가 될 기적을 내게 보이소서."

그의 가족들이 하나님께 제사를 드리기 위해 실로에 있는 성막에 갈 때마다 희생 제물을 가지고 간다는 것을 기억하면서, 기드온은 낯선 사람이 정말 하나님이라면 죄를 사함 받기 위해 제사장에게 양을 잡아가지고 가는 그의 아버지처럼, 그 자신도 하나님께 피의 희생 제물을 가져 갈 것이라고 다짐했다. 그래서 기드온은 한 가지 계획을 내 놓았다. 그는 묻기를 "내가 집에 달려가 예물을 가지고 다시 주께로 와서 그것을 주 앞에 드리기까지 준비할 동안 기다리실 수 있겠어요?"

그가 가로되 "내가 너 돌아오기를 기다리리라"고 대답했다.

기드온은 곧바로 행동에 옮겼다. 그는 골짜기를 지나 재빠르게 달려 어린양의 우리가 있는 집을 향했다. 기드온은 완전하고 흠이 없는 어린양 한 마리를 골라서 집어 들었다. 그는 다른 사람들이 했던 방법 그대로 제사를 드렸다. 기드온은 바구니에 담겨진 도살된 어린 양의 일부를 주의 깊게 바구니에 담았다. 그는 바구니에 숨겨놓은 양의 일부를 포도주 틀로 옮겨 놓을 생각이었다. 그러므로 그가 했던 일에 대해 아는 사람이 아무도 없었다.

그리고 기드온은 매년 유월절에 무교병을 하나님께 가져다 드리는 것을 기억했다. 기드온은 창고에서 자루에 전병을 모두 담았다. 그는 하나님께 드릴 예물을 만들기 위해 충분한 양의 가루가 필요했던 것이다.

기드온이 상수리나무에 다시 돌아 왔을 때, 만약에 낯선 사람이 그때까지 기다리고 있었다면 놀라지 않을 수가 없었다. 이 지역에서 가장 가난하고 제일 작은 자로서 별로 하찮은 사람을 과연 기다리고 있을까?

낯선 사람은 여전히 바위에 앉아 기다리고 있었다. 기드온은 예의를 갖추어 정중히 머리 숙여 인사를 했다. 팔을 뻗어 예물을 손에 쥔 채, 기드온은 서서히 바위에 앉아 있는 낯선 사람에게로 다가갔다. 그는 눈을 마주치지 않으려고 애써 외면을 했다.

기드온은 소쿠리와 양푼을 바위의 넓은 바닥에 놓고 이것이 하나님을 위한 것임을 고개를 끄덕이며 말했다. 기드온은 그의 아버지가 하나님께 예물을 드리는 것을 보았듯이 주의 깊게 드렸다. 그는 모든 것을 올바르게 하기를 원했다.

낯선 사람은 바위와의 일정한 거리를 유지하며 바위 위에 놓은 것들이 만족한 듯 고개를 끄덕이며 이렇게 말했다. "고기와 무교전병을 가져 이 반석 위에 두고 그 위에 국을 쏟으라."

기드온은 그대로 했다. 그는 바위 위에 고기를 펼쳐 놓고 그의 아버지나 할아버지 그리고 다른 마을 사람들이 했던 것처럼 바위 위에 놓인 고기들을 가지런히 정리했다. 다음에 기드온은 바위 위에 무교전병을 올려놓았다.

갑자기 기드온은 무엇인가가 잘못되었다는 것을 깨달았다. 넓은 바위 위에 나무가 없는 것이었다. 기드온은 걱정을 하였다. 그러나 낯선 사람은 바위 쪽으로 걸어오더니 잠시 멈추더니만 자신의 지팡이를 내밀고 기드온이 드린 고기와 무교전병을 받아들이는 모습을 보이고, 그것들 위에 지팡이를 대었다. 그 순간 불이 반석에서 나와 고기와 무교전병을 살라버리는 기적을 기드온은 그 눈앞에서 목격하였던 것이다. 기드온이 바라고 있었던 기적이 바로 이런 모습이었다.

직접 행동으로 옮기지도 않았고 단지 생각만 했을 따름인데… 어떻게 이런 기적이 발생했을까 라는 생각에 무척이나 놀랐다. 그는 낯선 사람이 자신에게 말했던 사실, 즉 미디안을 쳐부수기 위해 자신이 이스라엘을 인도할 사람이라는 말에 대하여 다시 한 번 기억을 더듬었다. **그가 군인이 될 것인가? 이 낯선 사람은 도대체 누구란 말인가? 그는 모세처럼 기적을 일으키는 분인가? 그는 주의 천사인가? 그가 하나님의 형상인가?**

그리고 아무 주저함도 없이 기드온은 대답을 했다. 낯선 사람은 그가 행한 일을 말하지도 않았으며, 어떤 말도 기드온에게 하지 않았다. 낯선 사람은 예물을 드릴 때 피어오르는 연기와 같이 하늘로 사라져버렸다.

"오! 하나님!" 기드온은 큰소리로 울었다. 그는 이제야 하나님을 본 사실을 안 것이다. 적어도 주의 천사를 보았던 것은 하나님을 대면한 것이었다. 유대 서기관들은 주의 천사가 누구인지 그 존재에 대해 알지는 못하지만, 어떤 사람이 천사를 본 것은 그것이 하나님을 본 것과 같은 것임을 알았고, 하나님이라고 부르짖는 것도 알았다.

상수리나무 아래에서 기드온은 하늘을 향해 주먹을 불끈 쥐며 일어나서는 두려움에 떨면서 울었다. "내가 여호와를 대면하여 보았나이다. 나는 죽을 것입니다." 여전히 비관론자처럼 기드온은 하나님으로부터 가장 최악의 상황을 맞이하게 될 두려움과 함께 복을 받기는커녕 벌을 받을 것을 생각하고 있었다.

마지막 연기가 상수리나무 가지에 걸려 있었고 몇 개 남지 않은 뜨거운 숯이 차가워졌다. 기드온은 기적에 반응하며 두려워 떨고 있었다. 그리고 순간 그는 하늘로부터 하나님의 음성을 들었다.

"기드온아, 너는 안심하라. 두려워 말라. 죽지 아니하리라. 나는 너의 산 제물로 인하여 네게 평안을 줄 것임이니라."

하나님을 만난 후

기드온은 미디안을 이스라엘 밖으로 몰아내는 일에 있어 하나님께 쓰임 받게 되었다. 그러나 그 일을 하기 전에는 계속해서 스스로를 의심하였으며 하나님의 말씀을 확신하지 못하였다. 그가 낮 시간에는 자신의 아버지가 바알을 숭배하는 곳인 나무 덤불조차 훼파하지 못하였다. 그는 아무도 보는 사람이 없는 밤에만 그 일을 할 수밖에 없었다. 그는 양털 뭉치를 타작마당에 두고 밤이 새도록 그것에만 이슬이 있기를 구함으로 하나님으로부터 더 큰 확신을 얻고자 하였다. 하나님이 그 일을 하셨을 때, 다음 날에 기드온은 반대로 하여 주기를 기대하였다. 그는 결코 하나님의 계획하심에 확신을 갖지 못했으나 결국은 순종을 했다. 삼백명의 사람들은 적군을 혼란케 하기 위해 빈 항아리와 나팔과 횃불을 취했으며, 이스라엘의 대적자들 모두가 자신들끼리 서로 칼날로 쳐서 죽게 하는 위대한 승리의 결과를 낳았다. 기드온은 하나님께로부터 세움을 받음으로 그의 조국 이스라엘에서 미디안의 도적 떼를 몰아내는 데 결정적인 역할을 한 리더가 되었던 것이다.

하나님을 만남으로 배울 수 있는 기드온의 교훈

1. 환경이나 적에 의한 압박은 바로 그의 백성들의 반역에 대한 하나님의 응답이다.

하나님은 언제나 그의 자녀들에게 최상의 것을 주시기 원하시지만, 많은 경우에 있어 사람들은 하나님이 복 주시고자 하는 삶의 원리들을 거부하며 살아간다. 사람들이 하나님께 반역을 했을 때 하나님은 그들에게 죄의 결과로서 고통을 허락하신다. 죄는 하나님의 자녀들에게 있어 문제를 위한 근본 원인이다.

> 백성이 여호수아의 사는 날 동안과 여호수아 뒤에 생존한 장로들 곧 여호와께서 이스라엘을 위하여 행하신 모든 큰 일을 본 자의 사는 날 동안에 여호와를 섬겼더라. 그 세대 사람도 다 그 열조에게로 돌아갔고 그 후에 일어난 다른 세대는 여호와를 알지 못하며 여호와께서 이스라엘을 위하여 행하신 일도 알지 못하였더라. 이스라엘 자손이 여호와의 목전에 악을 행하여 바알들을 섬기며 여호와께서 이스라엘에게

진노하사 노략하는 자의 손에 붙여 그들로 노략을 당케 하시며 또 사방 모든 대적의 손에 파시매 그들이 다시는 대적을 당치 못하였으며 (삿 2:7, 10, 11, 14).

2. 하나님의 자녀들이 구원받기 위해 부르짖을 때 하나님은 그들을 구원할 어떤 사람을 부르신다.

하나님은 이스라엘의 반역에 대한 죄로 인해 미디안을 보내셨다. "이스라엘 자손이 또 여호와의 목전에 악을 행하였으므로 여호와께서 칠년 동안 그들을 미디안의 손에 붙이시니"(삿 6:1). 하나님은 그들이 구원을 위한 부르짖음이 있을 때까지 그분의 백성들을 죄의 결과로서 고통을 받게 하셨다. "이스라엘 자손이 미디안을 인하여 여호와께 부르짖은 고로"(삿 6:7). 하나님의 구원은 그분의 종을 통하여 역사하신다. 하나님은 신실한 사람을 분명히 찾으시며, 그 일로 인해 자신을 만나게 하시며, 그 일을 행하도록 보내신다.

여호와께서 사사를 세우사 노략하는 자의 손에서 그들을 건져내게 하셨으나, 여호와께서 그들을 위하여 사사를 세우실 때에는 그 사사와 함께 하셨고 그 사사의 사는 날 동안에는 여호와께서 그들을 대적의 손에서 구원하셨으니 이는 그들이 대적에게 압박과 괴롭게 함을 받아 슬피 부르짖으므로 여호와께서 뜻을 돌이키셨음이어늘(삿 2:16, 18-18절은 역자 첨가).

3. 하나님은 비록 하는 일이 작고 기여하는 바가 미약할지라도,
   신실하게 행하는 자들을 사용하신다.

   기드온은 가루를 만들기 위해 낱알을 까부르는 작은 나무 사이에 숨어 있는 겁쟁이였다. 기드온이 하는 일에 있어 초라하고 불쌍히 보인 반면에, 적어도 그는 어떤 일이든지 신실하게 하였다. 하나님은 기드온에게서 작은 불꽃을 보았기에 위대한 승리를 위한 일꾼으로 사용하신 것이다.

   > 형제들아 너희를 부르심을 보라 육체를 따라 지혜 있는 자가 많지 아니하며 능한 자가 많지 아니하며 문벌 좋은 자가 많지 아니하도다 그러나 하나님께서 세상의 미련한 것들을 택하사 지혜 있는 자들을 부끄럽게 하려 하시고 세상의 약한 것들을 택하사 강한 것들을 부끄럽게 하시며(고전 1:26,27.)

4. 하나님은 믿음이 연약한 단계나
   부정적인 자아상을 가지고 살아가는 사람들을 만나신다.

   기드온은 부정적 자아상에 하나님을 온전히 신뢰하지 못했다. 기드온은 용기 있는 리더도 아니었으며 담대하지도 못했다. 하나님께서 예배드리기 위해 준비하고 있는 기드온을 만났을 때는 기드온의 감정적인 문제와 직면했던 것이다. 우리는 기드온이 하나님을 만난 사실로부터 배울 것이 있다. 하나님은 우리 자신의 힘으로 할 수 있는 것보다 더 큰

일을 가지고 우리에게 다가오신다. 왜냐하면 하나님께서는 계획하신 일을 이루시고자 우리와 함께 하시기 때문이다.

> 이때에 제자들이 종용히 예수께 나아와 가로되 우리는 어찌하여 쫓아내지 못하였나이까 가라사대 너희 믿음이 적은 연고니라 진실로 너희에게 이르노니 너희가 만일 믿음이 한 겨자씨만큼만 있으면 이 산을 명하여 여기서 저기로 옮기라 하여도 옮길 것이요 또 너희가 못할 것이 없으리라 (마 17:19, 20).

5. 하나님은 사람들의 약함을 아시기에 인내하며 기다리신다.

기드온이 하나님께 예물 드리기를 원했을 때, 여호와를 떠나 제물을 준비하기 위해 달렸다. 하나님은 기드온이 제물을 가지고 와서 예물을 드리는 동안 인내하며 기다렸다. 다른 경우에 있어 하나님은 삼일간 기도하고 금식했던 바울과 같이 수납자를 기다리게 하셨다(역자 주-바울이 깨어 날 때까지 아나니아를 기다리게 하신 것). 또한 하나님은 단에서 취한 핀 숯으로 이사야를 깨끗하게 씻어주시기도 하셨다(역자 주-이사야 6장의 배경 참조). 하지만, 이 경우는 하나님께서 기드온을 인내하며 기다리셨다.

> 주의 대적을 인하여 어린아이와 젖먹이의 입으로 말미암아 권능을 세우심이여 이는 원수와 보수 자로 잠잠케 하려 하심이니이다(시 8:2).

6. 하나님을 만난 사람에게는 그 경험의 기억을 통해 그 안에서 독특한 특징으로 자리매김 된다.

기드온은 자신이 하나님을 만났기 때문에 죽을 것이라고 생각했다. 하나님은 그에게 말씀하시길 "너는 죽지 않을 것이다." 그 응답으로 기드온은 하나님과 함께 했기에 평화로울 수 있었다는 것을 배웠다. 오늘날 용어로 말한다면, 사람들의 영(마음) 가운데 편하고 평화스러움을 갖게 만든다고들 말한다. 이것이 바로 구원의 한 표현인 것이다. 기드온은 그가 하나님을 만난 장소에 영원한 제단을 세우고, 그 제단의 이름을 '주는 평화이시다'(삿 6:24)라는 뜻의 "여호와 살롬"이라 하였다. 그는 하나님을 만난 시점에서 하나님과 함께 하는 삶이 얼마나 평화로운 것인가를 기억했다.

> 기드온이 여호와를 위하여 거기서 단을 쌓고 이름을 여호와 살롬이라 하였더라 그것이 오늘까지 아비에셀 사람에게 속한 오브라에 있더라 (삿 6:24).

7. 때때로 우리가 하나님을 만난 곳을 경건하게 생각하고 그곳을 기억하게 된다.

기드온은 "오브라의 상수리나무"라고 부르고 그곳의 단을 "여호와 살롬"이라고 이름하였다. 그리고 사사기 기자는 덧붙여 말씀하기를 "오늘

날까지 아비에셀 사람에게 속한 오브라에 있더라"고 하였다.

몇몇의 사람들은 자신들이 하나님을 만났던 곳에 교회당이나 예배하는 곳을 지었다. 다른 사람들은 수련회와 같은 어떤 캠프에서 경험한 만남의 제단을 기억하기도 하고, 또는 이제는 자신의 삶을 포기하고 하나님의 뜻대로 살겠다고 다짐하며 무릎을 꿇고 기도한 침실이나 교회의 한 장소를 기억한다. 또 어떤 사람들은 하나님께 서원하며 새롭게 살겠다고 헌신했던 특별한 장소에 돌아오기를 원한다. 우리가 그 장소에 우리 마음만이라도 다시 간다든지 아니면 직접 그 장소에 방문하든지, 정말 우리가 잊어서는 안 될 것이 있다면, 그것은 실제로 우리가 하나님을 만난 시간이나 장소를 중요하게 기억해야 하는 것이고, 우리가 다시 어떤 때이든 어느 장소이든지 또는 어떤 날이든지 하나님을 만날 수 있다는 것이다.

> 오직 너희 하나님 여호와께서 자기 이름을 두시려고 너희 모든 지파 중에서 택하신 곳인 그 거하실 곳으로 찾아 나아가서(신 12:5).

 **생각하며 실천하기**

▦ 나는 궁극적으로 힘들고 지칠 때 하나님을 찾을 것이다.

▦ 나는 하나님을 만남으로 인해 두려움으로부터 벗어날 수가 있다.

▦ 내가 신실하다고 여겨질 때 하나님은 나를 만나 주신다.

▦ 나는 하나님을 만나기 위해 모든 불신앙적 요소를 제거해야 한다고 생각해서는 안 된다.

▦ 하나님은 우리의 약함을 아시기에 인내함으로 우리를 기다리신다.

▦ 나는 하나님과의 만남을 통해 영원토록 영향을 받게 된다.

▦ 나는 하나님께서 나를 만나주신 곳을 기억한다.

SNAPSHOT 5

새로운 아침
(A NEW MORNING)

조 포췟(JOE FOCHT)
펜실베이니아 필라델피아 갈보리 채플의 목사

80년대 초, 동부 해안을 따라 여행하며 연주하는 록밴드 그룹에서 활동할 때 나는 기타를 연주했었다. 나는 시큼한 사탕을 빨며 담배 연기에 찌들어가며 히피와 같은 젊은이들처럼 생활하였다. 내게는 좋은 친구가 하나 있었다. 이 친구는 내가 변화되기를 바라며 예수 그리스도에 대해 증거 했을 때, 나는 이미 동부 신비주의(역자 주-불교, 힌두교뿐만 아니라 잡다한 종교들과 혼합된 형태로서 주로 자신들의 문제를 해결 받고자 하는 사람들과 관계된 것으로 합리성이나 역사성이 결여된 거짓 종교)에 깊이 빠져 있었다. 나는 그 친구가 던지는 말을 이해할 수 없었다. 가끔씩 나는 성경을 집어 들고 읽기는 했었지만 나는 동부 신비주의에 꽉 매여 있었던 것이다. 나는 하나님을 찾기 시작했다. 나는 LSD(역자 주-Latter Day Saints: 몰몬교 중의 하나)와 관계를 끊어 버리고, 추운 겨울에 셔츠도 입지 않고 창문을 열어 놓고 창가에 걸터앉아 성경책을 읽었다.

내가 생각한 것은 기독교 안에서 빠져나갈 구멍이 하나 있다는 것이다. 나는 구원자로서의 예수와 교사로서의 예수가 다름을 알았다. 그러나 나는 여전히 동부 신비주의 종교의 진실성을 찾는 일에 심취해 있었다. 나는 모포를 뒤집어쓰고 깊은 묵상에 잠겼다. 나는 미국 전역을 여행하고 있는 마하라자(Maharaja-인도의 힌두교 수도원의 원장-역자 주)를 보기 위해 갔다. 그 마하라자는 내 귓가에 들렸던 것과는 달리 고작 인도에서 온 뚱뚱하고 작은아이에 불과했다. 내 귀전에서 하나님의 말씀이 맴돌면서 깊은 명상에 잠길 수밖에 없었다는 생각을 떨쳐버릴 수가 없었다.

펜실바니아 포코노 산맥의 스키너 폭포 가에서 나는 재즈를 연주하며 지내는 가운데, 내 친구와 함께 예수 그리스도에 대해 새벽 3시까지 이야기하였다. 그는 함께 기도하기를 간청하였다. 주님이 우리 방에 임재하셨고, 우리는 부끄러운 마음도 아랑곳하지 않고 주님 앞에서 엉엉 울어댔다. 나는 방에서 성령의 인격적인 체험을 하였다. 예수님이 보이지는 않았지만, 그분이 거기에 있었다는 사실을 안 것이다. 나는 내 죄가 얼마나 큰지를 느끼며 머리를 조아려 울었다. 나는 모든 죄에 대하여 회개를 하였다. 그 순간 나는 내 죄를 씻겨 주시는 하나님의 은혜의 강물이 폭포수처럼 쏟아지는 것 같은 느낌을 받았다. 그날 밤 하나님 앞에서 내 영이 바로 세워졌으며, 죄 용서를 받았고, 내 인생에 예수 그리스도께서 새로이 임하셨다.

다음 날 아침 나는 전보다도 더 높고 푸른 하늘을 보았다. 내 전 생애가 완전히 변화된 것이다. 어떤 친구들은 나를 부르며 오순절 교회에 나와 그리스도를 영접하는 제단에 엎드려 기도하라고 했지만, 나는 그들에게 그와 같은 일이 이미 내 인생에서 일어났다고 말하였다.[5]

---

5) Joe Focht는 후에 펜실바니아 필라델피아의 catering hall에서 Calvary Chapel을 시작했으며, 17년 후에는 매주 모이는 성도가 10,000명이 넘는 미국 북동부 최대의 교회로 성장하였다.

CHAPTER 5

엘리야(ELIJAH)

하나님의 세미한 음성을 들음

만남: 낙심 가운데
장소: 시내광야 동굴 안에서
본문: 왕상 19:1-18

희미한 잿빛 네게브 광야가 사방으로 뻗어 있는 그곳은 사해로부터 텀벙거리며 튀어 나온 수많은 모양의 암석들과 수정처럼 빛나는 모래만이 아름다움을 자랑하고 있을 뿐이다.

오랜 시간 여행에 지친 자들은 약속의 땅으로부터 남쪽을 향해 머리를 둔 채 길가에 주저 앉아있다. 물병 하나 가지지 않은 어느 낯선 자가 자신의 목숨을 끊으려고 힘든 길을 찾아왔던 것과 같은 모습으로 광야 어귀에 비틀거리며 서 있었다.

브엘세바는 광야길이 시작하기 전인 마지막으로 물이 샘솟는 오아시스가 있는 곳으로 거룩한 땅의 최남단 지역이다. 제대로 된 생각을 가진 사람이라면 물 한 병도 없이 거치른 광야의 남쪽 길을 혼자서 가는 모험을 했던 사람은 아무도 없었다.

엘리야는 예언하지 못하는 하나님의 선지자이다. 그는 사람들이 기대하는 것을 전혀 이루지 못했다. 그러나 그는 하나님의 챔피언이었다. 지난주에 그는 갈멜산 정상에서 바알의 거짓 선지자 450명과 믿을 수 없는 대결을 하였던 것이다. 그것은 능력이 임한 대결이었다. 거짓 선지자들은 하늘로부터 불이 쏟아져 내리기를 기도했지만, 불은 내려오지 않았다. 그런데 엘리야에게서는 믿을 수 없는 일이 벌어지고 만 것이다. 그는 나무로 단을 쌓고 그 위에 물을 부었다. 그리고 이스라엘의 하나님 여호와 앞에 무릎을 꿇었다. 양동이로 퍼 붓는 물처럼 하늘로부터 불이 쏟아져 내리기를 위해서였다. 담대한 엘리야는 하나님이 불을 내리셨을 때 확신을 가졌다. 그는 즉시 돌아서서 450명의 거짓 선지자들을 지적하며 군중들을 향해 큰 소리로 외쳤다.

"그들을 죽여라!"

그러나 승리는 그 인생에 있어서 겨우 한 점에 불과했을 뿐이다. 이세벨이 자신의 선지자들을 엘리야가 죽였다는 말을 들었을 때, 엘리야에게 왕령을 전하고자 그녀의 사자를 보냈던 것이다.

"내일 이 시간에 너를 죽일 것이다."

담대하기 이를 데 없이 바알의 거짓 선지자 450명과 대항해서 당당히 설 수 있었던 엘리야, 그러나 한 여인이 보낸 사자 앞에서 도망을 가고 만 것이었다. 그는 왕비 이세벨이 보낸 군사들을 피해 여러 촌락을 지나 사람들이 기피하는 살 수 없는 땅으로 거의 100마일을 달려 마침내 브엘세바로 도피한 후에, 그곳 동굴 속에 들어가 피곤에 지쳐 잠을 청하고 있었다.

폐허가 된 땅 사막 한 가운데로 나가면서 그는 스스로 이렇게 중얼거렸다. "그들은 광야에 있는 나를 찾을 수가 없을 거야." 그리고 그는 지평선 멀리 피어오르는 수증기 사이를 보았다. 마치 지었다 피는 허깨비와 같은 모습이었다. 남쪽으로의 하룻길쯤 행하다 커다란 상록수(역자 주-한글 개혁 성경에는 로뎀 나무라고 기록하고 있음) 한 그루가 서 있는 데, 그곳에는 나무로 인한 그늘이 있어 생존에 필요한 조그마한 공간을 만들어 주었다. 그러나 이글거리는 태양빛으로부터 구해 줄 시원함에 대한 즐거움 대신에 지금의 상황으로 볼 때, 이곳은 자신에게 무의미하다고 깨달은 것이다. 만약에 그가 거룩한 땅으로 다시 돌아갔었더라도 죽었을 것이고, 광야로 갔어도 그는 죽었을 것이다. 깊은 좌절감 속에서 엘리야는 하늘을 올려다 보며 기도를 했다. "하나님! 나를 죽여주소서! 나는 살아야 할 가치가 없습니다."

소매가 없는 옷이 잔뜩 적셔진 채 그는 현기증을 느끼더니 이윽고 쓰러지고 말았다. 발작하다가 그는 뜨거운 태양이 내리쬐는 늦은 오후 잠이 든 것이다. 몇 시간이 지나 밤이 되자 사막의 싸늘한 바람이 그를 오싹하게 했다. 뜨거운 열기로 인한 심한 피로감으로부터 뼈까지 스며드는 싸늘함에 다다른 것이다. 그는 옷깃을 여몄다. 쑤시는 듯한 아픔을 느끼면서 다시 잠을 청하려고 애를 쓰고 있었다.

갑자기 경련을 일으키며 홱 돌아서서 "거기 누구요?"

"나는 하나님으로부터 온 천사이다."

엘리야는 일어나 앉으며 주변을 살폈다. 그는 피어오르는 모닥불 속의 붉은 숯덩이를 바라보며 빵 굽는 냄새를 맡았다. 거기에는 수정같이 깨끗한 물 한 병이 그를 기다리고 있는 듯이 놓여 있었다.

"일어나라"고 하며 천사는 엘리야에게 다시 이렇게 지시했다. "먹고 마셔라 네가 길을 이기지 못할까 하노라."

엘리야는 몸에 심한 갈증을 느꼈기 때문에 물을 마셔야만 했다. 단숨에 물을 벌컥 벌컥 마시며 그는 말라버린 자신의 몸을 통해 치밀어 오르는 듯한 어떤 감정을 느낄 수가 있었다. 그리고 그 눈에서 하염없이 흘러내리는 눈물과 범벅이 된 빵을 뚝 뚝 떼어서 입속에 마구 쑤셔 넣었다. 빵과 물을 먹고 마실 때에 그를 괴롭게 한 것은 자신의 수염에 묻은 모래를 삼킨 것이 아니었다. 그는 더 이상 죽고 싶지 않았다. 비록 천사의 도움으로 이루어진 상황이었지만 살아 있다는 사실을 기쁘게 생각하였다. 몇 분이 채 못 되어 엘리야는 배가 불러 다시 한 번 깊은 잠에 빠지고 말았다.

다음 날 하루 종일 엘리야는 과식과 열기로 인해 로뎀 나무 밑에서 안절부절 하지 못했다. 그날 밤 매서운 사막의 바람은 잠자는 그에게 싸늘함을 느끼게 했다. 그는 모래 언덕을 뒤로 한 채 싸늘한 바람에 못 이겨 이리 뒤척이며 저리 뒤척이며 피할 곳을 찾고자 애썼다. 다시 천사는 엘리야를 잠에서 깨기 위해 두세 번 쿡 쿡 찔렀다. 깊은 잠에서 겨우 벗어난 엘리야는 "일어나 먹으라"고 하는 천사의 음성을 거의 분별할 수가 없었다. 천사는 또 다른 음식을 준비했던 것이다.

"충분히 먹고 마음껏 마시라"고 천사는 엘리야에게 말했다. "너는 네가 가야만 하는 목적지에 다다를 때까지 40일 간이란 오랜 시간을 먹지 못하고 보낼 것이다."

엘리야는 즉시 목적지가 어딘지 알아 차렸다. 그 곳은 브엘세바 남쪽에 있는 한 곳으로 하나님께서 어떤 사람을 보낸 곳이기도 하다. "호렙," 엘리야는 속삭이듯 말하며 "하나님의 산"이라고 했다.

"지금 충분히 자 두어라" 천사가 엘리야에게 지시하기를 "네가 가야할 길은 대단히 힘든 여정일 것이다. 너에게 강인함이 절실히 요구될 것이다."

40일 후

엘리야는 호렙산 줄기의 가장 높은 봉우리인 시내산 자락에 섰다. 곧바로 앞 쪽을 바라보면서 그는 정상에서 하나님이 모세를 만났던 그 사실에 대해서 감지했다. 그래서 그도 역시 그곳으로 올라가야만 했다. **만일 나도 하나님을 볼 수만 있다면…** 이라고 생각하며 **나는 정상에 올라야만 한다.**

천천히 그리고 정성스럽게 엘리야는 마음을 놓을 수 없는 가파른 산길을 따라갔다. 엘리야가 숲 속을 지날 즈음에 날씨가 추워졌다. 날이 어둑해지면서 엘리야는 커다란 동굴 하나를 발견하고 밤의 차가운 기운으로부터 보호하기 위해 동굴 안으로 들어가 그곳에서 밤을 지새웠다.

다음 날 아침 그에게 하나님의 음성이 들려왔다. "엘리야야, 네가 어찌하여 여기 있느냐?"

처음에는 엘리야가 그 질문에 어떻게 대답해야 할지 알지 못했다. 하나님은 광야에서 그를 구하기 위해 물과 음식을 공급했었다. 하나님이 그를 이 곳 시내산으로 인도한 것이다. 그리고 지금 하나님께서 엘리야에게 왜 네가 여기 있느냐고 묻고 있는 것이었다.

저가 대답하되 "내 주 이스라엘의 하나님, 내가 주님의 영광을 위해 열심히 행하였나이다. 이스라엘 자손이 주의 언약을 버리고 주의 단을 헐고 칼로 주의 선지자들을 죽였나이다."

엘리야의 음성 가운데 좌절과 낙심의 흔적이 남아 있었다. 그는 하나님의 백성들의 죄에 대하여 분노했던 것이다. 그는 결국 결심했다.

"주께 진실한 모습으로 남은 자는 오직 저 혼자이니이다. 그들이 나를 죽이려고 하기 때문에 도망했나이다."

하나님은 엘리야의 변명을 들으려 하지도 않았으며, 그를 동정하지도 않았다. 하나님은 엘리야에게 보일 어떠한 계획이 있었던 것이다. "가서 시내산 정상에 서라"고 하나님은 엘리야에게 명령하였다.

시내산 정상에서 엘리야는 사방으로 뻗어 있는 길을 내려다 볼 수 있었다. 그는 자신의 인생에서 올랐던 그 어느 산보다도 더 높이 올라 있었고, 지금까지 경험했던 어떤 것보다도 더 하나님을 가까이에서 느낄 수가 있었다. 그가 하늘로부터 불이 임했던 갈멜산에서 두 달 전에도 하나님을 경험한 사실이 있었지만, 그는 이곳에서 하나님의 강한 임재하심을 경험할 수가 있었던 것이다.

갑자기 바람이 휘몰아치기 시작했다. 먹구름을 동반한 폭풍우였다. 폭풍은 엘리야를 향해 질주하기 시작했고, 그가 있었던 오른 쪽으로 지나가 버렸다. 이른 아침인데도 잿빛 하늘이 한 밤 중 인 듯이 갑자기 검게 변해 버렸다. 그 앞에서 휘몰아친 강력한 바람은 일찍이 그가 보았거나 경험했던 어떤 바람보다도 더 빠르게 불어 닥친 것이었다.

그러나 그 바람은 엘리야를 치지는 않았다. 그는 느끼지는 못했지만 그것을 본 것이다. 바람은 그 앞에 있는 바위 위로 치솟아 올라 커다란 돌을 들어 올려 절벽 아래로 떨어 뜨렸다. 바위가 날리며 부딪쳐 여러 개의 조각으로 부서져 버린 것이었다. 바위를 부수는 소리와 바람의 울림은 귀청이 터질 듯한 광음이었다. 갑자기 바람이 멈추고 구름이 걷혔다. 엘리야는 고요함 속에 잠기고 말았다.

엘리야는 바람 가운데서 여호와를 보지 못했다. 그는 하나님께서 거기에 계심을 알았지만, 여호와를 직접 볼 수는 없었던 것이었다.

그런데 그 순간 땅이 진동하기 시작하였다. 그러나 엘리야는 두려움을 갖지 않았다. 전에 한번도 경험하지 못했던 땅의 진동이 정상까지 뒤 흔든 것이다. 하나님과 엘리야를 제외하고는 그것을 본 사람은 아무도 없었다. 지진은 산의 땅 일부를 갈라버렸고 바위가 흔들리면서 깨어진 조각들이 절벽과 비탈로 쏟아져 내렸다. 지진은 시작할 때와 마찬가지로 갑자기 멈추었다. 그리고 다시 엘리야는 고요 속에 빠져 버렸다.

엘리야는 지진 가운데서도 여호와를 만나지 못했지만 그는 여전히 그

가운데 하나님이 있음을 알고 있었다.

그리고 얼마 후 왼편에서 엘리야는 다시 불을 본 것이다. 마치 구름 속에 영광이 임한 쉐키나(shekinah-번역하면 영광이란 뜻임-역자 주)의 불과 같이 밝았다. 그 불은 커다란 소음을 내며 타오르고 있었고, 마치 하늘에서 춤추고 있는 불꽃과 같았다. 그런데 갑자기 사라져 버렸다. 엘리야는 다시 고요함을 느끼지 않을 수가 없었다.

엘리야는 바람 가운데에서도, 지진 가운데에서도, 그리고 불 가운데에서도 하나님을 보지 못했다. 그는 이상하게 여겼다. *하나님! 어디 계시나이까?*

엘리야는 멀리서 들려오는 듯한 소리를 들었다. 귀를 쫑긋 세우고 듣기 위해 잔뜩 긴장했지만, 산들바람뿐이었다. 듣기가 매우 힘들었던 것이다. 엘리야는 산들산들 부는 바람에서 벗어나고자 동굴로 내려갔다. 그때 그에게 명확한 소리가 들린 것이다. 동굴 입구에는 아직도 여전히 고요함만 흐르고 있었다. 귀에 손을 대고 소리를 듣고자 집중했다.

엘리야에게는 여전히 소리가 들려왔다. 조용하고 세미한 음성 이였다. 하나님은 큰 소리를 치지도 않았고, 주의를 끌게 하지도 않았다. 주님은 속삭이듯이 "엘리야야 네가 어찌하여 여기 있느냐?"

이것은 하나님이 엘리야에게 같은 질문을 두 번씩이나 한 것이다. 엘리야는 왜 하나님께서 자신에게 이런 질문을 하는지 확실히 알 수가 없었다. 그래서 그는 첫 번째와 같은 대답을 하였다. "내 주 이스라엘의 하나님, 내가 주님의 영광을 위해 열심히 행하였나이다. 이스라엘 자손이 주의 언약을 버리고 주의 단을 헐고 칼로 주의 선지자들을 죽였나이다. 주님께 신실한 저만 홀로 남았나이다." 그러면서 덧붙이기를 "그들은 나를 죽이려고 찾고 있나이다."

낙심한 선지자에게 필요한 것은 동정함이 아니라는 것을 하나님은 잘 알고 계셨다. 하나님께서는 엘리야에게 중대한 일을 맡기고자 하셨다.

"다메섹으로 가서 하사엘에게 기름을 부으라."

확실하게 이 과업은 이스라엘에 있어 사형 선고와도 같은 것이었다. 하사엘은 하나님의 백성들을 멸망시키고자 혈안이 된 사람이었기 때문이었다. 그것도 모자라 하나님은 거기에서 멈추지 않고 엘리야에게 공포감을 느낄 또 다른 새 과업을 준 것이다. "이스라엘로 가서 예후에게 기름을 부으라." 예후는 전쟁을 좋아하고, 사나우며, 무자비하기로 소문난 이스라엘 군대의 장군이었다. 또한 그는 그의 나라를 침략하는 자면 모두 죽였던 사람이었다.

하나님은 마지막으로 엘리야에게 줄 사명이 한 가지 더 있는데, "너를 대신할 젊은 선지자 엘리사에게 가서 기름을 부으라"는 것이었다.

그리고 하나님은 엘리야에게 준 사명에 대한 목적을 이렇게 설명하였다. "하사엘의 칼을 피하는 자들을 예후가 죽일 것이요 예후의 칼을 피하는 자를 선지자 엘리사가 죽이리라."

폭풍우는 지평선 가운데로 모아지면서 파괴되었던 것들을 다시 제자리로 돌려놓았다. 엘리야에게 임한 곤고함을 감당하게 하시고자 하나님은 다시 그에게 말씀하시기를 "내가 이스라엘 가운데 칠천 인을 남기리니 이들은 다 바알에게 무릎을 꿇지 아니하고 나 여호와를 섬기며 경배할 자들이니라."

하나님을 만난 후

엘리야는 선지자 엘리사를 하사엘에게 기름 붓기 위해 보냈다. 하사엘은 앞선 왕들보다 더 사악한 사람이었다(왕상 8:12). 그리고 선조보다 더 사악한 왕인 예후에게 다시 기름 붓기 위해 다른 선지자를 보냈다. 마침내 엘리야는 그의 전에서 엘리사에게 기름을 부었다. 그러나 엘리야에게는 아직도 남겨진 시간과 사역이 있었던 것이다. 엘리야가 하늘로 오르기 전에 아직 그에게는 해야 할 다른 기적과 다른 방법으로 그 나라에 영향을 끼쳐야 했던 것이다.

하나님께 이르는 데 있어 엘리야로부터 배울 수 있는 교훈

1. 하나님으로부터 도망가려 했던 사람들도 결국 하나님을 만날 것이다.

이세벨이 엘리야를 죽이려고 위협했을 때, 엘리야는 이스라엘과 유다를 지나 광야에까지 가는 위험을 무릅쓰면서까지 필사적으로 도망치기 시작했다. 그는 하나님이 그를 만나 주셨던 시내산에 도달한 것이다. 이것은 그가 다시 사역을 위해 보냄을 받기 위한 것이었다.

너는 네 길을 돌이켜 가라(왕상 19:15).

2. 하나님은 우리를 만나실 때 대게 질문을 하시는데, 그것은 정보를 얻고자 하시는 것이 아니라 우리에게 어떤 것을 가르치시기 위함이다.

성경을 주목해 보라. 하나님이 아담에게 어떻게 물으셨는지를, "아담아, 네가 어디 있느냐?" 그리고 하나님은 가인에게 묻기를 "네가 분하여 함이 어찜이냐?" 하나님께서 엘리야를 만나셨을 때 그에게 묻기를 "엘리야야, 네가 어찌하여 여기 있느냐?"라고 하셨다. 하나님께서는 우리에게 어떠한 정보를 얻으시고자 묻지 않으신다. 하나님은 모든 것을 다 알고 계신다. 하나님은 엘리야가 그의 양심을 깨닫고 새로운 동기를 부여받기 위해서 만나기를 원하신 것이다. 하나님이 엘리야에게 하나님의 백성들을 위해 사역하라고 부르셨는데 엘리야는 그 백성들로부터 도망친 것이다. 그는 잘못된 이유 때문에 도망친 것이다. 하나님은 엘리야가 자신의 불신앙을 진실로 깨닫게 하기 위한 질문을 한 것이었다.

하나님이여 나를 살피사 내 마음을 아시며 나를 시험하사 내 뜻을 아옵소서 내게 무슨 악한 행위가 있나 보시고 나를 영원한 길로 인도하소서(시 139:23,24).

3. 때때로 금식을 한다는 것은 하나님을 만나는 일과 관련지을 수가 있다. 즉 하나님과의 진정한 만남을 위해서는 가끔씩 금식을 필요로 한다.

물과 음식을 필요로 하는 엘리야를 향한 천사의 사역과 같이 비록 우리가 하나님을 만나기 전에 우리의 육체를 돌봐야 할 필요한 시기가 있을지라도 하나님을 만남에 있어 병행해야 할 것은 금식을 필요로 한다는 것이다. 사울이 다메섹 도상에서 예수님을 만난 후 삼 일 동안이나 금식했던 것과 같이 어떤 사람들은 하나님을 만나고 금식을 시작한다. 엘리야도 시내산에서 하나님을 만나기 전 40일 동안이나 금식을 했다.

금식은 당신이 하나님을 찾기 위해 심혈을 기울이고자 음식을 절제하는 기간이다. 당신이 음식을 삼가는 것이지만, 그것은 의로움을 위해 주리고 목말라야 하는 것이며, 하나님께 영적인 응답을 구하고자 하는 것이다. 때로는 기도만으로는 충분하지가 않다. 금식을 통해 보다 높은 중보적 수준에 도달할 수 있는 것이다.

로뎀 나무에서 시내산에 이르기까지 엘리야가 먹을 음식이 없었던 것은 하나님이 엘리야에게 금식을 강요했던 상황이라고 볼 수 있다. 어떤 경우든지 엘리야는 하나님을 만나기 전에는 금식을 했던 것이다.

> 나의 기뻐하는 금식은 흉악의 결박을 풀어 주며 멍에의 줄을 끌러 주며 압제당하는 자를 자유케 하며 모든 멍에를 꺾는 것이 아니겠느냐 (사 58:6).

4. 우리는 가끔씩 하나님이 우리를 만나 주셨을 때 들었던 음성을 좋아하지 않을 때가 있다.

엘리야는 커다란 두려움을 가지고 이세벨로부터 도망갔었다. 그러나 하나님은 엘리야를 만났고, 그에게 세 가지 사명을 주어 다시 조국으로 돌아가게 하셨다. 그로 하여금 아람 왕 하사엘에게, 이스라엘 왕 예후에게, 그리고 그를 대신할 선지자로서 엘리사에게 기름을 부으라는 사명이었다. 엘리야가 기름 부어야 하는 왕은 사악한 사람이었고, 아마도 엘리야가 원치 않는 일이였을 것이다. 또한 엘리야가 그를 대신할 엘리사에게 기름 부었을 때, 그는 자신의 인간성과 연약함에 대하여 생각하지 않을 수가 없었을 것이다. 자신을 대신할 어떤 사람이 선정되는 일에 좋아할 사람은 아무도 없을 것이다. 그럼에도 엘리야는 하나님을 만났고, 그 경험으로부터 기쁘지는 않은 일이라도 해야만 하는 강력한 이끌림을 받은 것이다.

> 내 이름으로 일컫는 내 백성이 그 악한 길에서 떠나 스스로 겸비하고 기도하여 내 얼굴을 구하면 내가 하늘에서 듣고 그 죄를 사하고 그 땅을 고칠찌니라(대하 7:14).

5. 행함은 낙심이나 좌절감을 깨뜨리는 최상의 것이다.

때때로 우리는 왜 사람들이 낙심이 되는지를 합리적으로 생각하려고 그들에게 다가서고자 노력한다. 우리는 감정적인 문제를 접할 때 학문적인 방법으로 접근하고자 한다. 그러나 항상 그것으로 해결되는 것은 아니다. 감정적인 문제와 씨름하는 사람들에게 다가서는 최상의 방법은 그들에게 일할 수 있는 길을 열어주는 것이다. 하나님은 낙심한 엘리야에게 일을 주셨다. 그러나 아무 일이나 준 것은 아니었다. 그 일은 미래가 함축된 일이었다. 많은 사람들은 낙심을 한다. 왜냐하면 미래나 희망이 없기 때문이다. 엘리야는 이스라엘 왕들의 현 상태를 뛰어넘는 안목이 필요했다. 분명히 아합 왕과 왕비 이세벨은 엘리야를 죽이려고 했지만, 하나님은 그에게 아합을 대신할 예후에게 기름 부을 것을 명하신 것이다. 그것은 미래를 보는 것이었다. 그 당시 하나님의 백성들에게 있어 가장 큰 적은 아람 왕이었기에 하나님은 엘리야에게 그 나라의 다음 왕에게 기름을 부으라고 말씀하셨던 것이다. 하나님은 엘리야에게 자신이 처한 현실의 삶을 뛰어 넘는 안목을 원했던 것이다. 그래서 하나님은 엘리사에게도 기름을 부으라고 하신 것이다. 이러한 관점에서 하나님은 자신의 사역이 엘리야 사후에도 지속적으로 진행된다는 것을 확신 시키고 있었던 것이다.

> 너희에게 무슨 말씀을 하시든지 그대로 하라(요 2:5).

6. 당신이 목소리를 낮추는 사람과 만날 때 듣고 이해하기를 원한다면 잠잠해야 한다.

하나님은 엘리야에게 말씀하시기 위해 기적만을 사용하지도 않으시고, 불과 바람으로 그에게 말씀하시지 않으셨다. 하나님은 엘리야가 충분히 집중할 수 있도록 하기 위해 자신의 목소리를 낮추셨다. 때로는 우리도 하나님 만나기를 원한다면 조용히 들어야만 한다.

너희는 가만히 있어 내가 하나님 됨을 알 찌어다(시 46:10).

7. 당신은 하나님을 만남으로 인해 용기와 희망을 가질 수가 있다.

엘리야는 하나님에 의해서 크게 쓰임을 받아 왔다. 그 인생 가운데 섬김을 다 할 수 있는 기름부음이 있었다. 그릿 시냇가에서 삼 년 반 동안이나 하나님은 엘리야에게 음식을 공급하고자 초자연적으로 까마귀를 사용하신 것이다. 그리고 엘리야는 사르밧의 한 마을로 내려갔다. 그곳은 하나님께서 기근이 있는 동안에 그곳을 빠져 나가지 못하고 가루 한 움큼이 들어 있는 통과 기름이 조금 들어 있는 항아리를 가진 과부를 사용하셔서 기적적으로 그의 필요함을 준비하셨다. 그런데 그 과부의 아들이 죽었을 때 엘리야는 죽음에서부터 그를 일으켰다. 또한 갈멜산에서 바알의 선지자들과의 유명한 대결이 있었다. 엘리야가 기도하자 하나님께서는 하늘로부터 불을 뿜으신 것이다. 하나님께서 그를 위해 일을 하셨음에도 엘리야는 낙심을 하였다. 이것은 아마 당신이 과거에 하나님의 사용하심 가운데 있었지만 당신도 지금은 낙심할 수 있다는 의미일 것이다. 엘리야와 같이 하나님은 미래의 사역을 위해 당신을 만나심으로 인해 당신의 낙심함을 무너뜨리고자 하는 것이다.

> 그러나 내가 이스라엘 가운데 칠천 인을 남기리니 다 무릎을 바알에게 꿇지 아니하고 다 그 입을 바알에게 맞추지 아니한 자니라(왕상 19:18).

적용 생각하며 실천하기

- 내가 하나님께로부터 달아날지라도 하나님으로 말미암아 만나게 될 것이다.

- 나는 내 자신에게 부여된 동기에 대한 질문에 대답해야만 한다.

- 나는 하나님을 만날 준비를 위하여 금식할 수 있다.

- 나는 만남 가운데서 듣는 음성을 항상 좋아하지 않을 수도 있다.

- 나는 행함을 통해 낙심함에서 벗어날 수가 있다.

- 나는 하나님이 목소리를 낮추었을 때 보다 많은 주의를 기울려야 할 것이다.

- 나는 하나님을 만남으로 인해 다시 섬김으로 돌아가야 할 것이다.

SNAPSHOT 6

일깨워진 열심
(AWAKENED ZEAL) [6]

오스왈드 챔버스(OSWALD CHAMBERS)
「주님은 나의 최고봉」의 저자

두넌(Dunoon) 대학에서 철학을 가르치고 있었을 때였다. 메이어 박사(Dr. F. B. Meyer)는 우리 학교에서 성령론을 강의하였다. 나는 성령에 대해 들었던 강의 내용 모두를 그대로 해보기로 결심한 후에 내 방으로 가서 무슨 의미이든 상관없이 성령의 세례를 달라고 분명하고도 짤막한 어조로 하나님께 간구했다.

하나님께서는 심령의 변화를 위해 그동안 나를 사용하셨던 것이다. 그러나 나는 그분의 임재하심을 느끼는 성찬식을 한번도 가지 못했었다. 세상에서 재미없는 수많은 책들 중에서도 가장 지루한 책이 성경이었으며, 나의 본성 가운데 천박하고 나쁜 동인이 있다는 사실에 소름끼치도록 혐오스러웠다.

마지막 삼 개월이 나에겐 최고조에 달한 시간이었다. 그 기간 동안 나

---

[6] V. Raymond Edman, They Found the Secret, (Grand Rapids, MI: Zondervan Publishing House, 1984), pp. 33, 34.

는 아주 필사적인 노력을 했다. 세상에는 자신이 원하는 것을 다 가진 자가 아무도 없다는 것을 알았다. 사실 내가 정말 원하는 것이 무엇이었는지 알지 못했다. 그러나 내가 가지고 있었던 모든 것이 기독교에 있었다면 그것은 사기행위라고 알고 있었다. 그래서 누가복음 11장 13절을 펼쳤다. "너희가 악할지라도 좋은 것을 자식에게 줄 줄 알거든 하물며 너희 천부께서 구하는 자에게 성령을 주시지 않겠느냐 하시니라."

그러나 나와 같이 악한 동기를 가진 존재가 어떻게 성령의 은사를 달라고 구할 수 있겠는가? 그때 예수 그리스도의 권세로 하나님께 은사를 구해야만 하는 것이며 또 그렇게 이루어졌다고 증거 해야만 한다는 생각이 나를 짓눌렀다. 그러나 이러한 생각이 찾아 들었다. 만일 네가 예수 그리스도의 말씀에 따라 성령의 은사를 사모하고 그것을 증명한다면, 하나님께서는 너를 가장 잘 아는 사람들 안에 얼마나 악한 생각이 있는지를 알게 할 것이다. 하나님께서는 그것이 완전히 자포자기의 절망 상태라고 말해도 좋을 정도에까지 이르게 하셨고, 모든 사람들이 내가 악하다는 것을 안다고 할지라도 나는 무관심하리라는 정도에 이르렀다. 지금 나는 있는 그대로의 모습으로 구원받았고, 이 땅에서는 아무것도 걱정하지 않았다.

두넌(Dunoon)에서 열렸던 조그마한 선교 대회에서 잘 알려진 어느 한 부인이 오후 모임에 참석하게 되었다. 그녀는 아무런 말없이 그저 기도만 하고 있다가 "주님, 나를 다시 터치해 주세요(Touch me again, Lord)"라는 곡을 찬양하였다. 나는 별다른 느낌이 없었지만, 나를 하나님께서 지금까지 이끌어 오셨음을 알았다. 나는 일어섰다. "내게는 하나님의 비전이 없었던 것입니다. 단지 하나님의 말씀으로만 그분을 찾고자 했고, 내 스스로에 의해서 이것을 증명하고자 그런 얄팍한 모습으로만 살아왔던 것입니다." 나는 일어서서 그와 같이 말했던 것이다.

그것은 아주 나쁜 일이었지만, 그대로 행한 모습이 열 배나 더 나쁜 것이었다. 내가 앉은 후에 나를 아주 잘 아는 그 여성 사역자는 "그것은 사랑하는 형제의 매우 좋은 모습이며, 주께서 형제 안에 남아 있는 좋은 본보기로 말씀하신 것입니다"라고 말했던 것이다.

나는 다시 일어나 말하기를 "난 단 한 사람이라도 다른 사람을 위하기보다는 나 자신만을 위하며 살아왔습니다. 그렇다면 이것은 기독교가 가짜든지 아니면 내가 기독교를 바르게 이해하지 못했던지 아마 둘 중의 하나일 것입니다."

그리고 거기에서 나는 누가복음 11장 13절에서 말씀하신 변함없는 약속하심에 따라 성령의 은사를 구했다.

나는 천사나 하늘에 대한 아무런 비전도 없다. 하나님에 대한 깨달음이나 능력도 없고, 성령 체험에 대한 간증거리도 없이 여전히 나는 메마르고 공허했다. 그런데 나는 한 모임에 연사로 초청을 받게 되었고, 40명의 영혼들은 앞으로 나갔다. 내가 하나님을 찬양했겠습니까? 그렇지 않았습니다. 나는 매우 당황해서 두려웠고, 사역자들에게 그들을 남겨 놓고 한 친구인 맥그래고(MacGregor)씨에게 가서 내게 무슨 일이 일어났는지를 말했다. 그는 말하기를 "예수님의 말씀에 기초를 둔 은사로서 성령을 구하는 것을 기억하지 않았나요? 그분이 말씀하시기를 "너는 능력을 받을 것이다. 이것은 높은 곳에서부터 오는 능력이다." 내 안에서 일어났던 어떤 불꽃과 같이 내 자신의 손에 능력이 있기를 구했던 것이고, 그래서 이렇게 말할 수가 있었다. 내가 제단 위에 나의 모든 것을 올려놓으므로 인해 내가 가졌던 것을 보라고 말한 것이다.

 이전의 4년간이 이 세상에서의 지옥이었다면, 그 이후 5년 동안은 천국의 삶을 경험하고 살았다. 모든 영광을 하나님께! 지난 시절의 인간 심연에 깊이 파인 아픈 상처는 하나님의 넘치는 사랑으로 채워졌다. 사랑은 처음이자 가운데이며, 그리고 사랑은 마지막이다. 그분이 오신 후에는 우리 모두가 본 모든 것은 오직 예수 그리스도이며, 예수만 영원한 것이다.

CHAPTER 6

이사야(ISAIAH)

하나님의 선지자
(PROPHET FOR GOD)

만남: 꿈이 무너졌을 때
장소: 예루살렘 성전 안에서
본문: 사 6:1-13

왕의 장례식은 사람들이 기대했던 것보다 오랫동안 지속되었고, 의외로 많은 사람들이 몰려들었으며, 평상시보다 많은 조사가 줄을 이어 행해졌다. 하지만 이런 것들 중에 가장 놀랄만한 사건이 있다면 그것은 유다 왕들 중에서 웃시야 왕의 장래를 치르는 일이다.

장례식이 끝난 후, 웃시야 왕의 신하들 중에 젊은 신하였던 이사야는 국가 장래 위원회로부터 파견된 사람들보다 더 오랫동안 웃시야의 무덤 앞에 서 있었다. 젊은 이사야는 노인 웃시야를 사랑했고, 왕의 꿈을 전적으로 신뢰하며 따랐던 것이다. 그는 예루살렘에서 웃시야가 다윗의 영광을 다시 회복할 수 있을 것이라고 믿었던 것이다. 지금 웃시야는 죽었다. 그의 죽음과 함께 이사야의 꿈도 사라져버렸다. 그런데 무덤가에서 추악한 싸움이 벌어지고 말았다. 어떤 사람들은 다윗과 솔로몬이 묻혀 있는 곳 주변에 웃시야 왕이 묻히는 것을 원치 않았다. 한 랍비는 "웃시야는 죄를 많이 지었다"고 주장했다.

랍비들은 국가의 모든 종교 문제를 다루는 대 산헤드린 공의회에서 주장해 오기를 "웃시야가 죄를 지었기 때문에 왕의 지위에서 박탈해야 하며, 그는 다윗이나 솔로몬 등과 같은 위대한 왕들의 반열에 나란히 묻힐 수 없다고 주장해 왔던 것이다.

웃시야는 위대한 왕이었다. 52년간을 섬겨오는 동안 어떤 왕들이 섭정하던 시대보다도 더 위대하였다. 웃시야는 팔레스틴으로 부터 빼앗긴 영토를 다시 찾았다. 그는 많은 요새를 구축하였고, 아쿠바(Aquaba)연안에 항구를 건설하였고, 예루살렘 성벽을 더욱 견고히 다져 놓은 것이었다. 다른 랍비들은 웃시야의 장례식에 대해 이렇게 항변하고 있다. "웃시야는 예루살렘 성벽을 더 강하고 높게 구축하였고, 그는 우리들을 보호하기 위해 새로운 무기를 발명하였다. 우리는 웃시야 덕분에 더 강한 나라가 되었다."

지금 예루살렘은 어떤 공격에도 무너지지 않을 안전함으로 서 있다는 것을 산헤드린의 모든 사람들이 인정하는 바이다. 웃시야 시대에 유대 군대는 적진으로 거대한 돌을 발사하는 포를 발명하였고, 또한 적을 공격하면서 파괴하기 위해 빗발치듯 퍼붓는 다기능 장비도 발명하였다. 웃시야가 역대 위대한 왕들과 함께 묻히기를 원하는 항변자들은 "다른 왕들보다 웃시야는 우리를 더욱 안전하게 했으며, 번영으로 이끌었고, 우리의 명성을 드높였다"고 주장하였다.

그렇다. 웃시야는 52년간의 재임 기간 동안의 업적은 좋았다. 하지만 그의 업적에 빛을 잃게 하는 오만함이 한 가지 있었다. 하나님을 대항한 측면에서, 웃시야는 하나님의 제사장들이나 갈 수 있었던 거룩한 성전 안으로 걸어 들어갔던 것이다. 그는 제사장들만이 할 수 있는 분향을 하고자 제사 드리는 램프(등)를 가지고 나온 것이다. 그는 또한 하나님께 기도 드리는 거룩한 곳으로 오직 제사장들이나 행할 수 있는 금향로를 가지고 들어갔다.

"그것은 대역죄요!" 한 젊은 제사장은 웃시야 왕에게 고함쳤다. 그는 달려들듯이 모든 사람들에게 고함치며 성전을 방어하기 위해 나가며 말하기를 "왕은 실성을 했소! 왕은 미쳤소! 왕은 실성을 한 것이오!"라고 하였다. 그는 대제사장, 내부 평의회와 50명이 넘는 성전 수비대, 그리고 400명의 제사장들과 왕 주변에 있는 모든 사람들과 다시 돌아왔다. 이들의 대항은 성전 안 분향단에서 격발되고 말았다.

"웃시야 왕, 당신은 하나님께 죄를 지었소이다." 왕으로부터 금향로를 붙잡으려고 하면서 대제사장은 소리를 쳤다.

"아니, 어떻게 네가 감히 나를 가로 막을 수가 있느냐!" 웃시야는 받아치며 자신의 가슴으로 향로를 꽉 안으며 단단히 붙잡았다.

웃시야의 성공은 그에게 자제력을 잃게 만들었던 것이다. 하나님께서 제사장과 왕의 직무를 서로 분리시켰다는 사실에 대하여 잊어버린 것이다. 두 가지를 동시에 겸직하는 사람은 아무도 없었다. 비록 성공한 왕일지라도 상상할 수 없는 일이었다. 그들의 직무는 태어나면서 결정되어진다. 왕은 유다지파의 계보로부터, 그리고 제사장은 레위지파로부터 이어져 내려오는 것이다.

대제사장이 왕으로부터 금향로를 잡아채려고 했을 때, 어처구니없이 깜짝 놀라서 그의 입이 딱 벌려지고 말았다. 하얀 문둥병의 커다란 조각이 왕의 머리 앞에 뚝 떨어지고 만 것이다. 그러자 얼굴 전체에 붉게 전염이 되었다. "문둥병이다!" 대제사장은 주의하라고 소리 질렀고, 소름 끼치며 뒤로 뛰며 물러났다.

서로 밀치며 부딪치던 제사장들, 병사들, 그리고 왕의 친위대들은 갑자기 두려움 속에 빠지며 몸은 꽁꽁 얼어붙어버렸다. 어떤 문둥병자도 성소에 들어갈 수 없다고 하나님께서는 줄 곧 명령하셨던 것이다. 바로 그곳 성소에서 하나님께서는 문둥병으로 웃시야를 치셨던 것이다. 이 질병은 은밀한 죄의 징조요, 죽음이 임박했음을 내포하고 있다고 모든 사람들은 알고 있는 사실이다. 웃시야가 내심으로 반역했다는 것이 지금 그의 얼굴에 징후로 나타나고 있는 것이다.

"웃시야 왕이여!" 성전에서 맨 먼저 웃시야와 마주쳤던 젊은 제사장들이 소리를 쳤다. "깨끗하지 못하도다!" "정결하지 못하도다!"

웃시야는 왕으로서 더 이상의 직무를 감당하지 못하고, 그의 아들 요담에게 그의 왕위를 대신하게 하였다. 웃시야는 율법이 처방한 것과 같이 세상의 모든 것으로부터 격리된 채 암가에서 조용하게 그의 짧은 나머지 인생을 살았다.

자신이 행했던 과거의 반역에도 불구하고 웃시야는 다윗과 솔로몬이 묻혀 있는 곳과 불과 얼마 떨어지지 않은 곳에 위대한 왕들과 나란히 묻힌 것이다. 조금 전에 모든 장례식은 끝나버렸다. 웃시야의 모든 꿈은 사라져버린 것이다. 전 왕에 대한 감정적인 애착 때문에 이사야는 웃시야 없이 나라가 지속될 수 없다고 느꼈다. 자신의 주변을 둘러볼 때, 세상이 무너지고 있는 것 같음에도 그는 아직도 희망을 포지하지 않고 있었다. 심지어 그는 이렇게 기도하기까지 했다. "하나님 아버지, 웃시야 왕의 병을 고쳐 주옵소서!" 하지만 하나님께서는 아무런 응답이 없었다. 지금 이사야는 이렇게 생각하며 납골당 웃시야의 무덤 앞에 서 있다. **우리나라는 다윗 시대의 영광이 다시 돌아왔었습니다. 그래서 더 가까이…… 지금 우리는 거의 그것을 이루었습니다.**

모든 유대인들에게는 다윗이 다스리는 나라에서 살아가고자 하는 꿈을 가지고 있었다. 그것은 다윗의 철통같은 방어에서 느껴진 안전감이며, 다윗의 번영을 함께 즐기며 살고자 하는 것이었다. 이사야는 웃시야가 과거 유대의 영광을 재현할 수 있을 것이라고 생각했던 것이다. 요담 왕은 그의 아버지처럼 강하지도 못했으며, 현명하지도 경건하지도 못했다. 이사야는 하나님께 이렇게 기도를 드렸다. "지금 우리에게 무슨 일이 일어나겠습니까?" 마침내 이사야는 모든 것을 포기한 채 무덤을 떠나 성전으로 발걸음을 옮기며 이런 생각을 하였다.

"아마도 하나님의 임재하심 가운데서만 이해할 수 있을 거야."

어느 정도의 거만함은 있어 보이지만, 이사야는 요즘 한창 떠오르는 차세대의 총명한 젊은 지도자로서 부상하고 있다는 것을 안다. 이사야는 아주 날카롭고 예리하며, 생각이 분명하다고 구세대 지도자들은 생각하였다. 또한 그들은 어느 때엔가는 이사야가 거대한 산헤드린 회의장에 자신의 자리를 분명하게 확보하고 있을 것이라고 예감했던 것이다. 다른 한편으로는 이사야의 자기 고집과 자기주장이 아주 강하다는 것도 알고 있었다.

이사야가 금문을 지나 성전으로 걸어 들어왔을 때, 많은 제사장들은 인사를 했지만, 이사야는 너무나 배가 고파 그들의 인사를 받을 수가 없었다. 혼란스럽게도 자신의 꿈이 산산이 부서져 버린 곳으로 끌어 당겨진 채, 이사야는 너무 울어서 퉁퉁 부은 눈으로 하늘을 바라보며 이렇게 외쳤다. "왜 어찌하여?" 그리고 이제까지는 한번도 본적이 없었던 것을 이사야는 바라보았다. 하늘이 열리고 구름이 걷혀져 버린 것이다. 마치 이사야에게 하늘을 볼 수 있도록 허락되어진 상황이었다.

그런 후 이사야는 보좌에 앉아 계시는 주님을 보았다. 그는 주님이 앉아 계시는 보좌 주위로 무지개가 둘러 쳐져 있는 광경을 보았고, 그 중심에는 빛의 광채가 비쳐지고 있었던 것이다. 하지만 이사야는 보좌의 한 가운데와 그 주변에 시선을 집중할 수가 없었다. 그는 단지 그 보좌에 앉아 있는 한 분에게만 시선을 집중한 것이었다.

"저는 주님을 보았습니다." 그는 아주 나지막한 소리로 말했고, 그가 본 환상의 장엄함에 눌려버린 것이었다. "저는 하늘 보좌 높은 곳에 앉아 계신 주님을 보았습니다." 그는 즉시 무릎을 꿇고 바닥으로 머리를 숙인 채 엎드렸다. 그리고 그는 퍼덕거리며 날개 치는 소리를 들었다. 마치 수백 마리의 비둘기가 날개 치며 하늘을 향해 바람을 가르며 솟구치는 것과 같은 소리였다. 고개를 들어 위를 보자 이사야는 하나님께 찬양 드리는 천사들을 보았다. 그는 노래 부르며 그들과 합하였다.

"거룩하도다, 거룩하도다… 거룩하도다… 만군의 여호와여 거룩하도다. 천사들의 하나님이여 거룩하도다."

이사야는 하늘에서 본 그와 같은 아름다움을 전에는 전혀 보지 못했던 것이다. 땅에 있는 아름다움과는 전혀 비할 바가 없었다. 지금 하나님께서는 이사야에게 높고 위대한 하늘 보좌와 영광과 그리고 크고 놀라운 능력을 보여 주고 있었던 것이었다. 하나님께서는 이사야에게 땅의 어떤 왕들의 위대함보다 더 높고 위대한 그분의 영광을 말씀하고 계시는 것이었다. 하나님께서는 젊은 구도자에게 새로운 비전(환상)을 주시고 있는 것이었다. 그것은 영광의 구름인 쉐키나(Shekinah:역자 주-번역하면 '영광'이란 뜻임)였다. 하나님의 어깨로부터 늘어뜨려진 옷자락은 하늘로부터 땅으로까지 이어져 있는 구름이었다. 그 모든 길에는 언약궤를 덮고 있었던 자비의 권좌가 내려앉은 것이었다. 영광을 나타내고 있는 구름의 쉐키나는 성전으로 하나님 스스로가 임하신 그분의 임재, 즉 낮에는 구름 영광으로 밤에는 불기둥으로 임하셨던 것이다. 그 경험은 이사야에게 부어 주신 커다란 은혜였다. 그는 두려운 마음과 말라버린 입의 모든 것이 떨리기 시작했다.

이사야는 자신의 손을 얼굴에 갖다 댄 채 울기 시작했다.

"주님! 저는 입술이 부정한 사람입니다. 입술이 너무나 부정한 하나님의 백성들 가운데 살고 있습니다. 저는 하늘의 왕이신, 천사들의 하나님을 뵈었기에 부정한 사람임을 알았나이다."

이사야는 웃시야 왕이 거하고 있는 궁궐에 들어갈 때마다 그의 가족들에게 유대의 위대함을 자랑하곤 했었던 것이다. 그는 지금 더 이상 왕의 위대함을 자랑할 수도 없으며, 웃시야 왕의 업적과 함께 평가되는 자신의 위대함도 자랑할 수 없었던 것이었다. 이사야는 하나님에 대한 영광의 비전이나 자신의 죄성 모두가 깨어져 버린 것이다.

그때 그 천사 중 하나가 성전 입구에서 놋으로 만들어진 제단 앞으로 날아 왔다. 이곳은 죄 때문에 양을 잡아 그 피로 희생 제사를 드리던 곳이었다. 양의 죽음은 죄인의 형벌을 위한 대속 제물이다. 그 피는 정결함의 근거가 된 것이다. 그 천사는 희생 제사에 사용하는 긴 화저로 단에서 취한 붉게 타오르는 숯을 손에 가지고 이사야에게 날아와서 그 뜨거운 숯을 이사야의 입술에 대며 말씀하시기를

"보라 이것이 네 입에 닿았으니 네 악이 제하여졌고 네 죄가 사하여졌느니라."

이사야는 하나님 앞에 모든 것을 포기했다. 자신이 부끄러워 어쩔 줄을 몰라 했으며, 하나님 앞에서 완전히 항복해버린 것이다. 하지만 더 중요한 것은 그가 하나님 앞에서 깨끗해졌다는 것이었다. 그때 주님은 그의 보좌로부터 말씀하시기를

"내가 누구를 보내며 누가 우리를 위하여 갈꼬?"

이사야는 하나님께서 자신에게 하시는 말씀이 헛된 것이 아님을 알았다. 하나님께서 이사야에게 바라시는 것은 너무나 간단하고 직설적이었다. "네가 나를 위해 가겠느냐? 네가 나를 섬기겠느냐?"

"내가 여기 있나이다." 이사야는 아무런 주저함도 없이 즉시 하나님께 대답했다. "나를 보내소서."

하나님께서 자신의 백성들에게 여호와의 대변자로서 이사야를 택하시어 보냈다는 사실을 말씀하셨던 것이었다.

"가서 이 백성에게 이르기를 너희가 듣기는 들어도 깨닫지 못할 것이요, 또 그들에게 이르기를 나의 역사하는 사실을 보아도 알지 못하리라."

이사야는 하나님을 위해 백성들에게 선포를 해야 하지만, 아무도 듣는 사람들이 없을 것이라는 사실에 대해 하나님께서는 이사야에게 말씀하고 있었다. 하나님은 또한 말씀하시기를 백성들이 그를 거부하기 때문에 실패할 것이고, 나라는 번영하지만 영적으로는 피폐해질 것이라고 말씀하셨다. 하나님께서는 이들의 죄를 벌하고자 이방 민족을 들어 쓰실 것을 계획하셨다. 게다가 하나님께서는 이사야에게 이렇게 설명하셨다. "그들은 다가올 심판에 대한 너의 메시지를 거부할 것이다. 그들은 눈이 감기고 귀가 막혀있다. 그들의 마음이 너무나 굳어져 있기에 네가 선포하는 말을 받아들이지 못할 것이다."

하나님의 백성들은 우리에게 이러한 형벌이 있겠느냐고 맘을 놓고 있었다. 성전이 그들을 굳게 지켜줄 것으로 믿었다. 이들은 또한 언약이 어떠한 위험으로부터도 자신들을 지켜줄 것으로 믿었으며, 이스라엘의 하나님께서 자신들을 위해 싸워 주실 것이라고 믿고 있었다. 그들이 하나님의 손길을 느끼지 못한다는 것은 겉으로 보기에 단지 의식적인 순종의 문제가 아닌, 깊은 내면의 하나님을 거부하는 마음이었던 것이다. 그들은 바알 신을 숭배하였고, 그들의 이면에는 하나님의 계명과 단절하고자 문을 굳게 닫아 버린 것이었다. 그들의 죄는 이미 하나님의 법의 진리를 깨닫고 볼 수 있는 눈을 어둡게 했다. 그들의 죄악과 불법은 말씀의 진리를 알고자 하는 마음을 막아버린 것이었다.

이사야는 자신의 일이 이들에게 있어 불가능하다는 사실을 알았지만, 그래도 하나님께 향하여 한 가지 질문을 드렸다. "제가 언제까지 말씀을 선포할 수 있겠나이까?" 백성들이 그를 거부한다면 자신의 사역을 계속하기에는 무익한 일이 아니겠는가? 이사야는 만일 사람들이 궁극적으로 자신의 말을 들었더라면 어떻게 되었을 것인가를 알기 원했다. 사람들이 자신의 메시지를 받아들이지 않는다면 결국 그들을 향한 말씀의 선포는 중단해야 할 것이 아니겠는가?

"계속해서 말씀을 전하라"고 하나님의 음성이 들려왔다. "이 땅에 형벌이 가해질 때까지… 이 땅의 전역이 황폐해질 때까지 죄로 인한 형벌이 임할 것이라는 말씀의 선포를 중단하지 마라."

"하지만 주님" 하며 이사야는 말씀을 이해하고자 항변하였다.

"그렇다면 주께서 당신의 백성들을 다 몰아내신다면, 이스라엘이 그 땅에 거할 것이라는 당신의 약속은 도대체 무엇이란 말입니까?"

그러자 하나님께서는 이사야에게 먼 장래에 대한 희망의 메시지를 주었다. 이스라엘 백성들은 약속의 땅으로 다시 돌아올 것을 하나님께서 이사야에게 말씀하셨다. 이사야를 통해서 이스라엘을 향한 하나님의 말씀은 이것이었다. "나는 내 백성을 심판할 것이나, 그들은 다윗의 나라인 약속의 땅에 거하기 위해 이 땅의 네 갈래 모퉁이로부터 다시 돌아올 것이다."

하나님을 만난 후

이사야에게 있어 하나님과의 만남은 그의 예언적 사역의 시작이었다. 이스라엘을 심판할 목적으로 앗수르를 사용할 것이라는 것(사 1-35장 참조)과 유다를 심판하기 위해서 하나님께서는 바벨론을 사용할 것(사 40-66장 참조)이라고 이사야는 끊임없이 선포하였다. 하나님께서는 산헤립이 통치하고 있었던 앗수르가 예루살렘을 공격했을 때, 하나님의 보호하심을 요청하는 유다의 왕 히스기야의 기도를 돕기 위해 이사야를 사용하신 것이다. 이사야는 바벨론이 하나님의 백성들을 잡아갈 것이라고 예언하였다. 그것은 거의 백 년 전이었다. 이사야는 선지자의 왕자로서 부름을 받았다. 왜냐하면 구약 성경 가운데 가장 뛰어나게 저술 된 메시지가 그의 기록을 통해 대표하고 있기 때문이다.

하나님을 만난 이사야로부터 배울 수 있는 교훈

1. 우리의 꿈이 좌절 되었을 때
하나님은 우리들을 만나주실 수 있다.

이사야는 성공한 왕과 영광스런 왕국에서의 자신의 꿈을 펼치고자 했다. 그는 영적인 풍요로움이 경제나 재정적인 번성함과 동일시하는 잘못된 생각을 하였다. 이사야의 꿈이 좌절되었을 때, 하나님께서는 이사야가 감당할 수 있는 사역을 허락하신 것이다. 하나님께서는 이스라엘의 선지자들이 그 동안 품어왔던 비전보다 더욱 풍성하게 이스라엘에 부어 주시고자 할 계획들을 이사야에게 보여 주셨다.

우리의 꿈은 종종 우리 자신들이 하고자 하는 일이나, 되기를 원하는 일이나, 또한 우리 자신이 좌지우지하고자 하는 일에 휩싸일 때가 있다. 하지만 우리들의 꿈이 좌절 되었을 때, 그 방향을 어디로 돌릴 수 있겠는가? 우리 자신의 한계에 다다랐을 때가 바로 하나님을 만나는 때인 것이다. 그러므로 우리의 꿈이 좌절되었을 때, 당신은 주님을 만날 수 있는 하나님의 집으로 달려가라. 그분의 교회 안에서 눈을 들어 높이 계신 그분을 바라보아라. 당신에게 하시고자 하는 뜻과 계획이 무엇인지 하나님의 음성을 들어라. 당신의 꿈이 멀리 달아나 버림으로 인해 가장 깊은 어둠 가운데 직면했다고 느껴질 때가, 당신의 인생 여정에서 가장 밝은 순간의 시작일 수 있는 것이다. 하나님께서는 가장 어두운 곳에서도 올바르게 인도할 것이다.

계시가 없으면 백성은 방자해지나, 율법을 지키는 사람은 복을 받는다
(잠 29:18-표준새번역).

2. 하나님을 섬기는 일에 있어 그분의 법칙을 깰 수 있다는 것은 결코 중요하지 않다.

웃시야 왕은 많은 업적을 이루었던 위대한 왕이었다. 그러나 자신에게 부여된 직무 이상의 것을 더 중요하게 느꼈다. 그의 문제는 자신이 하나님을 섬기는 일보다 더 중요하다고 여겼던 것이 있었다. 하나님께서는 그에게 문둥병으로서의 벌을 내리셨고 그의 직분을 해임하셨다. 비록 그가 예루살렘 무덤에 위대한 왕들과 함께 묻혔다지만, 그는 자신의 죄 때문에 영향력을 상실한 것이다.

나의 몸을 쳐서 복종시킴으로 스스로를 지켜나간다. 그것은 내가 다른 사람들에게 그리스도를 선포할 때, 버림바 되지 않기 위함이라(대상 9:27 - 저자의 사역).

3. 우리 자신의 생각과 의견에 함몰되어 있을 때 하나님께서는 섬김의 모습으로 준비시키고자 만남을 통해 우리를 깨뜨리신다.

하나님께서 이사야의 죄를 보여 주시고자 그를 만나셨을 때, 이사야는

웃시야가 다스리는 왕국의 아주 충실하고 총망 받는 신하였다. 하나님께서는 예레미야와 기드온이 자신들이 가지고 있는 자기 존재 가치를 너무나 낮게 여기고 살았기에 그들에게 용기를 주고자 그들을 만나셔야 했던 것과는 대조적으로, 하나님께서 이사야를 만나신 이유는 그의 교만을 깨뜨리셔야만 했던 것이다. 하나님과의 만남에 있어, 우리가 하나님을 전심으로 섬길 수 있도록 우리의 가치를 높이시기도 하고 우리의 필요를 채우시도록 하시기 위해 우리가 처한 그대로의 모습 속에서 만나 주신다.

> 이와 같이 너희도 겉으로는 사람에게 옳게 보이되 안으로는 외식과 불법이 가득하도다(마 23:28).

4. 우리의 죄가 깨끗함을 입어 섬길 수 있는 자로 준비되어지는 것이다.

이사야는 사람인 왕을 섬기는 신하이긴 하였지만, 만왕의 왕이신 하나님의 종은 되지 못했다. 하나님께서는 그의 죄를 만지심으로 인해 먼저 그를 깨끗하게 하신 것이다. 그리고 이사야는 주의 종으로서의 자격을 부여 받은 것이다.

> 자기의 죄를 숨기는 자는 형통치 못하나 죄를 자복하고 버리는 자는 불쌍히 여김을 받으리라(잠 28:13).

5. 교회는 그리스도의 몸이며, 하나님께서는 그분의 임재가
   현현되는 성소에서 우리를 만나신다.

이사야가 하나님을 만났을 때, 그는 성전에 있었고, 높은 곳을 바라보고 있었다. 하나님께서는 유대의 언덕이나 골짜기나 시내산의 정상에서, 그리고 상수리나무 아래서나 밧모섬에서와 같이 어느 곳에서든지 그분의 종에게 자신을 나타내 보이실 수 있는 분이시지만, 하나님께서는 대게 자신을 나타내 보이시는 어떤 장소를 별도로 지정하시기도 하셨다. 즉 구약 성경에서는 그의 성막이나 성전에서, 신약 성경에서는 그의 교회를 통해 임하신 것이다. 반면에 어떤 사람들은 교회를 출석하였지만 하나님을 만나지 못한 경우도 있다. 그것은 아마도 그들이 하나님을 찾는 방법이 잘못되었기 때문이거나 혹은 그들의 눈이 가리워져 있기 때문일 것이다. 하지만, 교회는 아직까지 우리가 온전하게 하나님을 찾을 때나 우리의 온 마음을 다해 하나님을 만나고자 할 때, 하나님을 찾을 수 있는 최상의 장소인 것이다.

나의 영혼이 주님의 궁정에 있기를 간절히 사모하였네, 왜냐하면 성소에서 하나님 만나기를 사모하였기 때문이네(시 84:2 - 저자 사역).

6. 우리는 성공의 여부와는 관계없이 하나님께서 맡겨 주신
   사명을 신실하게 잘 감당해야 한다.

하나님께서 말씀하시기를 이사야는 실패할 것이고, 사람들은 메시지

를 이해하지 못할 것이며, 아무런 반응이 없을 것이라고 하셨다. 하지만 두려움이나 실패 따위가 이사야로 하여금 자신에게 부여해 주신 하나님의 사역을 감당함을 가로 막을 수가 없었다. 그의 신실함은 자신의 사역에 있어 효과적인 성취를 위한 것이라기보다는 하나님의 비전을 이루는 일이었던 것이다.

> 왜 당신은 나를 이렇게 만들었냐고 질그릇이 토기장이에게 말할 수 있겠는가?(사 45:9- 저자 사역).

 **생각하며 실천하기**

- 나는 하나님을 만남으로 사역에 신선한 비전을 지닐 수 있다.

- 하나님을 만날 때 나는 그분의 방식대로 그분을 섬겨야 함을 이해한다.

- 하나님을 만남으로 인해 우리 자신의 죄를 깨닫는다.

- 하나님을 만날 때 나의 죄가 사해지고 섬김을 위한 준비가 된다.

- 나는 하나님의 임재하심이 주로 일어나는 하나님의 성소에서 하나님을 만날 수 있다.

- 내가 하나님을 만났을 때 그분이 내게 주신 일을 감당해야 한다.

SNAPSHOT 7

납작 엎드려진 겸손
(NOSE-TO-THE-GROUND HUMILITY) [7]

아드리안 로저스(ADRIAN ROGERS)
목사, 테네시 주 멤피스 시에 있는 벨뷰침례교회(BELLEVUE BAPTIST CHURCH)

하나님께서 내 마음 한 가운데 찾아 오셔서 말씀을 전하라고 하신 것이 언제부터인지 정확하게 기억하지 못한다. 하지만 그로 인하여 소명을 발견한 것만은 분명한 사실이다. "주님! 당신은 정말 내가 말씀 전하기를 원하시나이까?" 나는 주님께 이러한 물음을 던져야만 했다. 고등학교 풋볼 선수시절에 미식축구 경기장에서 공을 잡아 앞을 향해 질주하는 데 전혀 두려움이 없었다. 하지만 공적인 설교자로서 강단에 서 있는 것 자체가 내 마음을 불안에 떨게하였다. 보다 더 솔직하게 고백한다면, 죽음으로까지 나를 위협하는 것이었다.

어느 순간부터인가 자라기 시작했던 이 작은 생각의 불씨는 내 마음에서 벗어나질 못하고 있다. 몇 주 동안 나는 이와 같이 기도를 했다. "주님, 주님께서 제가 말씀 선포하기를 원하신다고 생각합니다." 그런

---

7) Elmer Towns, *Understanding the Deeper Life* (Old Tappan, NJ: Revell, 1988), pp. 227, 228.

후 며칠을 또 기도했다. "주님, 주님께서 제가 말씀 선포하기를 원치 않으신다면, 내가 분명히 알 수 있도록 인도 해 주십시요." 그리고 며칠 후 "주님, 주님께서는 나를 부르셨군요, 저는 알고 있습니다."

나는 마음으로부터 헌신하기로 작정하면서 평안함을 찾을 수가 있었다. 그로부터 나는 뒤를 돌아보지 않았다. 나는 하나님께서 자신을 섬기기 위해 나를 부르셨다는 사실에 대해서 오싹할 정도로 감격스러웠다. 지금의 아내가 된, 고등학교 때부터 사귀어 온 자매 또한 같은 생각을 했던 것이다. 그녀도 역시 그런 생각을 할 때마다 마음에 전율함을 느낄 정도로 감격스러워 했다. 게다가 그녀는 자신을 전적으로 하나님을 섬기는 사역자로 하나님께서 부르셨다고 감지한 것이다.

설교자 후보생으로서 나는 내 인생에서 하나님의 무한하신 능력이 필요했음을 알았다. 또한 전적으로 부족한 사람이란 사실도 깨달았다. 나는 그리스도인들에게 유용한 하나님의 능력에 대해서 많은 것을 듣지 못해왔다. 단지 무엇인가가 필요하다는 사실만 알았을 뿐이다.

우리 집은 미식축구를 하는 운동장 근처에 있었다. 나는 주님을 만나고자 한밤에 그곳에 혼자 나가곤 하였다. 아주 아름다운 남부 플로리다의 여름밤에 나는 걸으면서 기도를 했다.

"나의 구주 예수님이여, 주께서 나를 사용하시기 원합니다."

그런 후 주님 앞에서 내 자신이 겸손해지고자 무릎을 꿇고 엎드려 얼굴을 잔디에 묻고 말하기를

"나의 주 예수님이여, 저는 주님의 것입니다. 저를 사용해 주옵소서."

그것 가지고는 충분하게 낮아진 모습이라고 볼 수가 없었다. 그래서 나는 진흙바닥에 구덩이를 파고 나의 코를 묻었다.

"내 구주 예수님, 제가 어떻게 행해야 할지 아는 것보다 모르는 것이 더 많은 한없이 부족한 사람입니다. 저를 사용하여 주옵소서."

내 인생 가운데 그 밤에 어떤 일이 벌어진 것인가! 나는 일종의 환상이나 황홀한 경험은 하지 못했지만, 분명한 변화를 경험한 것이었다. 그 당시 나는 너무나 신학적으로 부족했다. 놀랍게도 하나님께서는 내 젊은 마음과 인생에 그분의 능력을 불어 넣어 주셨다. 하나님께서 임재 하셨다는 큰 기쁨으로 모든 사람들과 더불어 그리스도 예수님에 대해 나누고자 하는 갈망함이 내 안에 가득 찬 것이었다.

그 이후로 오래지 않아 나는 대학에 들어갔고, 작은 시골 교회의 목회자로서 섬기도록 청빙을 받았다. 나는 고작 19살이었고 전혀 훈련되지 못한 상태였다. 나는 내 설교가 내용이나 형식면에서 아주 부족하다는 것을 분명히 알고 있다. 하지만 하나님은 은혜롭게 그리고 눈에 보이도록 역사하셨다. 나는 종종 그의 능력 앞에 놀라지 않을 수가 없었다. 비록 작은 회중이었지만, 그들 내면에서 시작한 회개와 기쁨의 눈물이 헌신으로 이어졌다. 상상하지 못할 정도로 그 작은 시골 교회와 지역에서 사람들이 그리스도께 몰려든 것이었다. 하나님의 강력히 역사하시는 손길 앞에서는 오류와 실수가 있을 수 없는 것이었다.

CHAPTER 7

예레미야(JEREMIAH)

주님을 위해 흘리는 눈물
(WEEPING FOR GOD)

***

만남: 섬김의 부르심을 위해 세워짐
장소: 그의 고향, 예루살렘으로부터 북서쪽으로 3마일 떨어진 곳
본문: 렘 1장

대제사장은 약간 틀어진 머리 장식을 오른쪽으로 매만지면서 자신의 왕관을 제 위치로 고쳐 바로잡았다. 대제사장 힐기야는 젊은 왕을 맞이하고자 제사장으로서 갖추어야 할 공식적인 예복을 차려 입고 있었다. 그는 새로운 왕을 알현하기 위해 양쪽으로 도열해 있는 많은 사람들 가운데 서 있었다. 힐기야 또한 도열해 있는 사람들의 맨 앞쪽에 서서 이런 생각을 하였다. "8살 밖에 안 된 왕의 고문관들은 모두 악했고, 이 어린 왕도 그의 아버지와 같이 악한 왕으로 만들 것이다."

힐기야는 이스라엘의 부흥을 가져 올 왕의 계획이 잘 시행되기를 기도했다.

"다음," 왕의 시종은 소리쳤다.

힐기야는 궁궐의 커다란 행사장에 왕의 대관식을 축하해 주기 위해 온 많은 사람들을 뒤이어 핑크빛 대리석을 밟으며 왕 앞에 걸어 나갔다. 그곳은 왕의 대관식에 초청장을 받고 온 사람들이 줄 지어 늘어서 있는 곳이었다. 현명한 대제사장은 자신이 왕과 눈이 마주칠 때까지 기다리고 서 있다가 눈이 서로 마주치자 왕께 경의를 표하며 고개를 숙여 예를 올렸다. 그런 순간에도 힐기야는 시종일관 하나님께 기도하기를 "여호와여, 지금 당장 악한 고문관들을 물리쳐 주시옵소서."

요시야 왕이 힐기야라는 대제사장을 알기도 전에 이미 부왕의 친구가 어린 왕에게 말해주기를, "그 어리석은 제사장에게는 아무런 말도 하지 마시오, 종교적인 사람들은 단지 돈만 밝힐 뿐이오."

"나도 그가 누군지 듣고 싶습니다," 요시야 왕이 대답했다. 왕의 보좌 앞으로 다가서는 힐기야를 향해 왕의 권위로서 손을 내밀려 이렇게 물었다. "당신을 위해 무엇을 할 수 있겠나요?"

"당신이 좋은 왕이 되도록 돕겠습니다," 힐기야는 왕을 존경하는 마음을 가지고 답변하였다. 자신의 말을 인정해 주기를 바라는 마음으로 웃으면서 대답한 것이다. "왕께서 보다 좋은 책을 읽고 쓴다면 왕의 백성의 마음도 더 잘 헤아릴 것입니다. 이스라엘은 그렇게 큰 나라가 아닙니다. 그래서 우리는 큰 나라가 쳐들어오면 큰 군대를 막아낼 수가 없습니다. 이스라엘은 지혜롭고 명석한 지도력을 가지고 자력으로 적들의 공격을 방어해야만 합니다. 하나님의 백성들을 이끌어갈 왕이시라면 적의 왕들보다 더 빈틈이 없어야 합니다."

"나도 그렇게 생각하오," 이리저리 발을 구르며 어린 왕은 큰 소리로 대답하였다.

힐기야는 하나님이 명령했던 것을 설명해 주기 위해 요시야에게 갔었다. 각 왕들이 하나님의 말씀을 필사하여 성경말씀을 개인적으로 소장해 가지고 있으면서 국가를 통치하거나 중대한 결정을 내릴 때는 언제나 그것을 통해 지침을 얻었다는 것이었다.

"왕께서도 필사하여 가지고 있으면서 그 말씀을 통해 배워야 합니다. 왕께서도 말씀의 의미를 깨닫는 방법을 배워야만 왕의 계획에 대하여 다른 나라의 왕들을 설득할 수 있습니다. 왕께서는 하나님처럼 생각할 수 있도록 배워야 합니다." 그는 덧붙이기를 "제가 왕의 선생이 되어 말씀을 가르치겠습니다."

힐기야는 전략이 한 가지 있었다. 그는 하나님께 거역하는 이전의 문화를 대항하는 경건한 사람이었다. 성전에는 바알 제단이 있었다. 힐기야는 그것들은 제거할 수가 없었다. 왜냐하면 이전 왕들의 명령에 따라 그곳에 세워졌기 때문이었다. 그 칙령에 따라 바알에 봉헌된 나무숲과 제단의 지성소와 아스다롯에게도 똑같이 적용되었다. 힐기야가 그것들을 제거하라고 지시했을 때, 사람들은 그를 비웃기만 하였다. 성전 안에는 이방 신에게 제사하기 위한 제단이 있었는데, 그것은 솔로몬에 의해 그곳에 세워진 것이다. 그가 그것들을 제거하라고 지시했을 때도 그들 역시 그를 비웃기만 하였다. 성전 옆으로 남성들의 매춘을 위한 집이 한 채 있었다. 그것들도 모두 제거되기를 위해 지시했지만, 그들도 그를 비웃기는 마찬가지였다. 힐기야는 대제사장으로서 무능력함을 느꼈다. 그래서 그는 하나님께 기도를 드렸다.

"하나님, 이 땅에 부흥의 역사가 일어날 수 있도록 이 종을 도와주소서. 이스라엘이 주님을 떠났나이다. 그래서 제가 죄를 제거할 수 없나이다." 그가 하나님의 응답을 기다리며 간구하고 있을 때, 그는 한 가지 교훈을 기억해 냈다.

> 마땅히 행할 길을 아이에게 가르치라 그리하면 늙어도 그것을 떠나지 아니하리라(잠 22:6).

힐기야의 전략은 간단했다. 하루하루 그는 젊은 요시야 왕을 의로움에 대한 하나님의 방법대로 가르치는 것이었다. 그러면 그가 장성했을 때, 그는 국가를 부흥으로 인도할 것이기 때문이다. 그리고 또한 아침마다 힐기야가 정성을 다해 성경을 읽어줌으로서 필사하는 자세로 앉아 율법을 아주 신중하게 기록할 것이다. 그리고 대제사장은 매일 기도를 드렸다. "여호와여, 그의 영적인 눈을 열어 주소서. 여호와여, 요시야 왕 자신이 의로움에 대한 소망을 갖도록 인도하소서."

하지만 그가 어린 왕 요시야를 위해서 기도했을 때, 또한 자신의 어린 아들 예레미야를 위해서도 기도했던 것이다. "주님, 제 아들 예레미야의 영적인 눈을 열어 주옵소서. 주님, 그에게 의로움을 향한 열망이 있게 하옵소서."

힐기야는 아침마다 필사했던 어린 왕의 율법책을 자신의 아들 예레미야가 다시 매일 오후마다 필사하는 것을 보았다. 힐기야는 자신이 왕을 가르치는 것과 같이 신중하고 정성들여 양육하였다. 이스라엘의 죄를 위한 그의 계획은 양 날을 가진 칼이었다. 그것은 왕과 자신의 아들을 준비시키는 것이었다.

요시야와 예레미야는 같은 나이였다. 그러나 그들은 성격상 너무나 차이가 많았다. 요시야는 지나치리만큼 바라는 것이 많았고, 오만한 성격을 가지고 있고, 예레미야는 언제나 부드러운 말투로 다른 사람들을 많이 배려하는 편이었다. 힐기야는 그의 아들이 보다 더 단호하지 못하다면 절대로 대제사장이 될 수 없을 것이라고 염려하였다. 예레미야는 너무 감성적이고, 부끄러움이 많고, 지도자가 되기에는 안목이 좁았다. 힐기야는 국가를 하나님께로 향하도록 요시야에게 예레미야가 과연 큰 역할을 감당할 수 있을까라는 생각에 많은 회의를 가지고 있었다.

그의 아들을 더욱 단호한 성격으로 변화시켜보기로 마음을 정하고, 어느 날 아침 힐기야는 성경을 필사하는 자신의 책상에 예레미야를 앉혔다. 그가 저녁에 다시 돌아 왔을 때, 예레미야는 그의 자리를 다른 사람에게 주고 자신은 방 뒤쪽에 쪼그리고 앉아 있었다. 힐기야는 이렇게 생각했다. "심지어 율법사나 서기관들의 학교를 인도할 수 없다면, 어떻게 예레미야가 국가를 지도할 수 있겠는가?"

힐기야는 예레미야에게 대제사장이 되는 비전을 주고자 노력했다. 매일 예루살렘에서 집으로 돌아와서는, 새롭게 깨달은 것을 그의 아들과

힘께 나누었다. 예레미야가 정결함의 상징인 금으로 만든 세례반에 몸을 담그고 공식 직책을 부여받았을 때, 기술적인 면이나 여러 가지로 보아도 그가 30세까지 훈련만 받으면 충분히 제사장이 될 수 있었을 것이다. 힐기야는 예레미야에게 말했다. "네가 대제사장이 되면, 너는 하나님을 위해 큰 업적을 세울 수 있도록 요시야 왕을 도와야 한다." 힐기야는 그의 아들의 눈에서 피어오르는 불꽃을 찾으려고 애를 써보았지만, 발견하지 못했다. 그는 지도력과 능력과 지신의 임무를 수행하기 위한 열정 있는 모습을 보기 원했지만, 예레미야는 너무나 수동적인 자세였다.

힐기야는 어린 왕 요시야의 업적에서 자신감이 넘치는 모습을 포착했다. 그의 전략은 언제나 일하는 자세였다. 그 늙은 대제사장은 부흥을 일으키도록 왕을 교육시켰으며, 하나님께서는 요시야의 지도력을 통해 국가를 대변혁하기 시작하였다.

스물 한 살의 예레미야는 학교에서 편지를 쓰고 있었다. 교실은 텅 비어 있었고, 그는 문장을 올바르고 화려하게 갖추기보다는 하나님의 말씀을 이해하고자하는 쪽에 더 비중을 두었다. 그때 하나님께서는 예레미야에게 명확하게 들리는 음성을 통해서 말씀하셨다.

"거기에 누가 있느냐?" 예레미야는 깜짝 놀랐다.

"나는 너를 특별히 부른 것이다." 하나님께서 예레미야에게 말씀하셨다. "이 부름은 네게 제사장이 되라는 것이 아니라, 선지자가 되라는 것이다. 네가 네 어미의 태중에 있기 전부터 나는 너를 알았고, 너를 위한 계획을 가지고 있었단다. 나는 너를 모든 열방의 선지자로 세웠노라."

예레미야는 선지자로 세움 받는 것을 원치 않았다. 대담함이 절실히 요구되었기 때문이었다. 선지자라고 하면 사람들에게 도전을 주어야 하는데…… 그것은 예레미야가 이루고자 하는 길이 아니었다. 또한 그는 열방을 위한 사역을 원치 않았다. 그는 이스라엘을 사랑할 뿐이다. 그는 하나님의 도성, 예루살렘의 지경만을 사랑할 뿐이었다.

실제로 하나님의 말씀에 따라 섬기라고 부른 그 부르심보다 더 대단한 것은 없다. 하나님은 그의 말씀 전하는 자로 예레미야를 선택한 것이다. 하지만 예레미야는 의심했다. "나는 아직 어린데" 하며 유대의 전통을 들먹이며 나이가 너무 어림을 핑계 삼아 하나님께 항변하였다. "어린 애는 아직 말씀을 전하지 못하지 않습니까? 내게 들을 사람이 아무도 없을 것입니다."

그러자 하나님께서는 우리의 어떤 항의나 어떤 반응의 형태에도 흔들리지 않으시는 분이시다. "네가 어리다고 여기지 마라" 하시며 예레미야에게 말씀하시기를 "너는 내가 보내는 곳이면 어디든지 사람들에게 나가야만 할 것이다. 내가 명하는 것이면 무엇이든지 선포해야 할 것이다."

하나님의 부르심은 그로 하여금 큰 두려움에 떨게 했다. 그는 그동안 강력한 아버지 슬하의 가정에서 보호 받으며 자랐고, 제사장들의 공동체에서 살았었다. 그는 사업가와 같은 능수능란한 거래를 위해 훈련받아 온 것도 아니었고, 율법사나 서기관과 같은 논쟁을 위해 가르침을 받은 것도 아니었다. 하지만 하나님께서는 예레미야를 격려하였다.

"너는 그들을 인하여 두려워 말라. 내가 너와 함께 하여 너를 구원하리라."

그리고 여호와께서 손을 내밀어 그의 입에 대셨다. 여호와께서 말씀하시기를 "이렇게 너의 입에 손을 댐으로 나의 말을 너의 입에 두었노라."

하나님께서 그 입을 깨끗하게 하기 위해 이사야의 입에 댄 기사를 읽으셨다. 하지만 이사야는 정결하게 하심이 필요했지만, 예레미야는 강력함이 필요했던 것이었다. 이사야는 그의 이기심을 몰아내야 할 필요가 있는 거만하기 짝이 없는 젊은 아첨꾼과 같은 사람이었지만, 예레미야는 자기 자신도 확신하지 못하는 내성적인 사람이었던 것이다. 그는 하나님의 격려가 필요하였다.

"보라," 여호와께서 예레미야에게 말씀하셨다. "나의 말이 너의 입 속에 있느니라. 나의 말이 바위를 조각들로 부수어버리는 쇠망치가 될 것이다. 나의 말이 죄를 깨끗케 하는 불이 될 것이다. 나는 내 말을 중히 여기지 않고 멸시하는 열방 위에 너를 세웠느니라."

하지만 하나님께서 예레미야를 통해 선포하는 메시지는 단지 심판만을 의미하지는 않았다. 하나님께서는 그의 선포에 소망의 메시지도 담고 있었으며, 심고 건설해야만 하는 사명 또한 담고 계셨다.

다시 하나님의 음성이 들려오며 두 번째 부르심이 임하였다. 하나님께서는 젊은 예레미야에게 하나의 중대한 비전을 보여 주셨다. 그는 하늘에서 살구나무로부터 뻗어나는 초봄의 가지를 보았다. 그 새 잎사귀는

점점 자라났고, 싹이 피어 꽃이 만발하였다. 이스라엘에 있는 나무들 중에 살구나무는 첫 번째 꽃이 피는 것으로 봄이 다가오기도 전에 늦은 겨울에 서서히 피어나는 꽃이었다. 하나님께서 예레미야에게 물으셨다.

"네가 무엇을 보았느냐?"

"저는 살구나무 가지를 보았나이다."

하나님께서는 예레미야에게 그 가지는 이스라엘을 벌주기 위해 사용해야 하는 채찍이라고 말씀하셨다. 그것은 마치 부모가 불순종하는 어린아이에게 회초리를 드는 것과 같은 것이었다. 비록 하나님의 백성들이 요시야 왕의 통치 아래서 부흥을 경험하는 시기 일지라도, 젊은 왕 요시야가 죽게 될 애굽과의 잘못된 전쟁을 부추긴다는 것을 아는 사람은 아직 아무도 없었다. 요시야 다음으로 정권을 이어갈 왕들이 모두 약해지고, 죄악이 더해가고, 하나님께 반역하고, 그리고 이스라엘을 멸망으로 인도할 것이었다.

그때 하나님께서 예레미야에게 두 번째 비전을 보이시고 물으시기를 "예레미야야, 너는 무엇을 보았느냐?"

예레미야는 끓고 있는 커다란 가마솥을 보았나이다. 그런데 북쪽으로부터 기울어진 채 고깃국이 들어 있다고 대답하였다. 예레미야는 그 의미가 무엇인지 이해하지 못하면서 오랜 시간 가마솥만 연구했다. 그런데 하나님께서 말씀하시기를 "이 가마솥은 한 나라를 향해 세워놓은 것인데, 유다가 죄를 짓고 그 죄로 벌을 내리기 위해 북방의 나라를 사용하여 나의 노여움을 부어지게 하는 것이니라."

하나님께서는 큰 죄에 대한 심각성을 예레미야가 확실하게 이해할 수 있도록 하기 위해 이렇게 설명하셨다. "나는 북방에 있는 나라를 이스라엘로 불러들일 것이다. 예루살렘에 침입하게 할 것이고, 그곳에 그 나라의 왕국을 세울 것이다. 그 나라는 유다의 모든 성들을 훼파할 것이다."

하나님을 만난 후

예레미야가 하나님과 만남으로서 선지자로서의 사역은 시작되었다. 그는 남쪽 이스라엘에게 바벨론이 너희들을 멸망시킬 것이라고 경고했다. 요시야 왕 사후에 유다를 통치하게 된 왕들은 앗수르와 대항하고 있는 애굽과 동맹관계만을 고집하고 있었다. 그럼에도 불구하고 예레미야의 예언은 옳고 정확했다. 하나님의 백성들을 붙잡아갈 나라가 앗수르나 애굽이 아니라는 것이었다. 바벨론의 느브갓네살 왕은 앗수르를 멸망시키고 애굽의 침공을 재빠르게 격퇴시켰다. 그러므로 세계를 다스리는 통치자가 된 것이다. 느브갓네살 왕은 예루살렘을 포위하고 사람들은 잡아갔지만, 예레미야만은 정중하게 예우해 주었다. 그 이유는 바벨론에 대하여 사실 그대로 정확하고 분명하게 전했던 선지자였기 때문이다.

하나님을 만난 예레미야에게서 발견할 수 있는 교훈

1. 하나님께서는 영적인 위기를 다스리고 극복할 사람으로 갖추어질 때까지 오랫동안 준비시킨다.

하나님께서는 공식적으로 나라를 다스릴 왕을 정하시고, 그 왕들이 의도하는 목적을 이루게 하시도록 놔두신다. 하나님께서는 누가 악하고 누가 의로운 사람인지를 그들이 직임을 감당하기 오래 전부터 미리 아셨다. 대게의 경우 하나님께서 어떤 특정한 사람들에게 당면한 문제를 다루게 한 이후부터 지금까지 영적인 위기를 극복할 수 있도록 하기 위해 준비하신다. 이 장에서 두 젊은 사람이 악에 대항해서 중재하기 위해 준비되어지는 것을 볼 수 있다. 요시야 왕은 악한 아버지와 더 악한 할아버지 밑에서 자랐지만, 그러나 하나님의 자비하심으로 인해 힐기야의 영향을 받아 나라를 부흥시키는 왕으로 일어선 것이다. 다른 젊은 사람 하나가 등장하는데, 그는 하나님의 목적을 이루기 위해 준비된 사람으로서 대제사장의 경건한 가정에서 자란 예레미야였다.

> 하나님만은 우리의 마음을 판단하신다. 그분은 사람을 낮추시기도 하고 또 다른 사람을 높이시기도 한다(시 75:7-저자의 사역).

2. 어떤 사람들은 미래의 섬김과 헌신을 위해 젊은 시절부터 훈련을 받아 그들이 할 수 있는 가장 최선의 것을 하나님께 봉사하며 헌신한다.

요시야와 예레미야를 훈련하며 양육했던 힐기야의 이야기는 성경에서 보여준 한 적용의 실제이다. 그것은 힐기야의 모습을 본받고 따른 두 젊은이를 통해서 그가 가지고 있는 영향력이 얼마나 중요한지를 보여주고 있는 것이다. 어떤 이들은 하나님을 향한 공적을 직접 쌓지 못하지만, 반면에 그 공적을 이룰 수 있는 자녀들을 준비시킬 수가 있는 것이다.

> 마땅히 행할 길을 아이에게 가르치라 그리하면 늙어도 그것을 떠나지 아니하리라(잠 22:6).

3. 하나님을 만났을 때, 우리가 가지고 있는 성격이나 특성에 따라 어떻게 반응하고, 어떻게 하나님을 섬길 것인가에 대한 방향의 척도가 결정된다.

예레미야의 부드럽고 유연한 성격은 어린아이와 같다고 자신 스스로를 묘사하였듯이 공식적으로 말씀을 선포함에 대한 두려움이 있는 것처럼 보인다. 이 특성은 "눈물의 선지자"로서 우리에게 잘 알려진 특성대로 자신을 이끌어나갔다(렘 9:1; 13:17). 우리의 성품은 또한 그리스도를 위해 어떻게 사역 할 것인가를 결정할 수 있다. 예레미야의 부드러운 성품이 하나님의 자비하심을 이스라엘에 전하도록 쓰임을 받았다. 심지어 그는 하나님의 심판을 알릴 때조차도 그들을 사랑하였다. 예레미야는 심판의 메시지를 가져온 사람이었지만, 그토록 아프게 자신의 마음이 부서지고 무너지는 것을 경험한 사람이었다.

> 내게 이르시기를 내 은혜가 네게 족하도다 이는 내 능력이 약한 데서 온전하여짐이라 하신지라 이러므로 도리어 크게 기뻐함으로 나의 여

러 약한 것들에 대하여 자랑하리니 이는 그리스도의 능력으로 내게 머물게 하려 함이라(고후 12:9).

4. 사역을 위한 하나님의 부르심은
우리 자신이나 부모의 선택보다 더 정확하고 탁월하다.

예레미야는 제사장 가문에서 태어났다. 하지만 하나님께서는 그의 인생을 가장 탁월한 부르심으로 인도하셨다. 하나님의 부르심은 그가 선택한 것이나 그의 부모가 선택한 것보다 비교할 수 없을 정도로 탁월하였다. 우리에게 있어 가장 최상의 선택은 하나님께 전적으로 맡기는 것이다.

이는 너희를 부르사 자기 나라와 영광에 이르게 하시는 하나님께 합당히 행하게 하려 함이니라(살전 2:12).

5. 때때로 하나님께서는 육체 가운데 보여지는 비전이나
현상 없이 그분의 말씀으로만 우리를 만나주신다.

하나님께서는 헌신할 어떤 사람들을 부르실 때에 비전을 주시지만, 반면에 어떤 사람에게는 하나님을 경험할 수 있도록 육체적인 경험을 주신다. 그러나 예레미야에게와 같이 여호와의 말씀으로만 나타나실 때가 있다. 성경의 예레미야서에서 가장 중요한 구절 중의 하나는 "여호와의 말씀이 내게 임하니라"(렘 1:2)이다.

> 베뢰아 사람은 데살로니가에 있는 사람보다 더 신사적이어서 간절한 마음으로 말씀을 받고 이것이 그러한가 하여 날마다 성경을 상고하므로(행 17:11).

6. 하나님과의 만남은 우리의 문화나 배경을 뛰어 넘어 직접 다가오신다.

하나님께서는 성전 안에서의 사역이나 유다 민족만을 향한 한정적인 사역에서 벗어나라고 예레미야에게 직접 말씀하셨다. 하나님께서는 선지자가 되길 원하셨고, 열방을 향한 사역을 하기를 원하셨다.

수산나 웨슬리는 그녀의 아들인 요한 웨슬리에게 목회자로 안수해 주실 것을 구하러 캔터베리 대주교에게 갔다. 그날, 어느 한 교회의 목회자로 안수를 받는 사람이 있었다. 웨슬리의 어머니가 그 광경을 목격했을 때, 그에게 허락된 교회는 한 군데도 없었다. 요한 웨슬리가 미국의 조지아 지역으로 선교에 대한 비전이 있음을 알고, 대주교는 세계를 향한 목회자로서 안수하는 절차를 밟았다. 선지자적 말씀으로 하나님의 섭리를 이해하는 사람은 아무도 없다. 요한 웨슬리는 자신을 안수할 때 전한 말씀을 수행하기 위해 사역의 길을 행하였고, 세계에 많은 영향력을 끼친 것이다.

> 오직 성령이 너희에게 임하시면 너희가 권능을 받고 예루살렘과 온 유

대와 사마리아와 땅 끝까지 이르러 내 증인이 되리라 하시니라
(행 1:8).

7. 우리와 하나님과의 만남은 세계 열방들의 운명에 영향력을 끼칠 수가 있다.

예레미야는 유다뿐만 아니라 바벨론, 애굽, 모압 그리고 다른 주변 열방에까지 영향을 끼쳤다. 그는 자신이 하나님의 부르심에 순종했을 당시 어떻게 세계 열방에게 영향력을 끼칠 것인가에 대하여 아무런 생각이나 지식이 없었다.

또 가라사대 너희는 온 천하에 다니며 만민에게 복음을 전파하라
(막 16:15).

 **생각하며 실천하기**

▦ 나는 내 생애 가운데 하나님을 만날 수 있지만, 하나님께서는 이미 내가 태어나기 전부터 계획을 가지고 계신다.

▦ 나는 나의 자녀들을 통해서 하나님께 커다란 헌신을 할 것이다.

▦ 나는 나의 성격에 따라 하나님을 만나고 그분을 섬길 것이다.

▦ 나는 사역을 위한 하나님의 선택이 나의 선택보다 더 중요하다는 것을 깨닫는다.

▦ 나는 어떤 가시적인 현상 없이도 하나님의 말씀으로만 그분을 만나게 될 것이다.

▦ 나는 하나님을 만남으로 인해 내가 경험했던 문화나 배경을 뛰어 넘을 수가 있다.

▦ 나는 하나님을 만난 후에 세계 열방에 영향력을 끼칠 수가 있다.

SNAPSHOT 8

세계를 향한 끊임없는 비전
(A Persistent Vision for the World)[8]

리차드 헬버슨(RICHARD C. HALVERSON)
전 채플린이자 워싱턴 DC의 미 상원의원

교만의 관점에서나 또는 자기 결정의 관점에서 보더라도 확실하게 하나님께 대해 반항적이지도 그렇다고 순종적이지도 않다. 그러므로 줄잡아 말해서 이런 맥락으로 평가해 본다면 나는 아직도 죄 가운데 깊이 들어가지 못했다고 할 수 있다.

경제적인 어려움 속에서 전문직에 대한 실망으로 인생에 대한 가치를 느끼지 못하며 아무렇게나 살았던 로스앤젤레스에서의 6개월간의 삶은 내가 스스로 선택해서 살아가는 인생의 방향이 얼마나 나 자신을 쉽게 무너지게 하는 가에 대한 깨달음을 갖게 하는 시기였다. 따라서 내가 살던 곳과 가까운 교회에 '빠지게' 된 나는 쉽사리 열심을 다하여 받아들였고, 같이 살던 친구들과 더불어 누리는 복된 삶의 중심이 되어, 그동안 수많은 나날의 삶을 회상하면서 이전의 삶과 너무나 극명한 대조를

---

[8] V. Raymond Edman, *They Found the Secret* (Grand Rapids, MI: Zondervan Publishing House, 1984), pp.55–59.

보이고 있음을 발견하게 되었다.

내가 버몬트 에버뉴(Vermont Avenue) 장로교회를 출석한지 3개월이 지났다. 그때 그 교회 목사님은 데이비드 코위(David Cowie)란 분으로 그 교회 목회를 지원한 사람이었다. 두 주일 말씀을 그로부터 들었을 때, 그에게는 분명하게 말로 다할 수 없는 하나님께 더 많이 준비되고자 하는 깊은 열망이 있음을 깨닫게 되었다. 그가 나를 그리스도께로 향한 믿음으로 인도했던 결과로 인하여 그의 성품에 몇 가지 의문을 가졌다.

몇 개월 함께 대화를 나누면서 내 인생과 목회에 결정적인 영향을 끼친 세 가지 분명하고 중대한 국면을 맞게 되었다. 첫 번째는 나의 구세주로서 내가 예수님을 그리스도로 영접한 후 5개월 동안 일어났었던 일이다. 코위(Cowie)와 대화를 나누면서 나는 내 자신이 새롭게 태어난 사실에 대하여 조금도 의심함이 없었다. 회고해 보면 나는 전혀 의식하지 못하는 중에 내가 급진적으로 변화된 것이 두 주 안에 일어났음을 깨달았다. 나의 삶을 움직일 수 있는 동기부여나 무엇에 감동을 받을 것인지, 그리고 무엇을 좋아할 것인가에 대한 모든 것들이 180도 변화된 것이었다. 나는 문자 그대로 새로운 사람이 된 것이다. 매우 짧은 시간에 그리스도 안에서의 믿음과 밀접한 영향력이 내 마음을 움켜쥐기 시작했고, 하나님께서는 나의 인생을 위한 분명한 계획을 가지고 계시다는 확신이 구체화되었다. 비록 내가 평탄한 인생으로 회복되지 않을지라도 내가 선교나 복음 사역, 그리고 목회에 관한 간절한 열망이 있음을 느낄 수가 있었다. 내 인생에 하나님의 계획이 분명하게 계시다는 깨달음이 나를 그분의 사역으로 급히 재촉하여 이끌어나가는 계기가 된 것이다.

두 번째 중대한 국면은 산호세 근처의 마운트 허몬(Mount Hermon) 컨퍼런스에서 찾아왔다. 목사님은 집에 돌아가도 좋다는 허락이 떨어질 때까지 이 컨퍼런스의 3일 동안 내게 많은 부담감과 당혹감을 금할 수가 없었다. 이 컨퍼런스에 하루 더 머물고 싶었고, 나의 의견을 현명한 설교자는 기꺼이 받아주었다. 이로 인해 나는 이튿날 떠나기로 작정하였다. 그날 저녁 집회에 약 800명의 젊은이들이 참석하고 있었던 것으로 짐작된다. McCune 박사가 말씀을 전하였는데, 이 메시지가 나에게만 말씀하는 것처럼 나를 파고들었다. 마치 나 혼자만을 위한 말씀으로 느껴진 것이다.

그 논지는 분명했다. 그리스도께서는 내 인생의 무조건 복종을 원하신다는 것이었다. 나는 깨닫는 순간 문자 그대로 온 몸에서 식은땀이 흘러내렸다. 그 순간 그분께 복종한다는 것은 나 스스로 깊이 꿈꾸던 모든 것의 끝장이라는 의미로 받아들여졌다. 내가 무엇이 되고 무엇을 해야 하는 지에 대한 전적인 돌이킴을 의미하는 것이었다.

그리스도께 나의 모든 것을 포기하기를 거부하면서 끔찍하기만 했던 그날 밤의 회의장을 빠져나왔다. 그러나 하나님과의 특별한 만남을 위하여 나도 모르는 사이에 옆 오두막에서 열리는 기도회로 이끌림을 받았다. 나는 내가 알고 있는 방법을 다 동원하여 하나님께 모든 것을 내어드렸다. 내가 알고 있었던 경험은 물론이거니와 행복과 평화마저도……. 그것은 내가 다시 로스앤젤레스로 돌아와, 교회에서 만난 나의 친구들을 통해서 내가 엄청나게 변화되었다는 말을 들었을 때에야 깨달았던 것이다.

　신학을 마치고, 캔사스(Kansas)의 콜링가(Coalinga)로 나의 첫 번째 목회지가 정해졌다. 어떤 이변이 제단에서 일어나지 않는 한, 목회를 그만 두어야 한다는 환멸감을 느끼는 시간 속으로 들어간 것이다. 혼자서 고독하게 보낸 두 주간의 시간이 흐른 뒤 하나님께서 나를 훨씬 더 좋은 예배를 위해 이곳에 보내셨구나 라는 내 감정적인 것과 맞물려 진 상황에서 성령과 씨름을 하였을 때였다. 나에게 열매가 풍성하게 나타나든지 예배 가운데 축복이 임하든지, 그리고 하나님께서 나를 받아 주시든지 아니면 받아 주시지 않는다고 하셔도 관계없이 내 인생의 나머지를 주님께 지속적으로 헌신하겠다고 나는 고백하였던 것이다. 더군다나 나는 내 인생의 나머지를 헌신하여 이 콜링가(Coalinga) 교회에 뼈를 묻고, 여기든 아니면 어느 곳이든 세상에서 어두운 어느 곳이든지 섬기겠다고 다짐하였다. 이것 자체가 내겐 엄청난 야심이었고, 결국 나에게는 커다란 장애물로 작용한 것이었다. 모든 것들이 안정되었을 때, 나는 다시 고비를 넘기고 새로운 의욕을 되찾을 수가 있었다.

　한 달 후 나는 우리 주일 학교 교사들과 함께 캘리포니아 남부 지역인 샌 버나디노(San Bernardino)에서 개최되는 포리스트 홈 바이블(Forest Home Bible) 컨퍼런스에 참석하였다. 이것이 내게 일어난 세 번째 중대한 국면이었다. 저녁 회의를 참석하고 나의 숙소에 돌아오기 위해 그들과 인사를 나누었다. 그러나 나는 내 숙소를 지나쳐 헨리에타 미어스(Henrietta mears) 양의 숙소까지 오게 되었고, 이상하리만치 그곳으로 이끌림을 받아 기도회에 참석하게 되었다. 가까이에 이르자 그 오두막의 숙소가 어두워지면서 그곳에서 기도하고 있음을 알 수가 있었다. 그 순간 어이없는 상황에 처한 나 자신을 보면서 그들을 방해하고 싶지 않아 밖에서 10여분을 기다리고 서 있었다. 기다리는 중에 문이 열리고 나는 어둠 속에서 그 방을 가로 지르며 들어가 희미하게 보이는 빈 의자 옆에 무릎을 꿇었다.

얼마의 시간이 흘렀는지 모르지만, 묵상의 시간을 충분히 가진 후였다. 방에 같이 있었던 이들이 기도하는 나를 위해 한참을 기다리고 있다고 느껴졌던 것이다. 나는 기도하기 시작했고, 다른 사람들도 함께 기도하기를 시작했으며, 바로 그 방안에 하나님이 임하셨던 것이다. 이상하게 황홀하거나 격변된 경험은 없었지만, 하나님께서는 어느 누구도 전에 경험해보지 못한 방법으로 우리를 찾아오신 것이다. 우리는 많은 경험과 계획을 서로 나누면서 눈물과 웃음이 교차하였다. 그날 계속된 세계와 땅 끝까지 이르는 비전을 위한 부담을 서로 짊어진 우리의 마음 깊은 곳에서는 어떤 명확한 경험들이 존재하게 된 것이다. 그 밤에 그런 놀라운 경험을 한 이후로부터 그 비전은 보다 구체적이고 여러 가지 모습으로 실현되었고, 그 비전은 우리들 모두에게 아직도 생생하고 신선한 모습으로 남아있다.

CHAPTER 8

에스겔(EZEKIEL)

하나님의 비전을 본 선지자
(SEEING VISIONS FOR GOD)

만남: 새로운 부르심 가운데
장소: 바벨론의 그발 강가에서
본문: 겔 1-3장

젊은 서기관 한 사람이 검정색 잉크로 물결치듯 활자판에 줄을 그으며 책상에 앉아 있었다. 유대 지도자를 위해 중요한 메시지를 필사하는 것이 그의 일거리였다. 그는 정확하게 각각의 편지를 필사해야만 했다. 그는 아직 지도자는 아니다. 간단히 말하면 그는 제사장이 될 사람이고, 아직은 성전에서 제사장적 기능을 수행하지 못하는 입장이었다. 그 젊은 서기관은 예루살렘의 하나님의 성전이 있는 곳으로부터 거의 800마일이나 떨어진 바벨론에 살고 있다.

젊은 남자들은 대게 30세가 되면 제사장적 반열에 오르는 나이가 된다. 오늘이 에스겔의 삼십 세가 되는 생일날이었다. 오늘 그의 일생에서 가장 영광스런 날을 맞이하는 것이었다. 이 날은 그가 성전으로 들어가는 날이기도 하며, 정결함을 위해 피의 제사를 통한 결례를 행함으로 기름부음을 받는 날이기도 하였다. 그때에 부어지는 기름은 지혜를 상징하는 것이었다. 그는 다른 모든 레위인들이 공식적인 직무를 부여받는 것과 같이 금으로 만든 대야의 물에 들어가야 했다.

에스겔은 이 날이 자신의 생일임을 알았지만, 그 어느 누구에게도 말하지 못했다. 어떻게 그가 이 예식을 올릴 수 있겠는가? 그는 예루살렘으로부터 이방에 포로로 잡혀와 이방 종교를 믿고 있는 바벨론 사람들에게 감옥에 갇혀 있는 상태였다. 선지자 예레미야로부터 온 편지를 가지고 방에 들어가는 사람에 의해서 자신의 생각은 멈추고 그는 꿈을 꾸고 있었다.

에스겔의 눈은 어떤 기대감으로 인해 반짝이었다. 그는 예레미야의 편지를 필사하기를 무척이나 좋아했다. 한 방에 있는 동료들 가운데 어떤 사람은 그가 심지어 예레미야를 그대로 닮아간다고 말하였다.

한 교사는 그 편지를 큰 소리로 읽도록 에스겔에게 위임하였다. 에스겔은 다음 양피지 조각들을 대강 살피기 위해 두루마리를 펼치면서 재빨리 훑어보았다. "이게 아닌데……" 에스겔은 스스로 중얼거리며, 자신이 읽고 있는 것을 동의할 수 없다는 생각이었다. 그의 감방 동료들은 에스겔의 얼굴이 일그러지는 표정을 볼 수가 있었으며, 그리고 그들은 그 편지에 좋지 않은 소식이 담겨져 있음을 감지할 수 있었다.

"큰 소리로 읽지 않는 것은 무례한 짓이야"라며 그 교사는 에스겔에게 따끔하게 타일렀다. 책상 옆에 선 채로 에스겔은 목청껏 소리 높여 또박또박 편지의 서두를 읽어 내려갔다.

"바벨론으로 잡혀간 사람들에게."

그 방에 있는 사람들은 불평하며 투덜거렸다. 바벨론으로 잡혀가 포로 신세로 감옥에 있는 것을 좋아하는 사람은 그들 중에 아무도 없었다. 이방 신상은 어느 곳이나 있었고, 그들에게 주어지는 음식은 이방 신전에서 제사로 드려졌던 것들이었으며, 바벨론의 모든 복장들은 너무나 달랐다. 에스겔은 다시 그의 목소리를 또렷하게 해서 그들의 주위를 환기시켰다. 그러자 그는 예레미야 선지자가 그들에게 무엇을 해야 하는지를 읽어주었다. "바벨론에서 살아갈 집을 짓고, 꽃밭과 정원을 가꾸고, 결혼을 해서 가족을 꾸리고 나가라……."

"아니오!" 한 완고한 젊은 학생이 단호하게 소리쳤다. "우리는 이놈의 이방 땅에서 살지 않을 것이오. 우리는 싸울 것이고, 우리는 이곳에서 도망할 것이오!"

"조용!" 교사는 그 성미가 급한 학생을 호되게 꾸짖었다. 그리고 계속 읽어나가라는 의미로 고개를 끄덕였다.

"여호와께서 너희를 보낸 이 도시에서 평화를 찾으라"고 에스겔은 읽었다. "너희들이 거하는 이 도시에 하나님의 평화가 임하도록 기도해라. 너희들을 잡아온 사람들이 평화로우면 너희들도 평화를 찾을 것이다."

다시 그 방은 항의가 빗발쳤다. 교사는 다시 그들을 조용히 시켰고, 그래서 에스겔은 예레미야의 충격적인 편지를 다 읽을 수가 있었다. "너희들은 바벨론에 70년간이나 있어야 한다. 그리고는 여호와께서 이스라엘을 다시 찾을 것이고, 하나님의 백성들은 다시 약속의 땅으로 돌아갈 것이다."

포로생활을 70년간이나 해야 한다는 말에 젊은 학생들은 어안이 벙벙하여 어찌할 바를 몰라 하고 있었다. 그들 중에 대부분은 스무 살 초반의 젊은이들이었다. 그들 모두는 가능한 빨리 고향 땅으로 돌아가기를 원했다. 70년을 기다린다는 것은 그들에게 있어 말도 안 되는 것이었다. 만약에 그들이 태어난 땅으로 다시 돌아갈 때까지 산다면 그들의 나이는 90이 넘어야 할 것이다. 그들에게 미소는 사라져버렸다. 웃음 짓는 사람은 찾아 볼 수가 없었다. 희망이란 것이 그들의 고통을 완화시키는 좋은 치료제가 되었지만, 지금 그곳에는 희망이란 없다. 고향땅으로 돌아가고자 하는 그들의 꿈은 그들에게서 일순간에 사라져버린 것이다.

"다른 선지자는 우리가 곧 고향 땅으로 돌아갈 수 있어"라고 말했다며 웅성거렸다.

에스겔은 머리를 이리 저리 흔들었다. 그리고 조용히 하라며 손을 들었다. 그때 그는 다시 예레미야의 경고의 편지를 읽어 내려갔다. "바벨론에 있는 거짓 선지자들의 말에 귀를 기울이지 마라. 그들은 이스라엘이 심판받지 않을 것이라고 거짓 예언을 했던 자들이니라. 하나님의 도성이 멸망하지 않을 것이라고 예언했던 예루살렘의 거짓 선지자들도 있었느니라. 바벨론에 있는 거짓 선지자들은 또한 포로들이 곧 고향으로 돌아갈 것이라고 예언할 것이다."

그 방은 학생들이 서로를 주시하며 웃음은 찾아 볼 수 없을 정도로 침통한 분위기 속에 한동안 침묵이 흐르고 있었다. 에스겔은 계속해서 읽어나갔다. "70년 후에 여호와께서는 그들이 예루살렘으로 돌아가도록 하기 위해 백성가운데 찾아오실 것이다."

예레미야의 편지는 이스라엘의 하나님께 대한 반역의 마음을 지적한 것이었다. 그들은 목이 곧은 백성이요, 우상을 열망하며, 종교적 간음을 일삼는 자들이며, 외국의 열방들로부터 보호를 받고자 하는 자들이었다. 그런데 에스겔은 그런 편지를 멋있게 구사한 예레미야의 글을 읽고 있었다. "하나님의 백성이 그분을 찾을 때, 하나님께서는 그들의 음성을 들을 것이다." 그러므로 편지를 읽어 내려오던 중에 처음으로 에스겔은 웃을 수가 있었다. 왜냐하면 하나님께서 이렇게 말씀하셨기 때문이었다. "나의 백성들이 내게 구할 것이고, 그들이 전심으로 나를 찾고 찾을 것이다."

에스겔은 그날에 학교를 떠난 마지막 학생이었다. 마치 북쪽 평원에서 불어오는 세찬 바람과 같이 오후에 불어오는 산들바람에 그의 길게 내려 입은 옷(역자 주-tunic이라는 고대 사람들이 입는 옷으로 소매가 짧고 긴 통으로 된 옷)이 펄럭거렸다. 그는 그의 집으로부터 약 1마일을 걸어야만 했다. 그의 집은 그발 강의 운하 근처에 있었는데, 그곳은 바벨론에서 사람이 만든 가장 큰 운하였으며, 티그리스 강에서부터 유프라테스 강까지 쭉 뻗어 있는 곳이었다. 그 엄청난 공사을 자랑스럽게 생각했지만, 한편으로는 엄청나게 큰 두 강 사이를 잇는 대공사 현장에 자신들의 삶을 잃어

버렸던 수천의 노예들을 생각하며 슬픔에 잠기기도 하였다.

에스겔은 수평선에 다다르는 하얀색의 커다란 배를 보면서 생각에 잠기었다. "나는 문명의 한 중심에 있구나." 그리고 그는 자신이 지금 누리고 있는 즐거움이 죄라고 느꼈다. "예루살렘은 믿음이 중심이자 하나님의 도성인데……."

위쪽에 진흙을 이겨 만든 벽으로 구성된 집이 있었다. 그곳은 평평한 지붕에 예루살렘을 향해 작은 창문이 열려져 있었는데, 이것은 고향으로 돌아가고자 하는 염원이 담겨져 있었다. 그해 7월은 매우 뜨거웠다. 예루살렘의 고산지대에서 살 때보다 바벨론의 사막지역은 더욱 뜨거웠다. 뜨거운 여름철에 마음은 더 견딜 수가 없었고, 늦은 오후가 되면 최고조에 달했다. "폭풍우는 왜 이리 시린지, 또 이토록 오래 불어대는고"라며 생각했다.

저녁 식사 후에 그의 아내가 청소하느라 바삐 움직이는 동안 에스겔은 기도하러 뒤뜰로 나갔다. 불어 닥치는 폭풍우 때문에 더 이상 배를 바라 볼 수가 없었으며, 이웃에 사는 모든 사람들은 억세게 불어오는 모래 바람을 피해 튼튼하게 지어진 집으로 모두 들어가 있었다. 에스겔은 폭풍우를 맞으며 홀로 서 있었다.

"어, 회오리 바람이다"라며 그는 차가운 먹구름 속으로 뜨거운 공기를 빨아들이면서 서로가 부딪치며 마치 깔대기 안으로 빨려 들어가는 것처럼 보이는 사막의 모래를 보면서 혼자 조용히 생각에 잠겼다. 토네이도가 사막을 뒹굴며 춤을 추고 있었고, 그때 검은 폭풍우가 에스겔 주변을 휘감고 있었는데, 그곳에는 비는 없었고 번개와 천둥만 동반한 채 단지 바람만 세차게 불어댔다. 그 구름으로 어두움이 계속되었다.

그때 에스겔이 무엇인가를 보았다. 짙은 먹구름 한 가운데서부터 마치 땅 위로 펼쳐져 있는 구름 사이에서 번개가 번뜩이듯이 붉은 불꽃이 피어올랐다. 검은 구름 가운데서 에스겔은 호박색 석탄 보다 더 검은, 거의 검정색에 가까운 불을 발견하였다. 그 먹구름은 그 불로부터 연기처럼 피어올랐지만, 전혀 냄새를 맡지 못하였다.

그때였다. 에스겔은 그 구름 사이에서 네 개의 움직이는 형상을 발견하였는데, 이는 거의 사람같이 보였으며, 그 형체에는 날개가 달려 있었고, 그에게 곧 바로 날아오고 있었다. 에스겔은 천사를 전혀 본 적이 없었지만 즉시 하늘에 있는 그 형상이 천사임을 알아 차렸다.

에스겔은 그 앞에서 움직이고 있는 현란한 장면을 설명하고자 자신이 본 것들을 모두 기억하고자 애쓰면서 모든 것을 샅샅이 훑어보았다. 그 네 형상은 사람의 몸을 지니고 있으며, 천사의 날개가 달렸고, 그럼에도 한 쪽은 사자의 얼굴이요, 다음은 황소의 얼굴이요, 세 번째 얼굴은 사람의 얼굴이요, 마지막 얼굴은 독수리의 모습이었다.

그 다음에 에스겔은 거대한 바퀴를 보았는데, 전차 바퀴와 같은 것으로서 나무보다 더 크게 보였으며, 각각의 바퀴가 다른 바퀴 안에 들어 있었고, 두 개는 앞뒤로 돌고 있었고, 두 개는 구르며 그 앞으로 오고 있었다. 그때 에스겔은 바퀴가 날개를 가진 네 형상을 따르고 있다는 것을 알아 차렸다. 그 사람은 어느 곳이든지 사방으로 나아가고, 바퀴는 그들을 따랐다. 천사가 한 쪽으로 돌아 나왔을 때, 그 바퀴도 역시 그들을 따라 나왔다.

다음에 에스겔은 검은 폭풍 구름이 수정 같은 맑은 하늘로 바뀌는 광경을 보았다. 에스겔은 더 이상 두려움에 떨지 않았다. 그런 경험이 그의 기분을 전환시켰기 때문이다. 그는 하나님께서 자신에게 말씀하고 있음을 곧바로 알 수가 있었다.

그리고 에스겔은 각각의 순간마다 점점 더 커지며 포효하는 듯한 능력의 음성을 들을 수가 있었다. 그것은 마치 폭풍우가 해변을 강타하는 것 같았고, 군화를 일제히 소리내며 전쟁터를 향해 나가는 성난 군인들과 같았고, 우레와 같은 말발굽 소리와도 같았다. 에스겔은 천사들이 머리 위로 날아갈 때 하늘로 날아오르는 천사의 날개 치는 소리를 들었다. 그리고 그는 똑바로 서서 그 장면을 주시하였다. 그것은 바로 하나님의 보좌였다.

에스겔이 기대했던 대로 정확했다. 자신 위로 하늘 높이 있는, 푸른빛의 사파이어로 만들어진 형상이었다. 사람으로 변해 나타난 형상은 보좌 위에 우뚝 앉아 계셨다. 선명하게 빛나는 일곱 색깔이 스펙트럼 속에서 완벽하게 조화를 이룬 무지갯빛은 에스겔이 보고 경험했던 것보다 훨씬 곱고 눈부시게 아름다웠다. 하늘로부터 다가온 광선과 같이 그것은 하나님의 영광을 반영하고 있었다. 에스겔은 곧바로 하나님께 대한 경외로 엎드리며 얼굴을 떨어뜨렸다.

"일어나거라"라는 주님의 음성이 들려왔다.

"너에게 줄 말씀이 있느니라."

에스겔은 그를 둘러싸고 있는 모든 것을 받아들이려고 애쓰며 천천히 일어섰다. 그때 여호와의 음성이 들려왔다.

"나는 이스라엘과 나에게 반역하고 있는 열방을 향해 나의 사자로서 너를 보내고자 한다. 나의 영이 네게 임할 것이며 너를 통해 그 영이 말할 것이다."

에스겔은 제사장이라기보다는 선지자로 자신을 부르신 하나님의 계획을 이해하였다. 여호와께서는 "적어도 사람들이 선지자가 그들 가운데 있게 된 것만이라도 알 것이다"라고 설명하면서 사람들이 너의 말을 듣지 않더라도 너는 두려워해서는 안 된다고 말씀하셨다. "나의 백성들이 나를 거역하였다. 너는 나의 말을 거역해서는 안 된다"고 하시며 다시금 하나님께서는 에스겔에게 강조하셨다.

우르릉 쾅쾅…… 그때 커다란 바위가 깨지는 소리 같기도 하고, 모래 위에 모래가 덮여 찌걱거리는 소리 같기도 한 엄청난 지진의 굉음이 들렸다. 하나님의 임재가 떠난 것이었다. 에스겔은 또 다른 소리를 들었다. 천사가 날개 치며 떠나는 것과 같은 펄럭거리는 소리였다.

그때 하나님의 영이 에스겔을 그의 집으로부터 그발 강가로 들어 올려서 그를 텔라비브의 한 마을에 이르게 하였다. 그 마을은 유대 땅에서 잡혀온 사람들이 몇 마일에 걸쳐서 군데군데 군락을 이루며 지내는 곳이었다. 그가 어느 집으로 들어가자마자 방 한 칸이 그에게 주어졌다. 서기관처럼 훈련받은 젊은 제사장 후보생 같은 그 집 주인이 그를 알아

차리고는 그에게 방을 한 칸 내어 준 것이었다. 하지만 그들이 에스겔을 보고 그가 하나님으로부터 보냄을 받았음을 깨달았지만 그에게 왜 왔냐고 묻는 사람은 아무도 없었다.

칠 일 동안 에스겔은 방에 홀로 앉아서 기도와 묵상으로 조용한 시간을 보냈다. 그는 어떤 말도 할 수가 없었다. 심지어 말하고자 노력조차 하지 않았다. 칠 일이 지날 즈음에 하나님께서 에스겔에게 새로운 임무를 부여하시며 말씀하셨다.

"인자야, 내 백성 이스라엘의 파수꾼이로구나."

하나님께서는 어떻게 파수꾼이 그 성 안에서 사람들을 보호하고 안전하게 하는 책임을 가지고 있는가를 설명해 주셨다. 하나님께서는 에스겔에게 말씀하셨다.

"만일 네가 다가오는 심판에 대해서 이스라엘에 경고하기를 거부한다면, 나는 네게 책임을 물어 너의 피를 취할 것이다. 왜냐하면 그들은 무지하기 때문이다. 만일 네가 그들에게 경고를 하여도 그들이 너의 말을 듣지 않는다면 나는 피 값을 그들에게 요구할 것이다. 왜냐하면 그들이 죄인이기 때문이다. 너는 나 여호와가 네게 요구한 모든 것들을 이루어야 할 것이다."

하나님께서는 에스겔을 무력하게 만들어 버렸고 그는 사람들에게 나갈 수가 없었다. 보통의 선지자라면 길거리나 시장과 같이 사람들이 많이 모이는 곳으로 나가 말씀을 선포하는 것이다. 에스겔은 달랐다. 그는 반대로 하나님의 말씀을 들으러 장로나 지도자들로 하여금 그에게 나오도록 하나님께서 하신 것이다.

하나님을 만난 후

그의 인생을 완전히 변화시키도록 엄청난 영향을 주었던 비전을 본 후에 에스겔은 바벨론에 있는 사람들에게 예언을 하였다. 그는 상징을 사용하여 하나님의 말씀을 전하기도 하였고, 설교를 통해 하나님의 말씀을 전함으로 그들에게 경고하기도 하였다. 하나님께서는 에스겔을 사용하시어 "이스라엘 모든 집이" 그들의 죄로 인하여 포로로 잡혀왔다는 사실을 깨닫도록 한 것이었다. 에스겔은 예루살렘과 하나님과 대항해서 싸웠던 주변의 모든 열방들이 파괴될 것을 예언하였다. 그는 다시 이스라엘이 약속의 땅으로 돌아갈 것이라는 회복을 예언했으며, 하나님의 백성들을 대항하는 대적자들의 심판도 예언하였다. 그는 이스라엘이 회복하여 다윗 왕조의 재건을 통해 그의 영광 가운데 놓이게 될 것과 성전이 회복될 것이라고 예언하였다. 비록 에스겔이 성전에서 사역할 수 있는 입장에 놓여 있지 못하더라도 그는 하나님께서 주시는 비전을 통해 그와 같은 사실을 보았으며, 미래의 영광에 대하여 말할 수가 있었던 것이다. 그의 예언은 다른 선지자들에 비해 다가오는 천년 시대의 미래 성전에 대한 구체적인 의미를 담고 있다.

에스겔이 하나님과의 만남을 통해 배운 교훈

1. 하나님과의 만남은 우리의 꿈이 무너지고
   무엇을 어떻게 해야 할 지 헤매일 때 찾아 오신다.

수많은 유대 백성들은 이국땅에 포로로 잡혀온 유배자 들이었다. 우리들 중에 대부분은 유배 생활에 대한 경험들을 이해하지 못하거나 감옥에 갇히는 충격적인 경험을 하지 못하였을 것이다. 유대 율법에 따른 정결한 음식도 없고 고향에서와 같은 안락한 환경을 비슷하게 조차 누릴 수도 없는 바벨론에서 하나님의 백성들은 살고 있었다.

그런데 예레미야의 편지가 바벨론 땅에 정착해 살고 있는 그들에게 말씀으로 다가와 집을 짓고 가족을 이루며 살기를 권고하고 있다. 그들은 70년 동안은 그들의 고향으로 돌아갈 수 없을 것이라고 말하였다. 그들 중에 대부분은 해외에서 유배 생활 도중에 죽었다. 이러한 낭패 속에서 에스겔은 하나님을 만났고, 그가 이스라엘을 위한 선지자가 될 것이라고 알게 되었다. 하나님께서는 그에게 신선한 꿈을 안겨 주었다. 그 꿈은 새로운 사역을 시작하라는 꿈으로서, 실패한 자들에게 다시 제자리를 찾게 하는 회복의 꿈이요 장래에 소망을 주려는 꿈이었다.

> 내 영혼아 네가 어찌하여 낙망하며 어찌하여 내 속에서 불안하여 하는고 너는 하나님을 바라라 나는 내 얼굴을 도우시는 내 하나님을 오히려 찬송하리로다(시 43:5).

2. 하나님께서는 만남을 통해 우리를 준비시키신다.

예레미야의 편지가 바벨론에 도착했을 때(렘 29장), 그들을 침울했고, 비관적으로 생각하게 되었다. 심지어 많은 사람들이 그의 편지에 기록된 새로운 소식을 거부하였다. 하지만 예레미야는 이스라엘의 번영만을 예언했던 거짓 선지자들에게 경고했다. 하나님께서는 에스겔과의 만남을 대비하여 예레미야의 편지를 사용하셨다.

> 선지자 예레미야가 예루살렘에서 이 같은 편지를 느부갓네살이 예루살렘에서 바벨론으로 옮겨간 포로 중 남아 있는 장로들과 제사장들과 선지자들과 모든 백성에게 보내었는데(렘 29:1).

3. 하나님께서는 우리와의 만남을 위해
   정치적 문화적인 상황들을 사용하신다.

느부갓네살 왕이 바벨론으로 만 명의 이스라엘 사람들을 포로로 사로잡아갔을 때, 그들은 최고의 위치에 있는 자들이었다. 그들은 용사들이요, 정부 관리들이요, 그리고 영적인 지도자들과 감수성이 예민한 젊은이들이었다. 바벨론의 지도자들은 유대의 젊은이들을 갈대아 문화와 언어, 그리고 사업적인 수완을 잘 가르치고자 했다. 느부갓네살 왕은 유대 사회를 이루고 있는 그들의 공동체를 다스리는 젊은이들을 원했던 것이다. 에스겔은 이와 같이 바벨론으로 사로잡혀 간 포로들 가운데 한 사람이었다. 이러한 비슷한 움직임이 1959년 피델 카스트로가 쿠바에서 정권을 잡았을 때, 쿠바에서 가장 유능한 젊은 청년들을 러시아 대학으로 유학을 보내었는데, 이는 그들이 돌아왔을 때, 자신을 위한 공산주의 체제를 잘 관리하고 충성할 수가 있었다.

하나님의 거시적인 계획은 하나님께 반역하고 죄를 범한 유대를 벌주기 위해 바벨론을 사용하신 것이다. 그 커다란 계획 가운데 에스겔은 단지 하나의 작은 이유에 불과했다. 하나님께서는 이스라엘이 다시 그 땅과 성전에 돌아와 회복 될 것이라는 미래 천년에 대한 책을 기록하기 위해 젊은 유대 청년을 준비하고 계셨던 것이다.

> 내가 네게 진술한 모든 복과 저주가 네게 임하므로 네가 네 하나님 여호와께 쫓겨간 모든 나라 가운데서 이 일이 마음에서 기억이 나거든 너와 네 자손이 네 하나님 여호와께로 돌아와 내가 오늘날 네게 명한 것을 온전히 따라서 마음을 다하고 성품을 다하여 여호와의 말씀을 순종하면 네 하나님 여호와께서 마음을 돌이키시고 너를 긍휼히 여기사 네 포로를 돌리시되 네 하나님 여호와께서 너를 흩으신 그 모든 백성 중에서 너를 모으시리니(신 30:1-3).

4. 우리는 하나님을 만났을 때 경험하고 보았던 모든 것을 다 이해하지 못한다.

에스겔은 하나님이 주시는 비전 가운데서 많은 상황들을 보았다. 즉

회오리바람, 네 명의 천사들, 날개의 펄럭거림, 먹구름의 커지는 현상, 수정같이 거대한 하늘, 바퀴 안에 들어 있는 바퀴 등. 학자들은 그 현상들의 존재나 의미에 대하여 서로의 의견이 일치하지 않고 있다. 그러나 에스겔은 하나님을 만남으로 인해 하나님과의 대화를 이해하였다. 무엇을 해야 하는지, 그리고 무엇을 말해야 할지를 이해한 것이다.

> 기록된바 하나님이 자기를 사랑하는 자들을 위하여 예비하신 모든 것은 눈으로 보지 못하고 귀로도 듣지 못하고 사람의 마음으로도 생각지 못하였다 함과 같으니라(고전 2:9).

5. 하나님과의 만남은 각각의 개인과의 만남이다.

예레미야에게서 온 편지를 통해 바벨론에 있는 모든 유대 사람들에게 하나님께서 말씀하시는 동안에도 하나님께서는 개인적으로 에스겔을 만나신 것이다. 우리 인생 가운데는 공적으로 이루어야 하는 일들도 있고, 한 공동체나 그룹으로 이루어지는 일들도 있다. 그러나 확실한 일들은 언제나 혼자서의 경험을 통해 이루어진다. 에스겔은 개인적으로 그리고 홀로 있을 때 하나님을 만났다.

> 너희는 내 얼굴을 찾으라 하실 때에 내 마음이 주께 말하되 여호와여 내가 주의 얼굴을 찾으리이다 하였나이다(시 27:8).

6. 비록 우리 인생에서 태어난 가족이나 태어난 장소가
   미리 결정된 몫이라 여겨질지라도 하나님과의 만남은
   모든 것을 변화시킬 수 있다.

레위 족속에서 태어난 대부분의 사람들은 일정한 능력을 부여받아 성전에서 섬기는 일이 미리 결정되어진다. 소수의 레위인은 제사장으로서 맡은 일을 감당함으로 최고의 직무로 부르심을 받았다(히 5:4). 에스겔은 어느 날 하나님을 만났다. 그 뒤 그의 가문에게 주어진 사역을 포기하고 전문적인 사역의 길로 준비되어져 갔다. 하나님을 만난다는 것은 이와 같이 놀라운 사건이다. 우리 인생 가운데 전혀 아무 일도 없을 수도 있고, 또는 천직이라 말하는 사명에로의 부르심을 받기도 한다.

너희를 부르시는 이는 미쁘시니 그가 또한 이루시리라(살전 5:24).

7. 우리가 단지 하나님과의 만남에 대한 모든 것을 이해할 수
   없다는 이유가 그 사건을 해석할 수 없다는 의미는 아니다.

확실하게 에스겔은 하나님을 보았던 모든 것을 이해하지 못하였다. 대부분의 성경 주석가들은 성전을 파괴하고자 이스라엘을 공격한 바벨론 제국으로 북쪽의 한 기운을, 그리고 바벨론 제국으로 하여금 예루살렘 도성을 무너뜨리고 유다의 남은 자들을 바벨론으로 사로잡아가는 의미로 회오리바람을 해석하고 있다. 네개의 형상은 대게 천사를 의미하고

있으며, 그들의 각 얼굴의 모습은 사복음서에서 각각 다른 강조점을 두고 설명하고 있다. 사자의 얼굴은 마태복음을 대표하고 있고, 마가복음은 황소의 모습, 그리고 누가복음은 사람의 모습이며, 마지막으로 요한복음은 독수리의 모습이다. 에스겔이 하나님을 만남으로 우리에게 또 다른 도전을 주고 있는 상징적 의미가 있는데, 그것은 하나님의 백성들로 하여금 그분의 목적을 이해할 수 있도록 하는 것이다.

예언자들이 이 구원을 추구하고 연구하였으며, 그들은 여러분이 받을 은혜를 예언하였습니다. 그들은 누구에게, 그리고 어느 때에 이런 일이 일어날 것이지를 연구하였습니다. 그들 속에 계신 그리스도의 영이 그들에게 그리스도의 고난과 그 뒤에 올 영광을 미리 알려 주었습니다 (벧전 1:10,11 - 표준새번역).

적용　생각하며 실천하기

- 나는 내 꿈이 실패한 후에도 하나님을 찾을 수가 있다.

- 나는 하나님과의 만남을 위해 준비되어질 것이다.

- 나는 하나님을 만난 이후에 정치적이며 문화적인 상황을 이해할 것이다.

- 나는 하나님을 만났을 때의 모든 상황을 다 이해하지는 못할 것이다.

- 나는 언제나 개인적으로 하나님을 만나게 된다.

- 나는 하나님을 만나게 됨으로 인해 나 자신의 출생에 대한 조건들을 극복할 수가 있다.

- 나는 하나님과의 만남에서 발생된 모든 것을 이해할 필요가 없다.

SNAPSHOT 9

치료하시는 하나님의 부드러운 손길
(THE SWEET TOUCH OF GOD FOR HEALING)[9]

레이몬드 애드먼(V. RAYMOND EDMAN)
일리노이 주의 휘튼 칼리지 전 총장

에콰도르에 있는 안데스(Andes)지역에서 선교사로서 사역을 시작하였을 때였다. 열병의 일종인 발진티푸스로 인해 죽음에 이르고, 삶의 모든 것이 사라졌을 무렵, 우리 부부는 결혼한 지 고작 1년을 넘긴 신혼의 단꿈 속에 있을 때였다.

내가 지금 죽어가고 있다는 것을 알고 있었다.

사람이 어떻게 자신이 죽어가고 있음을 알 수 있을까? 전에는 그와 같은 것을 전혀 느끼지 못하였고, 어느 누구도 자신의 그런 경험을 회고하며 죽음으로부터 돌아와 말할 수 있는 사람은 없었다. 그럼에도 불구하고 나는 죽어가고 있음을 알았다. 나는 그 사실을 곧바로 눈치 채지는 못하였다. 원인을 알 수 없는 만성 질병으로 죽어가는 잉카(Incas)의 어린이들을 돌보며, 에콰도르 고산지대인 안데스의 작은 원주민 마을에

---

9) V. Raymond Edman, *They Found the Secret* (Grand Rapids, MI: Zondervan Publishing House), pp. 143-146.

있기 바로 며칠 전의 모습도 기억하지 못했다. 집에 가기위해 말 등에 올라 앉아 굽이굽이 이어진 오솔길을 오랫동안 고통스러워하며 내려갔던 여정이나, 장티푸스가 어떻게 발병되었는지, 그리고 헛소리하며 끙끙 앓던 시절이나, 기차에 내 몸을 싣기 위해 나를 부축하던 몇 사람의 인디언들이 있었는데 이들을 안내했던 한 미국인 동료에 의해 찾게 된 내 자신의 모습, 그리고 화물차에 몸을 싣고 구아야킬(Guayaquil)을 향해 하루 종일 여행했던 모든 일들이 기억에나지 않았다.

1년 전 친구의 도움으로 결혼식에 입었던 하얀 웨딩드레스를 아내가 장례를 준비하라며 검정색으로 염색했던 일들도 알지 못했다. 또한 내과 전문의 파커 박사의 조언을 듣고 아내의 한 지인인 윌 리드(Will Reeds)가 관을 이미 구입하였고, 그날 오후 3시에 간단한 장례 예식을 하려고 정리하고 있었다.

청소년 시절에 어머니께서 내게 했던 말씀이 떠오른다. 가끔씩 사람들이 죽을 때면 어머니는 말씀하셨다. 사람들이 영원으로 들어가기 전 마지막 순간에는 죽어가는 사람들마다 자신들이 경험했던 지난날의 삶을 자세하게, 그리고 더 깊이 뒤돌아보는 것이라고.

그러한 일이 내게도 일어나고 말았다.

내 병을 고쳐보고자 노력 한번 못해보았다. 그 문제에 대하여 생각할 겨를도 없이 나는 일리노이에 있는 오래된 농가 건물을 기억해 냈고, 입학하기 전의 어린 시절을 같이 놀았던 소꿉동무들과 멕킨리 초등학교에 들어가자마자 만난 1학년 담임선생님인 그레이스 선생님, 그리고 계속 학년이 올라가면서 만났던 친구들, 고등학교 친구들 그들과 함께 지낸 장면들, 그리고 해외에서 보낸 군대 시절 등이 그림처럼 기억 속에서 떠올랐다.

기억 속에서 희미해진 추억들을 회상하면서 나는 이 거대한 세상에 전적으로 나 혼자만이라는 느낌이 들었다. 아주 조그마한 병실에 다른 사람들이 있었다한들, 그들조차 의식하지 못하였다. 나는 전적으로 혼자였고 더 정확하게 말한다면 다음 순간에는 내가 영원의 세계에 있을 것이라는 것밖에 알지 못했다.

내가 있던 곳에서 이상하게도 내 눈길을 끄는 무언가를 막 감지하기 시작할 무렵이었다. 그것은 대기 중에서 내게 영향을 미치고 있는 임재 같은 것이었다. 바닥에 있는 것처럼 여겨졌지만, 방 전체에 덮혀 있었고, 서서히 침대 위로 올라오고 있었다. 그것이 진짜일까 아니면 상상일까라는 생각 때문에 나는 고개를 이리 저리 돌릴 수가 없었다. 그러나 나는 그것이 지금 내 앞에 있다고 확신하였다. 다른 순간에는 내 주위를 돌기 시작하더니만, 삼켜버릴 것 같은 모습으로 다가와 나를 천천히 감싸기 시작하였다.

그때 그것이 무엇인지 알 수가 있었다. 이제까지 내가 살아왔던 모든 인생의 여정에서 전혀 알지 못했던 하나님의 부드러운 사랑의 감동들을 그리스도 안에서 경험했던 것이다. 그래서 저항할 수도 없는 이 엄청난 사건은 지금 내가 살아가고 있는 현실 속에서 가능한 어떤 것보다도 더 좋은, 즉 달리 말로는 표현할 길이 없는 너무나도 아름답고 무한하게 내 생명을 덮어버리는 사랑이었던 것이다. 성스러운 감동의 시간들이 지나가면서 그분과의 친밀한 만남은 달리 어떠한 말로도 설명하기가 불가능할 정도였다.

이 세상보다 저 세상이 더 가깝다고 여겼던 죽음의 강을 빠져 나왔을 때 그날 이후, 지금까지 나에게는 아무런 기억도 없고 설명할 수도 없는 거의 두 주간의 시간이었다. 내가 파커 박사의 병원에서 다시 의식을 되찾았을 때, 나를 정성으로 돌보아 주었던 에콰도르 간호사들과 아내와 그리고 집에 온지 겨우 8주뿐이 안 된 아들로부터 나의 이 숨겨진 이야기를 들었던 것이다.

매사추세츠의 아틀래보로(Attleboro) 근처에서 있었던 성경 컨퍼런스에 아주 작은 한 그룹이 모여 있었다. 오전에 있는 연구 모임에서 그들은 그 컨퍼런스를 이끌어나가는 위원장인 요셉 이반즈 목사에 의해 중단될 수밖에 없었다. 그는 에콰도르에 있는 한 선교사(저자 에드먼 목사를 말함)를 위해 자신에게 부여된 부담감을 깊이 통감한다고 말하면서 그와 함께 기도하기를 간절히 원했던 것이다. 그들에게는 잘 알지도 못하는 일이었지만, 에드먼 여사는 자신의 웨딩드레스를 검정색으로 염색하였고, 리드씨는 나를 위해 관을 가져왔던 것이었다.

그때 이후로 나는 뉴잉글랜드에서 그 모임에 참석하였던 친구들은 만났다. 그들이 만약 100살이 되기까지 살아야 한다면 그들은 기도하기 위해 무릎 꿇는 일이라든지 나를 위해 중보기도하는 영적인 고통을 결코 잊지 않았을 것이라고 내게 말했다. 그들의 긴박한 기도 모임은 점심

시간까지 잊은 채 계속되었다. 점심시간이 지난 한참 후에야 그들은 경험하게 되었다. 그들에게 하늘로부터 잔잔한 확신과 함께 영적 충만함이 3,500마일이나 떨어진 이곳에까지 기도가 응답되어졌음을 알게 되었던 것이다.

CHAPTER 9

혈우병을 앓고 있는 여인
(THE WOMAN WITH THE ISSUE BLOOD)

만남: 고침을 받기 위해
장소: 가버나움의 한 동네에서
본문: 막 5:21-43

깊은 슬픔에 잠긴 듯 눈이 깊이 파이고 애처롭기까지한 야윈 모습의 한 여인이 있었다. 그녀에게서는 썩은 달걀에서 나는 것 같은 냄새가 풍겨져 나왔다. 오래 전에 그녀는 줄곧 새어져 나오는 분비물로 인해 자신의 옷을 세탁하는 일을 멈출 수밖에 없었다.

"저리 비켜!" 그녀가 집 앞 벤치에 앉았을 때, 가정주부로 보이는 한 여인이 고함쳤다. "아유 불결해, 너 때문에 우리까지 더러워진단 말이야!"

그 여인은 지저분한 모습으로 조그만 마을을 계속 걸어 다녔다. 아무도 그 여인에게 물을 주지 않았다. 아무도 쉴 곳을 마련해 주지 않았다. 아무도 그 여인을 돌보아 주지 않았다.

"혹시 다른 마을에 가면……"하고 그녀는 희망을 가져본다.

열 두해 전에 갑작스레 찾아온 병으로 인해 하혈을 하였던 것이다. 그녀는 병을 치료하고자 백방으로 방법을 모색하였다. 특별히 그 병에 좋다고 하는 약이란 약은 모두 먹어보았고 온갖 치료도 해보았다. 가루약, 크림 종류의 약, 혹은 알코올 종류의 약까지……. 하지만 전혀 효과를 보지 못한 것이다. 아무것도 그녀에게서 하혈을 멈추게 할 수가 없었다.

지금 그 여인은 예수님을 만나기 위해 가버나움을 향하고 있는 중이다. 어떤 사람이 그녀에게 예수님이라면 그녀의 병을 고칠 수 있다고 처음으로 귀띔해 주었을 때, 예수님도 역시 다른 사람들처럼 똑같은 돌팔이 의사일 것이라고 생각하였다. 일 년이 지나 그녀는 불결한 곳을 마사지하기 위해 진흙탕에 자신의 몸을 적셔야 했는데, 이집트 의사에게 치료비를 지불하기 위해 자신의 옷을 다 팔아야만 했다. 그것은 일도 아니었다. 그녀는 인도에서 수입해 들여온 향기나는 크림을 사기 위해 앗수르 인에게 지불한 돈을 마련하고자 가구를 내다 팔아야만 했다. 그뿐만이 아니었다. 어떤 의사는 겨울철에 눈 속에서 구르면 효과가 있을 것이라고 말해, 그녀는 여름이 돌아오기도 전에 자신의 피부를 검게 태우고 말았다. 하지만 치료되기는 고사하고 병은 점점 악화되었다.

그녀는 자신의 마을에 살고 있는 맹인 한 사람을 기억한다. 그는 항상 말하기를 "예수님께서 내 눈을 뜨게 할 거야…… 예수님이 보게 할 것이야"라며 입만 열면 말하곤 하였다. 오랜 전부터 그런 광경들을 보아 왔던 탓인지, 그녀는 매우 회의적이었다. 그녀는 재정적으로도 매우 쪼들리는 상황이었고, 그녀 옆을 지나다 보면 너무나 역한 냄새 때문에 친구도 없이 동네에서도 버림받고 살았던 것이다.

"나를 봐!" 하루가 지나자 그 마을에 있던 맹인이 뒤를 돌아 달리며 소리쳤던 것이다. "세상이 보인다. 나를 한 번 보아라!"

그녀에게도 소망이 생긴 것이다. 예수님이 오실 것이라는 기대감이 그녀의 마음속에 스며들기 시작한 것이다.

그때 무덤으로 몸이 운반되어졌던 나인 성의 작은 소년에 대한 이야기를 들었다. 예수님께서 죽음으로부터 그 소년을 다시 살리심으로 인해 장례식이 멈추어진 사건에 대하여 들었던 것이다.

"아마도 예수님께서 나를 치료해 주실 거야."

그녀는 산을 넘어 갈릴리 바다가 내려다보이는 곳을 향해 계곡을 내려갔다. 작은 호수를 뒤덮어 감싸 도는 먹구름이 있었지만, 예수님께서 살고 계시는 가버나움의 푸르른 나무며 하얀 집들을 향해 내려가는 높은 고산지대는 너무 건조한 상태였다.

마치 상처 부위에서 흘러나오는 피고름이 멈추어지기를 포기한 듯, 그녀는 사람들에게 말하는 것조차 그만두었다. 시냇가에 이르자 물을 조금 떠서 마셨다. 자신을 보는 사람이 아무도 없을 때, 그녀는 줄기를 당기어 밀알을 조금 훑어서 비빈 후에 밀가루를 만들고, 거기에 물을 조금 넣어 이기어 반죽을 하였다. 이것이 그녀에게 유일한 요깃거리였다.

그녀는 사람들의 눈에 띄지 않기 위해 즐비하게 들어 서 있는 상점들 뒤를 돌아 혼자서 살금살금 걸어 가버나움 시장 안으로 들어갔다. 예수님을 둘러싸고 있는 군중들 속에서 그녀는 눈을 크게 뜨고 주시하면서 사람들이 많이 있는 곳을 피해 서 있었다. 그녀는 자신과 같이 남루한 옷을 입고 있는 맹인 거지 한 사람을 발견하였다. "그가 나의 냄새를 맡지 못하도록 적당한 거리를 유지할 거야"라고 생각하며 "그가 나를 볼 수 없을지라도 아마 예수님을 찾도록 도와 줄 수 있을 거야"라며 중얼거렸다.

뜨거운 태양 빛을 피해 나무 그늘에 기대어 선 채, 길 건너에 서 있는 맹인을 향해 소리쳤다. "예수님을 어디서 만날 수 있을까요?"

"너무 늦었어요"라며 맹인이 대답했다. "예수님께서 오늘 아침에는 여기에 계셨습니다. 그분은 해변에서 수천 명의 사람들 앞에서 말씀을 전하셨습니다. 그리고는 배를 타시고 다른 곳으로 떠나셨습니다. 심한 바람이 불어 닥칠 때가 사람들이 그분을 본 마지막 순간이었습니다. 저는 그분을 보지 못했지 만은요……."

그녀의 가슴이 철석 내려앉았다. 예수님께서 여기 계셔야만 했고, 그녀를 치료했어야 했는데, 하지만 지금은 그분은 떠나가 버렸다. "나는 왜 이렇게 되는 일이 없지"라며 생각하며 그녀는 기도하기를 포기했다. 이제는 좋은 일이 일어날 가능성이 없어져 버렸기 때문이다. 그녀는 눈물을 흘리며 새롭게 치료할 방법이 없을까하여 하나님께 간청하였다. 하지만 아무 일도 일어나지 않았다. 하지만 아무 것도 할 수 없기에 그녀는 희망을 내려놓아야만 했다. 아무 일도 못한 채 하늘만 물끄러미 바라만 보아야 했다.

예수님에 대한 말을 들었던 지금, 그녀는 다시 기도하기를 원했다. 하지만 그녀는 무엇을 어떻게 해야 할지 갈피를 잡지 못했다. 그녀의 몸이 불결했기 때문에 하나님 앞에서 부정하다고 여겼다. 아무도 말을 걸어주는 사람이 없고, 아무도 도와주는 사람이 없기에 그녀는 그 어떤 것으로부터도 버림받은 사람처럼 느끼며 살았던 것이다. 아직도 그녀에게는 마음속에서 사라지지 않는 강한 갈망이 남아 있었다. 마치 꺼질듯 말듯 하며 희미하게 타오르며 빛을 바라고 있는 촛불과 같이 좌절된 희망이지만 버릴 수 없는 감동이 그녀에게 있었다. 그러므로 그녀는 나무에 기대 선 채 머리를 숙였다.

"전능하신 하나님, 저는 예수님이 필요합니다. 예수님만이 저의 병을 치료할 수 있습니다. 저는 고침을 받고 싶습니다."

자신이 치료를 받을 것이라고 생각했던 어떤 상황이나 장소나 진흙과 같은 방법을 무시하고 치료만을 받기 위해 하나님께 간구해 보기는 난생 처음이었던 것이다. 그녀는 언제나 자신을 치료할 수 있는 사람을 통해 치료받기를 소망하며 하나님께 간구했던 것이다. 하지만 지금 그녀는 자신의 간구를 하나님께서 듣고 계시다는 확신을 가지고 직접 그분 손에 의해 치료 받기를 위해 간청하고 있는 것이다.

"그들이 돌아오고 있어요"라며 한 소년이 거라사 지역 해안으로부터 가버나움을 향해 하얀 돛단배가 들어오는 것을 가리키며 선착장에 서서 고함을 쳤다. 다른 소년들도 소리치기 시작했다.

"예수님이 돌아오고 있어요!"

"감사, 감사합니다. 하나님" 그 여인은 나지막한 소리로 말했다.

수많은 사람들이 배가 도착하기도 전에 이미 기다란 부둣가에 잔뜩 모여들었다. 그녀는 물가 한 모퉁이에 다른 사람들과 함께 커다란 기대감을 가지고 입가에 만면의 웃음을 띤 채 서 있었다.

"피……" 불쾌하다는 듯이 한 소년이 자신의 엄마에게 그 여인에 대해 불평을 토하였다. 소년의 엄마는 자신의 옷을 허리로 잡아채며 아들을 사람들이 있는 쪽으로 끌어 당겼다.

배가 모래 바닥을 가르며 들어 왔다. 베드로가 배에서 뛰어 내려 배를 해변 쪽으로 정박하기 위해 로프를 당겼다. 예수님께서 해변에 내려 한 발 한 발 걸어 갈 때, 수많은 군중이 예수님 주변으로 몰려들었다. 여기 저기서 모두들 제각기 말하기 시작했다. 모든 사람들이 흥분에 쌓여 있었다. 모든 사람들이 예수님과 함께 있기를 열망하고 있었다.

예수님께서는 삽시간에 군중들 사이에 쌓여 이리 저리 밀리고 있었다. 뒤에 있던 사람들이 더 가까이 나오기 위해 밀치며 나왔다. "그냥 뒤에 서 있으시오"라며 지역 수비를 담당하고 있는 로마 군대의 백부장이 소리쳤다.

그곳에 모인 사람들은 조용히 하라는 큰 명령 소리에 갑자기 조용해졌다. 그들은 조용히 하라는 로마 군인의 말 이면에 어떤 뜻이 담겨져 있는지, 그리고 그들의 억셈과 오만함을 알아 차렸다. "그냥 뒤에 서 있으시오"라며 다시 로마 백부장은 명령하였다. "회당의 서기관을 통하도록 하시오."

장로쯤으로 보이는 사람이 아주 세련된 옷차림으로 군중 사이를 가르며 한 발짝씩 걸어 나왔다. 회당의 서기관이라고 하면 그 공동체에서 제법 영향력을 행사하는 사람이다. 그래서 로마 군인들도 유다 지도자들을 통해 사람들을 통제하는 법을 알았던 것이다. 당시 그 마을에서 가장 부자이며 회당장인 야이로가 앞으로 나올 수 있도록 로마 군인들이 그를 도왔던 이유였다. 하지만 사람들이 놀라는 일은 따로 있었다. 군중이 뒷걸음치며 물러섰을 때, 야이로는 예수님의 발아래 털썩 엎드려서는 하염없이 눈물을 흘렸다. "우리 집에 오셔서 제발 우리 딸을 살려 주세요!" 그의 붉어진 눈과 떨리는 음성이 그의 절박함을 그대로 보여주고 있었다. "내 딸이 다 죽어갑니다."

야이로는 예수님의 옷자락을 꼭 잡고 간청하였다. 그러한 그의 열정이 군중으로 하여금 침묵하게 만들었던 것이다. 그는 간청하며 "내 딸의 열이 너무 심합니다. 선생께서 내 딸에게 안수만 해 주신다면 살 수 있을 것입니다."

예수님은 그가 무엇을 해야 할지 아무 말씀도 하지 않으시고, 다만 그의 눈빛만 주시하고 있었다. 예수님은 야이로의 간청을 승낙하시듯 고개를 끄덕이셨다. "나와 함께 가자."

야이로는 자기 집으로 길을 인도하였다. 이글거리는 태양으로부터 마을을 보호해 주는 커다란 유칼리나무(역자 주-오스트레일리아가 원산지인 열대 식물과의 나무, 이 나무에서 기름을 생산할 수 있음)의 그늘과 갈릴리 바다로부터 불어오는 산들바람 때문에 가버나움은 더욱 넉넉한 곳이었다. 로마 사람들은 도시 주변으로 성벽을 건설하여 자신들의 부요함을 누리고 살았고, 그 중에서 야이로는 가장 부요한 사람이었다. 그는 지금 자신의 가장 아름답고 웅장한 집으로 예수님을 인도하고 있는 중이었다.

혈우병을 앓고 있는 여인이 예수님을 따르는 수많은 사람들 가운데 끼어 있었지만, 아무도 그녀의 누더기 차림새에 관심을 돌리지 않았다. 왜냐하면 그들은 온통 예수님께 집중하고 있었기 때문이었다. 바다에서 불어오는 산들 바람이 사람들로 하여금 그녀에게서 나는 악취를 느끼지 못하게 했다. 그녀는 자신이 가지고 있는 믿음에 대한 상실감에 사로잡혔다. "예수님은 부자들만 상대하나"라고 생각했기 때문이다. "그렇다면 가난한 사람들에 대해서는 어떤가? 그럼 나에게는?"

그리고 그녀는 시장 통에서 했던 기도를 기억해 냈다. 그녀는 좋은 게 좋다싶어 다시 웃음을 지었다. 그리고 다시 희망을 가져보기로 했다. 절대로 믿음을 잃지 말자고 다짐했다.

군중 뒤쪽으로 자신의 길을 재촉하며 예수님께로 가까이 나가기 위해 사람들 사이를 비집고 들어갔다. 점점 가까워졌다. 예수님이 멈추어 서면, 사람들도 동시에 멈추어 섰다. 하지만 그녀는 계속해서 예수님 뒤에 바싹 다가설 때까지 사람들 사이를 비집고 들어갔다.

"혹시나 내가 큰소리로 말하면 사람들이 비웃을까"라며 생각했다.

예수님의 관심을 끌기 위해 소리치는 것에 대한 두려운 마음이 생겼다. 다른 사람에게 했던 것과 같이 그녀에게도 예수님이 피하면 어쩌지라는 망설임이었다. 예수님의 옷자락 끝을 잡아보기 위해 무릎을 꿇었다. 아무도 그녀를 보는 사람이 없었다. 그녀는 손을 길게 뻗어 손가락을 움직이다가 그렇게 원했던 옷자락 끝을 가까스로 닿았다. 그녀가 손끝으로 옷자락을 잡았을 때, 군중들은 물결치듯 그녀를 떼어 밀쳐버렸다. 그때 갑자기 예수님께서 가시던 걸음을 멈추시고 뒤에 따라오는 사람들을 향해 말씀하시기를

"누가 내 옷에 손을 대었느냐?"

사람들은 예수님의 이런 질문에 어찌할 바를 몰라 아무 대답도 하지 못했다. 사람들은 예수님의 주변을 이리저리 밀치며 우왕좌왕하고 있었다. 베드로가 무심결에 한 마디 했다. "어째서 그와 같은 말씀을 하시나이까? 여기 사람들이 많아 이리 저리 선생님을 밀치며 따라오고 있는데 어느 누가 선생님을 만졌다고 하시나이까?"

그러나 예수님은 자신을 밀치며 따라오는 많은 군중들과는 다른 것을 아셨던 것이다. 그것은 믿음으로 다가와 만진 손길이었다. 예수님은 자신에게서 능력이 어떤 사람에게 끌려 들어갔던 것을 아시고, 누구에게 들어갔는지를 아시고 싶으셨던 것이었다. 예수님은 아무런 움직임도 없이 물으심에 대한 대답을 듣고자 기다리셨던 것이다. 예수님은 자신을 만진 사람을 찾아내시기 위해 사람들을 이리저리 바라보셨다.

여인이 예수님과 맞닿은 순간, 그 즉시로 자신을 괴롭혔던 상처는 깨끗이 씻음을 받았다는 것을 알았다. 예수님께서 그 여인의 눈을 한참을 응시하셨을 때, 그녀는 예수님께서도 모든 것을 알고 계시다는 사실을 깨달은 것이었다. 그녀는 사람들과 부딪치며 나아가서는 예수님의 발

앞에 털썩 엎드려 눈물을 흘리며 말하였다. "제가 예수님을 만지기만 한다면, 분명히 제 병이 나을 것이라고 생각하곤 했습니다. 내가 하고자 하는 전부는 예수님만을 만지는 것이었는데, 이렇게 보시다시피 다 나았습니다."

예수님께서는 그녀를 치료한 것이 단순히 나를 만진 것이 아니라 그녀의 믿음이었다고 말씀하시면서 그녀의 생각이 옳다고 하셨다.

"너의 믿음이 너를 구원하였느니라"고 말씀하시면서 "평안히 가라, 네 병이 고침을 받았느니라."

예수님께서 그녀의 믿음으로 인해 병 고침을 받았다고 말씀하시기를 마치기 바로 전에 고통스러움에 찬 울음이 군중 사이에서 터져 나왔다. 그는 바로 야이로였다. 그는 당장에 무엇이라고 소리칠 수도 없고, 화를 내지도 못했다. 그의 한 종이 와서 귀에 이렇게 속삭였다. "주인님의 따님이 지금 막 죽었나이다. 더 이상 예수님을 귀찮게 하지 마시지요."

"두려워 말라"며 예수님께서 말씀하시며 야이로의 마음을 진정시키며 달래시었다. "나를 믿어라." 부잣집으로 가는 길에 늘어서 있는 사람들의 마음을 진정시키면서 예수님은 야이로와 함께 그의 집을 향해 걸어갔다.

예수님과 그 일행이 야이로집 문을 들어서 안마당에 도착했을 때, 누구도 집 안으로 따라 들어오지 말라고 하셨다. 야이로와 함께 집 안으로 들어가시면서 예수님은 베드로와 야고보와 요한에게만 따라 들어오라고 말씀하셨다. 아무도 집 안으로 들어오는 것을 허락하시 않으신 것이다.

집안에 들어서자 예수님은 죽음을 슬퍼하는 사람들을 만나셨다. 죽음을 슬퍼해 주기 위해 온 전문 애도꾼들이었기 때문이었다. 부잣집에서 당한 죽음을 애도해 주면 그들에게 많은 유익이 돌아왔기 때문에 죽은 아이의 아버지가 돌아오기도 전에 이들은 이미 와서 슬퍼하고 있었던 것이다. 그들이 야이로를 보았을 때 더 큰 소리로 슬퍼하며 울어 댔다.

예수님께서 이들을 보시고 물으시기를 "어찌하여 그리도 슬퍼하며 우느냐, 이 아이는 단지 자는 것뿐이니라"고 하셨다.

조문객들은 예수님을 비웃었지만, 예수님은 그들에게 그곳을 다 떠나라고 말씀하셨다. 그리고 죽은 아이의 아비인 야이로와 어미에게 어린 아이가 어디 있는지를 알려 달라는 의미로 몸짓하셨다. 그들은 예수님과 그를 따르는 세 명의 제자들을 어두컴컴한 아이의 침실로 인도하였다.

예수님은 생명을 잃어버린 몸을 향해 걸어가시며 손을 대시고는 이렇게 말씀하셨다.

"내가 너에게 말하노니, 일어나거라."

소녀는 마치 아침에 잠에서 깨어 일어나는 것과 같은 모습으로 눈을 비비며 손을 집고 일어나서는 침대에서 일어섰다. 예수님은 그 소녀의 손을 잡으시고 방 주위를 걸으셨다. 소녀의 부모는 너무나 놀란 나머지 말을 잊고 말았다. 부모는 어린 딸을 껴안았다.

"이 곳에서 일어난 일은 아무에게도 말하지 말라"고 방 안에 있는 사람들에게 당부하셨다. 소녀의 부모와 제자들은 알아들었다는 듯이 고개를 끄덕였다. 그런 후에 예수님께서는 다시 그들에게 "소녀에게 먹을 것을 가져다주어라"고 말씀하시고는 웃으시며 "이 아이가 먹기를 좋아하는구나"라며 말씀하셨다.

하나님을 만난 후

"긴 하루"라고 불리는 날에 많은 기적이 일어났다. 예수님의 일생에서 아주 바쁜 날이었다. 그날은 예수님께서 가족 구성원에 대하여 말씀하셨고, 그리고 해변에서 많은 사람들이 운집한 가운데 씨 뿌리는 자의 비유를 포함하여 아주 유명한 설교를 가버나움에서 시작하셨다. 예수님은 폭풍을 잠잠케 했던 갈릴리 바닷가를 건너 가버나움을 떠나셨다. 바다 건너 저편에서 예수님은 거라사 지역에서 귀신들린 사람에게서 그 귀신을 쫓아 내셨으며, 그 일이 있은 후로 수많은 사람들이 자신들이 사는 지역으로부터 예수님을 따라 다녔다. 예수님께서 돌아 오셨을 때, 혈우병을 앓고 있는 여인을 고치셨으며, 야이로의 딸을 죽음으로부터 일으키셨다. 예수님의 삶에 있어 이 날에는 그분의 사역 가운데 구원자로서 이루셨던 기적 중에 또 다른 형태의 기적을 이루신 아주 긴 하루였다.

고침 받은 여인을 통해 배우는 교훈

1. 하나님께서는 능히 모든 것을 다 할 수 있는 분이시기에 사람이나 시간이나 장소에 상관없이 치료하신다.

우리는 다 죽는다는 생각을 가지고 있다. 성경은 우리에게 이렇게 말쓺하고 있다. "한 번 죽는 것은 사람에게 정하신 것이요"(히 9:27). 모든 사람은 다 죽는다. 하지만 많은 사람들은 병들어 고통 받는 일뿐만 아니라 나이가 들어가는 일을 피할 수 없기 때문에 하나님께서도 이것만은 치료할 수 없다고 여기며 자신을 한정된 생각 속에 가두어버린다. 하지만 죽음에서 부활하신 예수님께서는 문둥병자를 깨끗케 하셨고, 눈 먼 자를 보게 하셨으며, 우리가 사는 오늘날에도 여전히 기적을 행할 수 있는 분이시다. 분명하게 말하지만, 약을 통해 치료하는 일은 한계가 있고, 우리의 나약한 육체에는 제한성이 따른다. 하지만 제한성이 하나님께 대해서만은 적용할 수가 없음을 확실히 알아야 한다. 하나님께서는 무엇이든지 할 수 있는 분이시다. 하나님께서는 99세 된 아브라함과 89세 된 사라에게 아이가 태어나게 했던 사실을 우리는 기억해야만 한다. "여호와께서는 능치 못한 일이 있겠느냐?"(창 18:14).

> 하나님은 전능하시나 아무도 멸시치 아니하시며 그 지능이 무궁하사
> (욥 36:5).

2. 치료받기 위해 대게 어떤 사람들은 하나님 외에 다른 방법을 시도할 것이다.

한 여인은 12년 간 병으로 고생하였다. 내과 의사인 누가는 그 사실에 대하여 아주 자세하게 설명하였다. "이에 열두 해를 혈루증으로 앓는 중에 아무에게도 고침을 받지 못하던 여자가"(눅 8:43). 하지만, 마가는 한

걸음 더 나아가 그를 치료하지 못하는 내과 의사를 지적하면서 더 악한 상황으로 그녀를 남겨놓았다고 기록하였다. "많은 의원에게 많은 괴로움을 받았고 있던 것도 다 허비하였으되 아무 효험이 없고 도리어 더 중하여졌던 차에"(막 5:26). 오늘날 하나님께서 치료하는 일에는 여러 가지 다른 방법이 있다. 어떤 때는 하나님께서 약물을 사용하여 내과 의사를 통해 치료하시기도 하고, 다른 때는 기도의 응답으로 인한 믿음으로 치료하시기도 한다. 또한 기도와 믿음을 통한 치료하심에 약물을 사용하는 내과 의사와 더불어 치료하시기도 하신다. 하지만 이 장 이야기를 통해 예수님께서 여인에게 말씀하신 분명한 사실은 "네 믿음이 너를 구원하였다"(34절)이다. 그 여인이 마침내 병 고침을 받았을 때 약물이나 내과 의사가 아닌 전적인 믿음에 의한 것임을 우리에게 보여주고 있는 것이다. 이에 덧붙여 사람들을 고치는 믿음이라는 것은 다른 사람들에게 용기를 주기도 하고 믿음에 대한 깊은 신념을 불어 넣기도 하는 것이다.

> 예수께서 이르시되 가라 네 믿음이 너를 구원하였느니라(막 10:52).

3. 우리는 그리스도를 만남으로 병 고침을 받을 수가 있다.

예수님의 생애 가운데 다양한 질병으로 고통 받는 병자들을 만났던 이야기가 무수히 많다. 중풍병, 눈이 보이지 않거나 문둥병을 앓고 있는 자, 그리고 다른 수많은 병을 앓고 있는 사람들이 예수님을 만남으로 인해 병 고침을 받았다. 그러나 예수님은 내과적 방법 이상으로 치료를 하신다. 자신의 혈우병을 고침 받기 위해 예수님께 나갔던 여인 또한 예수님으로부터 새로운 삶의 목적을 부여 받았던 것이다. 그것은 "평안히 가라"(5:34)는 것이었다.

> 여리고에 가까이 오실 때에 한 소경이 길가에 앉아 구걸하다가… 소경이 외쳐 가로되 다윗의 자손 예수여 나를 불쌍히 여기소서 하거늘……예수께서 머물러 서서 명하여 데려오라 하셨더니 저가 가까이 오매 물어 가라사대 네게 무엇을 하여주기를 원하느냐 가로되 주여 보기를 원하나이다 예수께서 저에게 이르시되 보아라 네 믿음이 너를 구원하였느니라 하시매 곧 보게 되어 하나님께 영광을 돌리며 예수를 좇으니 백성이 다 이를 보고 하나님을 찬양하니라(눅 18:35, 38, 40-42).

4. 어떤 사람들은 치료 받기를 원하지만, 고침을 받지 못한다.

분명하게 하나님은 사람들의 병을 고치는 것 이상으로 커다란 계획을 가지고 계신다. 어떤 때에는 하나님께서 자신의 성도들의 죽음을 통해서 영광을 받으시기도 하신다. 이 이야기에서 작은 소녀는 예수께서 행하시기 전에 이미 죽게 되었다. 선한 사람들이 죽게 되었을 때, 그 사실에 대하여 왜 그들이 죽어야만 하는지, 왜 고침을 받지 못했는지 이해하지 못할 때가 있다. 하지만 하나님의 계획 가운데서 모든 사람들이 다

치료받는 것은 아니다.

> 성도의 죽는 것을 여호와께서 귀중히 보시는도다(시 116:15).

5. 치료는 어떤 사람에게서가 아닌 하나님께로부터 온다.

보다 전문적으로 말하면, 내과 의사는 우리가 병에 걸렸을 때 치료하지 못한다. 의사는 병원균이나 질병의 원인을 제거하거나 감염되지 않도록 막는 일을 한다. 의사는 수술을 하거나 생물학적 병원균을 제거하거나 다른 의료적 방법, 그리고 상처 난 부위를 깨끗하게 하는 일도 할 수 있을 것이다. 의사는 우리의 병적 환경을 바꾸어줄 수는 있겠지만, 결정적인 분석을 하는 일에 있어서는 몸 스스로가 치료하는 것이다. 그러나 우리 몸을 만드신 하나님은 우리의 모든 병을 치료하는 원천인 것이다.

이 장에서 여인은 의사에게나 혹은 약물을 통해 치료를 받을 때에도 그 나름대로의 믿음이 있었지만, 그녀는 완전한 고침을 받지 못했다. 어느 편에서 보면 오히려 그가 치료받기 시작했을 때보다 경제적으로나 육체적으로 더 악화되었다. 여인이 최종적으로 병 고침을 받은 것은 하나님께 전적으로 의지했을 때이다.

> 나는 너를 치료하는 여호와임이니라(출 15:26).

6. 우리는 하나님과의 만남을 시작할 수 있다.

이 장에서 여인은 명백하게 예수님의 옷자락 끝을 만짐으로 인해 그분을 놀라게 했다. 예수님은 능력이 자신으로부터 나간 줄을 스스로 알기까지 그녀의 행동에 대하여 의식하지 않으셨다. 예수님은 군중 가운데 돌아서며 말씀하시기를 "누가 내 옷을 만졌느냐?"(막 5:30)고 하셨다.

어떤 경우에 있어서 하나님께서는 아브라함, 기드온, 이사야, 예레미야, 에스겔 그리고 바울에게 만나주셨듯이 하나님께서 직접 우리에게 만남으로 다가오셨지만, 다른 경우에 있어서 사람들이 만남을 시작한 경우도 있다. 아브라함이나 모세와 같이 끝까지 견디는 믿음과 같은 경우이다. 예수님께서 말씀으로 증거하신 것과 같이 이 여인 또한 끝까지 인내하는 믿음을 드러낸 것이다. "딸아, 네 믿음이 너를 구원하였느니라. 평안히 가라, 네 병에서 놓여 건강할찌어다"(34절).

너희가 전심으로 나를 찾고 찾으면 나를 만나리라(렘 29:12).

7. 병 고침에 대한 공적인 고백이 때로는 필요하다.

이 장에서 여인은 예수님의 옷자락 끝만을 만짐으로 그 누구에게도 알려지지 않고 조용히 있고자 하였다. 하지만 예수님은 그가 세상 가운데 숨겨지기를 원치 않으셨다. "예수께서 이 일 행한 여자를 보려고 둘러보시니"(5:32). 어떤 교회는 예수님을 영접하라고 사람들을 앞으로 나오게 함으로 제단 앞으로 부르기도 하고, 또는 기도하기 위해 제단 앞으로 초청하기도 한다. 몇몇의 교회는 병을 고치고자 기도하기 위해 제단 앞으로 나오라고 사람들을 초청하기도 한다. 혹자들이 생각하고 있는 것보다 이런 모습들이 훨씬 더 일반화되어 있는 반면에 어떤 사람들은 마음에 내키지 않거나 두렵게 생각하는 사람들에게 과도하게 요구하는 것 아니냐고 말하면서 이러한 경험을 비판하기도 한다. 하지만 예수님은 마음에 내켜하지 않는 여인에게 주의를 집중시켰다. 그것은 세 가지 이유에 의해 예수님께서 선언하시고자 하는 필요성을 알게 하기 위함이었다. 첫째로는 그녀의 병으로 인해 합법적으로 추방하고자 했던 유대 사회가 그녀를 다시 충분히 수용해야 한다는 것을 알 필요가 있었다. 예수님은 그 여인이 깨끗하게 치료되었음을 사람들에게 말함으로 인하여 그 일을 행하신 것이다. 둘째로 여인의 생각 속에 있는 잘못된 관점을 고쳐주기 위해 필요했던 것이다. 여인은 자신이 예수님을 만짐으로 인해 병이 나았다고 여겼겠지만, 고침을 받은 사실은 그 여인의 믿음이었다. 셋째로 여인에게는 긍정적 자아상과 자기 수용성이 필요했던 것이다. 예수님은 여인에게 평안히 가라고 말씀하심으로 이 일을 이루신 것이다.

> 예수께서 가라사대 딸아 네 믿음이 너를 구원하였으니 평안히 가라 네 병에서 놓여 건강할찌어다(막 5:34).

생각하며 실천하기

▦ 나는 장소와 시간에 구애받지 않고 언제나 어디서든지 하나님에 의해 병 고침을 받을 수 있다.

▦ 나는 하나님에 의해서 병 고침을 받을 믿음이 필요하다.

▦ 나는 병 고침을 위해 예수 그리스도와의 만남을 구할 수 있다.

▦ 나는 항상 치료 받는 것은 아니다.

▦ 나는 병 고침을 받았을 때, 그것이 하나님으로부터 왔음을 깨닫는다.

▦ 나는 하나님과의 만남이 처음으로 이루어지는 바로 그 한 사람이 될 수가 있다.

▦ 나는 하나님과의 만남을 통해 병 고침을 받은 후에 치유에 대한 공식적 고백이 때로는 필요하다는 것을 이해한다.

SNAPSHOT 10

어린이를 통해서 그리스도를 바라봄
(Seeing Christ Among the Children) [10]

에이미 카미카엘(AMY CARMICHAEL)

55년동안 인도에서 선교사로 사역;
인도에서 어린이들에게 위대한 사역을 펼쳤던
1800년대의 마더 테레사에 대해서 깊이 고찰함

벨페스트(Belfast)의 따분하고 지루한 주일 아침이었다. 나와 동생들과 누이들은 어머니와 함께 예배를 마치고 집으로 돌아오고 있었다. 우리는 교회에서 무거운 짐 꾸러미를 옮기고 있는 할머니를 만났다. 그 할머니는 아주 애처롭게 보였다. 우리는 벨페스트 장로교회를 다닌 이래 주일에 그러한 광경을 이제까지 한번도 본적이 없었다. 갑자기 우리 맘에 동정심이 일어나, 할머니에게 돌아서서 짐을 덜어드리고 있었다. 마치 그들이 그 짐을 잘 다루어왔던 것처럼 우리들과 같이 교회에서 예배를 마치고 돌아가던 사람들이 할머니를 도왔는데, 모두 좋은 일을 하는 것처럼 되어버린 상황이었다. 아주 불쾌한 순간이었다. 우리 형제는 2남 1

---

10) V. Raymond Edman, *The Found the Secret* (Grand Rapids, MI: Zondervan Publishing House, 1984), pp. 33,34.

녀였고, 전적으로 교회에 헌신하며 칭찬받는 크리스천은 아니었다. 우리는 그러한 일을 하는 것을 매우 꺼려했다. 온통 얼굴이 붉게 달아오르도록 우리는 그 일을 계속 했다. 후덥지근한 바람이 불어왔고, 가엾은 할머니의 누더기 옷에도 불어댔다. 여전히 할머니는 그 짐 꾸러미를 힘들어 하며 날랐고, 우리는 그들과 섞여 일하는 것에 대하여 썩 기분 좋게 여기지 않았다. 하지만 바닥에 보도 불럭을 깔아 놓은 지 얼마 되지 않는 분수대를 지나거나, 비가 부슬 부슬 떨어지는 것과 같은 상황처럼 갑자기 내 마음 속에 섬광처럼 스치는 구절이 있었다.

"만일 누구든지 금이나 은이나 보석이나 나무나 풀이나 짚으로 이 터 위에 세우면, 각각 공력이 나타날 터인데 그날이 공력을 밝히리니 이는 불로 나타내고 그 불이 각 사람의 공력이 어떠한 것을 시험할 것임이니라"(고전 3:12-13).

나를 향해 던져지는 말씀을 듣기 위해 귀를 기울였다. 분수대, 진흙투성이의 길, 우아한 채 표정을 짓는 사람들, 이 모든 것들이 내가 본 것이었지만, 이런 것들은 아무 것도 아니었다. 눈을 현혹시키는 것들이 다가오기도 하고 사라지기도 한다. 이런 것들이 우리에게는 예사로운 것들이었다. 나는 아무에게도 말하지는 않았지만, 내 삶의 가치를 변화시킬 어떤 일이 발생할 것인가에 대하여 알고 있었다. 영원하게 주어지는 일 밖에는 아무것도 문제가 될 수 없었다. 그날 오후에 나는 방 안에 틀어박혀 하나님과 대화를 했다. 미래에 나타날 내 인생의 모습이 어떤지 한 번 정도 생각해 보았다.

그때 그 할머니는 성전에서 소녀들을 구조하는 일에 헌신함으로, 물론 후에는 위험에 빠진 소년들까지 돌보아 주었지만, 어린 아이들을 사랑하는 사람으로 불려졌다. 몇 명의 선교사들이나 인도에 있는 그리스도인들은 전적으로 그녀의 사역에 공감하였다. 그녀가 기록한 것들 중에서 이런 말이 있다.

"예수님께서 오래 전에 감람나무 아래 무릎을 꿇고 있었던 것과 같이 가끔씩 나도 홀로 무릎 꿇고 있는 예수 그리스도를 본 듯한 때가 있었다. 지금은 그 나무들이 테마린드(역자 주-열대산 콩과에 속하는 상록수)였다. 이 나무는 내가 이 글을 쓰면서 찾아보았던 나무였다. 그리고 많은 아이들을 돌보았던 그 사람이 할 수 있었던 단 한 가지의 일이라고는 예수 그리스도 옆에 부드럽게 다가가 무릎을 꿇는 것이었다. 그 이유는 예수님, 그분에게 어린 아이들의 애통함을 짊어지게 하지 않기 위함이었다."

CHAPTER 10

막달라 마리아(MARY MAGDALENE)
예수님께 가르침을 받은
(TAUGHT BY CHRIST)

•••••••••••••••••••••••••••••

만남: 영적인 관계의 배움을 통해서
장소: 부활 주일 새벽에 무덤가 동산에서
본문: 요 20:11-18

   이슬은 더 이상 내리지 않았다. 하지만 수풀 사이를 지나가기가 어려울 정도로 밤사이에 맺힌 이슬로 인해 동산의 잎사귀가 축축이 젖어 있었다. 아직 어두움이 거치지 않았지만, 동쪽 하늘에서는 날이 밝았음을 신호하는 빛이 서서히 떠오르고 있었다.

   "기름 병 떨어뜨리지 않게 조심해!" 여인들 중에 한 사람이 속삭이며 말했다. 귓가에 들려지는 소리도 겁이 났지만, 특히 자신들이 허브와 각종 향신료를 섞어 만든 향품이 쏟아질까봐 더 불안해했다.

   "그 기름 아주 비싼 거야" 또 누군가가 계속 말을 이었다. "우리 주인을 위한 최고의 것일 뿐!"

네 명의 여인들은 예수님이 묻혀있는 무덤을 향해 동산의 어두운 새벽길을 살금살금 발소리를 죽이며 걸어갔다. 예수님을 십자가에서 끌어내린 사람들을 목격했기 때문에 그 사람들이 이곳에 있을 것이라 생각했다. 그들과 함께 갔던 사람들 중에는 아리마대에서 온 요셉과 니고데모가 있었는데, 이들은 동산 안에 아무도 사용하지 않았던 새로이 준비한 무덤에 예수님의 시신을 옮겨서 안치해 놓았다.

언덕 근처에서부터 이들은 로마 군인들이 올 때까지 계속 지켜보고 있었다. 군인들이 도착해서 무덤을 봉해버렸을 때, 더 이상 주인의 시신에 향유와 향품을 바를 수가 없었다. 태양이 지평선 너머로 사라졌을 때, 여인들은 부랴부랴 집으로 돌아가야만 했다. 해가 지고 안식일이 시작되면, 이때부터는 더 이상 돌아다닐 수가 없었기 때문이었다. 드디어 안식일이 끝나고 다음 날이 시작된 것이다.

"누가 이 무거운 돌을 굴렸을까?" 여인들 중에 한 명이 물었다.

여인들 중에 가장 연장자로 돼 보이는 한 여인이 손가락을 자신의 입술에 대면서 "쉬-잇! 군인들이 우리가 하는 말을 들으면 어쩌려고 그래" 하며 속삭이듯 말했다.

여인들 중에 세 명이나 부들부들 떨고 있었다. 그들은 로마 군인들이 무덤 앞을 지키고 있으리라는 것을 알고 있었다. 그들 모두는 로마 군인들에 대해서 아주 나쁜 인상이 박혀 있었고, 그들에 대하여 속속들이 알고 있었으며, 만일에 군인들이 여인들을 발견하는 날에는 이들이 여인들에게 무엇을 할지에 대해서도 알고 있었던 것이다. 하지만 그들 중에 한 명만은 그러한 상황을 근심하지 않았다. 그녀는 악한 영에 사로잡힌 채 길거리를 배회하던 사람이었고, 부정한 죄악에 깊이 빠졌던 사람이었다. 막달라 마리아는 많은 죄를 짓고 살아 왔기 때문에 로마 군인들이 무엇을 어떻게 하더라도 전혀 두려움을 느끼지 않았다. 그녀의 세 친구들은 순결하고 정숙한 사람들이었지만 그래도 그들은 모두 두려움에 떨고 있었다. 그들이 왜 두려워하는지 알고 있는 막달라 마리아는

"내게 맡겨! 만일에 위험에 처하게 되면 너희 세 사람은 내 뒤만 따라와. 예수님의 시신에 향유를 바르기 위해 무덤에 갈 수 있도록 내가 군인들에게 말해 볼게."

막달라 마리아는 그 여인들을 예수살렘 가는 길목에 있는 커다란 바위 뒤에 숨겨 두었다. 만일에 곤란한 일이 생길 경우에 그들이 곧장 달려오도록 하기 위함이었다. 마리아는 로마 군인들이 쳐 놓은 텐트 뒤 쪽을 돌아 살금살금 숨죽이며 다가갔다. 혹시나 어떤 소리가 들릴까 해서.

"아무도 없어!"

주일 이른 아침을 반갑게 맞이하듯 새들이 지저귀고 있었지만, 사람 소리는 들리지 않았다. 아침 식사를 준비하기 위해 솥단지를 들썩거리는 소리며, 불 피우는 소리, 그리고 코 고는 소리마저도 들리지 않았다. 정말 조용했다.

마리아는 군인들이 있는 텐트 안의 동정을 살피기 위해 나무 가지 두 개를 부러뜨렸다. 그 안에서는 어느 누구도, 그 어느 것도 찾아 볼 수가 없었다. 무기도, 옷가지도, 그리고 군인들도……. 분명히 하고자 마리아

는 여기가 정말 예수님이 묻힌 곳이 맞는지 살펴보기 위해 한 발짝씩 다가섰다. 그녀는 무덤을 막아 놓은 엄청나게 큰 돌을 떠올렸다. 그 돌 무게가 실제로 얼마나 되는지 자세하게 바라보았던 것이다. 그녀는 자신의 눈을 의심하지 않을 수가 없었다. "아니 이럴 수가!" 무덤은 열려져 있었고, 어마하게 큰 돌은 옆으로 굴려져 있었다.

그녀는 예수님의 시신을 찾기 위해 무덤으로 황급히 달려갔다. 아직도 어둠이 짙게 깔려 있었지만, 그녀는 주님의 몸이 그곳에 계시지 않다는 것을 충분히 알 수가 있었다. "아니, 사라지다니!" 그녀는 아무도 없는 곳에서 소리쳤다. "저들이 주님의 시신을 가지고 가버렸어요."

마리아는 세 명의 친구들을 큰 바위 뒤에 숨겨 두었다는 것을 잊은 채, 베드로와 요한에게 알려야겠다는 일념으로 거친 숨소리를 내며 황급히 마을을 향해 달리기 시작했다. 틀림없이 그들도 예수님의 시신을 찾고 있을 거라 생각을 했다.

몇 분도 채 되지 않아 마리아는 베드로와 요한을 잠에서 깨워 어떤 사람들이 예수님의 시신을 가져갔다고 말하였다. 두 제자들은 서둘러 동산으로 새벽길을 가르며 뛰어 올라갔다. 그들이 무덤에 가기 위해 그 곳을 벗어났을 때, 쉬지 않고 달려온 길이었기에 도착하자 마리아는 털썩 주저앉아 숨을 헐떡거리고 있었다. 무덤으로부터 요한의 집까지 달려온 길이었기에 마리아는 숨을 돌려야 했던 것이다. 그녀는 물을 몇 모금 마신 후에 겨우 떨리는 다리를 일으켜 세웠다.

그런데 막달라 마리아가 전혀 알지 못하는 사실이 있다. 마리아가 쉬면서 숨을 고르고 있는 동안에 두 가지 사건이 무덤에서 일어났던 것이다. 세 명의 다른 여인들은 숨어 있던 곳에서 나와 돌이 굴려진 사실을 알았다. 그들은 또한 돌 위에 앉아 있는 천사를 보았다. "두려워 마라"며 천사는 세 명의 여인들에 말하였다. "나는 너희가 예수님을 찾고 있는 것을 알고 있단다. 그분은 지금 여기에 계시지 않느니라. 이리 와서 그분의 몸이 누워있던 빈 무덤을 보아라. 서둘러 내려가 그분이 죽음에서 다시 살아나셨다는 이 사실을 제자들에게 말하여라."

두 번째 사건은 베드로와 요한이 무덤이 도착했을 때이다. 그들이 그곳에 다다랐을 무렵, 천사를 보지도 못했을 뿐만 아니라 예수님도 보지 못했다. 하지만, 그들은 예수님을 장사할 때 입혔던 수의가 놓인 것을 목격하였다. 그것은 예수님께서 죽음에서 살아나셨다는 결정적인 증거였으며, 이는 그들이 그 옷가지들을 본 모습 그대로 무덤에 남겨놓을 수 있는 사람들이 아니기 때문이었다.

그러나 막달라 마리아는 이러한 일에 대해 어떤 것도 알지 못했다. 그녀는 혼자서 많은 생각을 하며 집에 머물러 있었기 때문이었다. 그녀에게는 예수님을 신뢰하는 마음이 남달랐다. 그녀는 예수님이 메시야라는 사실, 거룩한 땅에서 로마 세력들을 몰아내실 그 메시야라고 믿고 있었다. 다윗 왕조의 위대함을 다시 이룩할 진정한 유대의 남은자라고 믿고 있었다. 그런데 삼 일 전에 그분이 죽어버렸다. 그녀는 십자가상에서 무참히 난도질당하는 그분을 보았었다. 그분이 시체가 되어 무덤에 장사되는 것도 보았다. 그래서 그녀의 꿈은 사라져 버린 것이다. 지금 그녀가 생각하고 있는 모든 것이라고는 어떤 사람들이 그분의 죽은 몸을 훔쳐갔을 것이라는 생각이 전부였다.

잠시 휴식을 취하고 난 후에 마리아는 특별히 갈 곳도 정해 놓지 않았음에도 정처 없이 집 밖으로 걸어 나왔다. 무덤가로 다시 돌아가고자 하였다. 상인들은 가게 문을 열어 놓고 갖가지 상품들을 즐비하게 늘어놓았으며, 가게마다 쇼핑하는 사람들로 붐볐다. 하지만 마리아는 쇼핑에는 전혀 관심이 없고, 딱히 설명할 수는 없었지만 무덤으로 돌아가는 길만을 찾고자 했다. 마리아가 동산에 도착했을 때, 사람들의 소리를 듣고자 멈추었지만, 동산은 여전히 텅 빈 채 그대로였다.

마리아는 절망감에 빠져 눈물을 흘렸다. 그들은 또한 외로움에 가득한 눈물을 흘리고 있었다. 마리아는 예수님을 정말 사랑했으며, 그분을 너무나 그리워했다. 이제는 그녀가 무엇을 해야 할까?

마리아는 무덤이 열려 있음을 처음 확인했을 때, 아무 것도 볼 수가 없었지만, 그래도 무덤으로 걸어 들어갔다. 그런데 어찌된 일인가? 이때 마리아는 예수님이 누워있었던 자리에 앉아 있는 두 사람을 본 것이다. 한 사람은 예수님이 누워있던 머리 쪽에, 다른 한 사람은 발쪽에 있었던 것이다. 그 사람들이 입었던 옷은 하얀색이었다.

마리아는 그들이 천사라는 것을 꿈에도 생각하지 못했다. 그들에게는 빛도 없었고, 그리고 날개도 없었기 때문이었다. 마리아는 혹여 이들이 로마 군인들이 아닐까 라는 의심도 해 보았지만, 그들은 군복을 입고 있지도 않았다. 그들이 입고 있는 옷이 너무나 하얗고 깨끗해 보였기에 일꾼들일 것이라고는 생각도 하지 않았다. 그렇다면 예수님의 몸이 없어지면서 두 사람이 될 수 있단 말인가? 그녀는 너무 놀란 나머지 맥이 빠져 어떤 느낌도 없이 마비가 되어 버린 것이다.

"왜 울고 있느냐?" 천사 중에 한 명이 말했다.

"왜냐하면 우리 주님의 시신을 누군가가 훔쳐갔기 때문입니다."

마리아는 어떤 큰 염려와 걱정 섞인 말투로 대답했다. "그분이 어디 누어 계신지 알 수가 없어요." 그때, 주위를 돌아보자, 마리아는 무덤에 또 한 사람이 서 있는 것을 알아챘다. 혹시 동산지기가 아닐까 하며 놀라움을 금치 못했다. 그렇다면 그가 예수님의 몸이 어디에 있는지 알 것이라고 단정했다.

"여자여!" 순간 침묵이 흐른 뒤에 그 남자가 말을 했다. 마리아가 정신을 차릴 수가 없이 아찔해 하며 무엇인가를 알아차리기도 전에 말을 계속했다. "여자여! 왜 그리 울고 있느냐?"

마리아는 너무 울어서 누군인지 금방 알아차릴 수가 없었다. 그때 예수님께서 그녀의 이름을 불렀다. "마리아야!"

그분의 음성은 전기가 통하듯 찌릿하였다. 그녀의 이름을 부르는 소리로 인해 마리아는 순간 고개를 좌우로 흔들며 정신을 집중하였지만, 그녀의 이름을 부르는 소리를 더 들어야만 했다. 그것은 음성일 뿐이었다. 마리아는 자신의 이름을 부르는 그분이 누구인지 이제야 안 것이다. 자신의 이름을 부르고 있는 그분, 그분은 바로 예수님이셨던 것이다.

"랍비여!" 사랑이 깊이 담긴 경애하는 음성으로 대답하였다. 그 말의 뜻은 주인 혹은 선생님이란 말이다.

마리아가 그 말을 하였을 때, 그녀의 음성에는 다른 사람을 확신케 하는 분이라는 사실을 마음속에 일깨우고 있음을 보여준 것이었다. 영으로도 아닌, 예수님과 같은 음성을 소리만 내는 어떤 사람도 아닌 바로 그분, 예수님이란 사실을 알았던 것이다. 그분은 바로 예수님이셨다.

직감적으로 마리아는 뚜렷하게 예수님의 발을 통해 알 수가 있었다. 그분은 모든 일이 끝난 후에 죽은 것이 아니었다. 예수님은 지금 살아계신다! 마리아는 전심을 다해 예수님의 발을 꽉 부여잡았다. 예수님을 다시는 가시게 하지 않기 위해서였다. 삼 일 전에 그녀가 느꼈던 감정으로만 생각했던 갈등의 순간으로 다시는 돌아가지 않겠다고 생각했다. 마리아는 새롭게 눈물을 흘리고 있었다. 전에 흘렸던 눈물과는 다른 것이었다. 그의 눈물에는 신선함이 들어 있었다. 하지만 그들은 무덤 속에서 보였던 마리아의 비탄에 젖은 슬픔의 눈물과는 달랐다. 슬픔이 아닌 기쁨의 눈물이었다. 지금 마리아는 마음이 후련하도록 엉엉 소리 내어 울었다. 예수님은 마리아가 느꼈던 좌절감을 충분히 이해할 수 있었다. 그분은 마리아가 잃어버렸던 예수님의 몸에 대하여 얼마나 큰 근심 가운데 빠졌는지를 알고 있었기 때문이었다.

"그만 붙들어라." 예수님은 육감적인 믿음에 사로잡힌 마리아의 믿음을 원치 않으셨다. "나는 단지 이런 육체적인 모습으로 여기에 있었을 뿐이니라. 그런 후에는 하늘로 올라갈 것이니라. 하나님 아버지와 함께 있을 것이니라."

예수님은 미래에 자신과 많은 모든 사람들이 새로운 관계에 놓여 질 것이라는 사실을 마리아가 이해하기를 바라고 계셨다. 마리아는 육이 아닌 영적으로 그분과 예배하며 교통해야 하는 것이었다. 그러므로 그들의 관계는 영적으로 하나가 되는 것이었다.

만남 이후

십자가에 못 박히기 전에 그녀가 육체적으로 그분을 좇았던 것과는 달리 앞으로는 영적인 감각을 통해 예수님과 관련되어야 할 것이다. 예수님은 이런 새로운 관계로 자신과 맺어짐을 설명하시기 위해 마리아와 만나신 것이다. 마리아는 살아 계신 예수님을 만난 후에 그 사실을 말하기 위해 제자들에게 돌아 왔다. 그녀가 예수님의 부활의 사실을 증거 하도록 신뢰감을 준 사람 중에 한 사람이 된 것이다(막 16:9). 비록 마리아의 이름이 성경에 구체적으로 언급되지 않았더라도 오순절에 교회에 임한 성령 강림 사건 때, 다락방에 모여 기도하던 사람들 가운데 분명히 마리아가 있었을 것이다(행 1:14). 예수님의 발목을 꼭 붙들었던 막달라 마리아의 이야기를 예수님과 영적인 관계를 바르게 갖고자 하는 우리 모두에게 다시 한 번 상기시킴으로 많은 도전을 주고 있는 것이다.

하나님과의 만남을 통해 배우게 되는 일곱 가지의 교훈

1. 사람들이 예수님을 잘못 알고 있다고 할지라도
   그분은 이 사람들을 만나 주신다.

마리아는 예수님의 시신에 향유를 뿌리기 위해 무덤으로 갔다. 하지만 그가 기대했던 것과는 달리 살아 계신 예수님을 만났다. 그녀는 예수님이 동산지기인줄로만 생각했을 뿐, 예수님인 것을 알아보지 못했다. 때때로 우리는 예수님과의 만남을 기대하지 않고 교회에 가서 예배를 드리기도 하고, 우리에게 주어진 일상의 일에 임하기도 한다. 우리가 예수님을 만나지 못하고 예배 가운데 그냥 지나치는 이유는 우리가 예수님과의 만남을 기대하지 않기 때문일 것이다.

> 그들의 영적인 눈이 가리워졌기 때문에 예수님인 것을 깨닫지 못했다
> (눅 24:16-저자 사역)
>
> 그러나 그들은 눈이 가리어서 예수를 알아보지 못하였다(눅 24:16-표준 새번역).

2. 예수님과의 만남은
   우리에게 강한 감정적인 반응을 불러일으키게 한다.

마리아가 결국 예수님께서 자신에게 말씀하신다는 사실을 알았을 때,

그녀는 그분께 경배하며 발목을 부여잡았다. 이는 아마도 육체적인 예수 그리스도께 붙들렸던 그녀의 선지식에 대한 감정적인 반응이었을 것이다.

하지만 그녀의 감정이 자발적으로 그리고 격정적으로 나타나기는 했지만, 예수님께서는 그녀에게 만지지 말라고 말씀하심으로 그녀를 바로잡아 주셨다. 예수님께서는 마리아가 영적으로 그리고 진실한 마음으로 예배하기를 원하셨다(요 4:24). 그것은 오늘날의 교회에 있어 예수님에 대한 모든 믿는 자들과의 관계성을 의미하는 것이다.

> 하나님, 사슴이 타도록 목말라 시냇물을 찾듯, 내 영혼이 주님을 찾아 애태웁니다(시 42:1-표준 새번역).

3. 예수님을 향한 우리의 사랑은 희생과 헌신된 예배로 나타난다.

로마 군인들이 있다는 현실에도 불구하고 마리아는 주일 새벽 무덤으로 달려가는 위험을 두려워하지 않았다. 왜냐하면 그녀에겐 예수님에 대한 남다른 사랑이 있었기 때문이었다. 마리아는 시신에 향유가 뿌려져야 하는 것을 알았기에 예수님의 시신에 향유를 뿌리기 위해 자신을 희생하려는 마음의 준비가 되어졌던 것이다.

> 이는 내게 사는 것이 그리스도니 죽는 것도 유익함이니라(빌 1:21).

4. 예수님께서는 우리를 아시기에
   우리의 필요를 아시고 우리의 이름을 부르신다.

마리아가 시신을 찾기 위해 동산에 있었을 때, 예수님께서는 그녀의 이름을 부르셨다. 마리아는 즉시 예수님이심을 알았으며, 발아래 엎드려 그분께 경배를 드렸다. 예수님께서 우리를 만났을 때, 그분은 우리가 무엇을 생각하고 있는지 뿐만 아니라 감정적인 상태가 어떤지도 분명히 알고 계신다. 그분은 또한 우리의 이름을 아실뿐만 아니라 우리에게 오셔서 우리의 필요를 위해 일하신다.

> 그가 자기 양의 이름을 각각 불러 인도하여 내느니라(요 10:3).

5. 예수님은 육체가 아닌 영으로의 만남을 바라고 계신다.

아마도 하나님께서는 모든 크리스천들이 예수 그리스도께 합당한 반응을 하도록 가르치시기 위해 마리아와 예수님의 만남을 사용하고 계신 것이다. 많은 사람들은 예수님 옆구리의 창 자국을 만지고, 손에 난 못 자국을 손으로 직접 만져보고서야 믿는 도마와 같다. 그것은 예수 그리스도와 우리와의 올바른 관계가 아니다. 예수님께서는 지금 하나님의 우편에 앉아 계시기에(히 10:12), 우리는 그분과 관계를 맺고 있는 것이다. 왜냐하면 그분이 우리 안에 거하고 계시고, 그분이 교회 안에 계시며, 또한 그분이 세상 가운데 계시기 때문이다. 우리는 그분과 영적인 관계에 있다. 우리가 예배와 찬양으로 그분의 발을 부여잡기를 바라고 계시다. 그래서 우리는 영적인 예배와 기도를 통해 그러한 것들을 할 수 있다. 예수님은 마리아가 했던 것처럼 우리가 온 마음을 다해 그분께 예배하기를 바라고 계신다.

> 기록된바 하나님이 자기를 사랑하는 자들을 위하여 예비하신 모든 것은 눈으로 보지 못하고 귀로도 듣지 못하고 사람의 마음으로도 생각지 못하였다 함과 같으니라(고전 2:9).

6. 예수님과의 만남은
다른 사람에게 가서 전하라는 책임을 부여받게 된다.

마리아가 예수님과 만나고 그분에 대한 자신의 반응에 관하여 바르게 인도받은 후에 예수님은 마리아에게 그녀가 경험했던 일을 가서 다른 사람에게도 전하라고 말씀하셨다. 그후 마가복음 16장 9절에 보면, 예수님과 마리아의 만남의 사건은 죽음으로부터 예수 그리스도의 부활하심을 증명하는 역사적 사실의 증거자료 가운데 하나가 된다. 만남 후에 예수님께서 마리아에게 주신 사명에 신실했기에 우리 또한 죽음으로부터 살아나신 예수 그리스도에 대한 그 사실을 들었고 또 다른 사람에게 분명하게 제시해야만 하는 것이다.

> 천사가 말하기를… 그가 말씀하시던 대로 살아나셨고, 그가 누운 곳을

와서 보라… 빨리 가서 제자들에게… 전하라(마 28:5-7).

7. 예수님께서는 우리가 필요로 하는 그 시간에 오셔서 우리를 개인적으로 만나 주신다.

마리아는 어떤 일이든지 하고자 했으며 예수님을 섬기는 곳이라면 어떤 곳이든지 가고자 했다. 주님은 그러한 것을 아셨고, 마리아가 동산에 돌아 왔을 때 예수님은 그녀를 만나 주셨다. 마리아는 진정으로 필요를 느끼고 있었다. 그것은 주님의 살아 계심이었고, 그분을 섬기는 것이었다. 이러한 필요적절한 시기에 주님은 우리의 필요를 채워주시기 위해 오신 것이다. 같은 방법으로 하나님께서는 우리가 정말 필요로 하는 것이 무엇인지 아시고 우리의 문제를 통해 도우시기 위해 찾아오신다.

나의 계명을 가지고 지키는 자라야 나를 사랑하는 자니 나를 사랑하는 자는 내 아버지께 사랑을 받을 것이요 나도 그를 사랑하여 그에게 나를 나타내리라(요 14:21).

적용 생각하며 실천하기

- 나는 예수님에 대하여 아무 것도 알지 못할지라도 예수님을 만날 수가 있다.

- 나는 예수님을 만났을 때, 강한 감정적 반응을 가진다.

- 나는 그분을 사랑하기 때문에 커다란 희생을 치를 수 있다.

- 그리스도는 나 자신을 잘 알고 계신다.

- 나는 육체로서가 아닌 영적으로 그리스도를 만날 것이다.

- 나는 내가 만난 예수 그리스도를 다른 사람에게도 가서 전할 것이다.

- 나는 개인적으로 만난 예수를 통해 내가 무엇을 행해야 하는지 알 수가 있다.

SNAPSHOT 11

설교에 임한 능력
(THE POWER TO PREACH) [11]

드와이트 무디 (DWIGHT LYMAN MOODY)
복음 전도자

거의 12년 만에 다시 돌아가 본 곳, 그동안 집회에 참석하곤 하였던 두 명의 경건한 여성을 기억해본다. 거기서 그들을 만났다는 것은 참으로 기쁜 일이었다. 내가 설교를 시작했을 때, 그들이 나를 위해 기도하고 있음을 그들의 얼굴 표정에서 알 수 있었다. 안식일 저녁 예배가 끝날 무렵 그들은 내게 이렇게 말하곤 하였다.

"우리는 그동안 당신을 위해 기도 했었습니다."

나는 되묻기를,

"왜 당신들은 사람들을 위해서는 기도하지 않았나요?"

그들이 대답하기를 "당신은 능력이 필요합니다."

'나는 능력이 필요하지' 라며 내 자신 스스로에게 속으로 말하면서

'내가 능력을 가졌다고 왜 생각했을까!'

---

[11] Elmer Towns, Understanding the Deeper Life (Old Tappan, MI: Zondervan Publishing House, 1984), pp.224-225.

내게는 시카고에 있는 큰 안식일 학교와 많은 성도들이 있었다. 그 당시 나에게는 어떤 전환기가 있었고, 만족감에 사로잡혀 있었다. 하지만 나를 위해 꾸준히 기도해 왔던 경건한 두 여성만이 올바른 이야기를 해 주었으며, 특별히 예배를 위해 기름부음을 받으라고 했던 그들의 정직한 충고가 나로 하여금 다시 생각하는 계기를 갖게 해준 것이다. 나는 그들에게 가끔씩 와서 나에게 많은 말이나 충고를 해 달라고 요청했고 우리는 함께 무릎을 꿇었다. 그들은 나에게 마음을 다 쏟아 부어 주었으며, 내가 성령의 기름부음을 받기를 위해 정성껏 기도해 주었다.

그런 후 내 영혼에 커다란 갈망함이 밀려들었다. 나는 무엇인가 알지 못했다. 전에는 결코 느끼지 못했던 눈물을 쏟아야만 했다. 내 안에서 갈망함이 더욱 거세게 몰아 쳤다. 나는 정말로 예배에 감각이 없고 능력이 없다면 더 이상 살 가치가 없다고 느껴질 정도였다. 나는 하염없이 눈물을 흘렸고, 그때 하나님께서는 내게 성령으로 충만하게 채워 주시고 계심을 경험하였다.

어느 날 뉴욕에서 얼마나 근사한 경험을 했던가! 나는 무엇이라고 설명할 수가 없을 정도이다. 어떻게 설명해야 할까! 내게 주어진 경험은 신비함 그 자체였다. 바울도 14년간이나 말 못할 경험을 가지고 있지 않은가! 단지 말할 수 있는 것이라고는 하나님께서 그분 자신을 내게 나타내셨다고… 그리고 나는 그분의 손길이 임하기만을 오로지 간구하는 그런 사랑을 경험했던 것이다.

나는 다시 말씀을 전하기 시작했다. 내 설교는 종전과 다르지 않았다.

또 다른 새로운 진리를 나타내 보이지도 않았다. 그런데 수백의 사람들이 새로운 변화를 경험하고 있다. 만일에 글래스고(Glasgow)에서 모든 것이 내게 주어졌더라면 그런 놀라운 체험을 경험했던 그곳에 내가 다시 머물러 있지는 않았으리라.

CHAPTER 11

베드로(PETER)

섬김의 자리로 회복된 배교자

만남: 섬김이 회복 되어짐
장소: 갈릴리 바다 해변에서
본문: 요 21:1-17

불그스레한 그의 턱수염이 호수로부터 불어오는 바람에 흩날렸다. 갈릴리 바다를 뒤덮은 먹구름이 어우러져 있는 사이로 오후의 태양 빛이 새어 나오고 있었다. 마치 베드로의 심정을 대변이라도 하듯 날씨가 짙게 흐려 있었다. 예수님께서 죽음으로부터 살아나신 지금 다섯 주가 지나도록 그는 태양 빛이 이글거리는 화창한 날씨를 그렇게 많이 경험하지 못한 채 지내고 있는 것이다.

베드로는 넘실거리는 갈릴리 바다를 바라보면서 바위에 걸터앉아 있다. 그는 소년시절부터 미래를 꿈꾸며 그곳에 앉아 있곤 하였다. 이곳은 가버나움에 있는 어부들을 위한 방파제 다음으로 즐겨 찾는 곳이었다. 벳사다라는 가난한 마을에서 자라난 소년, 그는 가족들을 부양하기 위해 고기잡이배의 선주가 되어 돈을 많이 버는 것이다. 그리고 그의 꿈이 이루어졌다. 그는 소년시절부터 가버나움의 부유한 동네에 집을 사서 이사하는 것이 꿈이었는데, 지금 그 꿈을 이룬 것이다. 하지만 로마 압제로부터 그의 선민들을 구해 줄 것이라는 메시야를 섬기는 꿈을 또한 소년시절부터 가졌었는데, 그 꿈은 날아가 버리고 말았다. 그는 예수님을 좇기는 했지만, 점점 더 가속되어지는 위기 속에서 예수님을 모른다고 부인해 버리고 말았던 것이다.

베드로는 거의 삼 년 동안이나 예수님을 따르기 위해 아버지와 함께 해 왔던 고기 잡는 일을 등지고 있었다. 그는 기적을 보았고, 예수님께서 보여주신 것을 본받기도 하였다. 그는 예수님을 좇는 12제자 가운데 리더였다. 그는 강한 성품을 지녔고, 무슨 일이든지 신속히 처리하였으며, 많은 사람들이 그를 잘 따랐던 것이다.

지금 베드로는 바위에 걸터앉아 있으면서 예수님과 함께 다니며 행했던 그 놀라운 시간들에 대하여 회상하고 있다.

"나는 실패자야. 내 인생은 실패한 인생이야!"

지난 유월절 다락방에서 예수님과 함께 했던 최후의 만찬을 기억해 냈다. 베드로는 그때 진심으로 서원을 했다. 다른 사람들보다 더 뜨겁게. 그는 예수님을 절대로 부인하지도, 떠나지도 않겠다고 약속했었다. 그는 칼을 움켜쥐고서 예수님께 자랑까지 했었다. "주님을 위해서라면 죽음이라도 기꺼이 택하겠나이다. 다른 사람들이 주님을 떠날지라도 저만은 주님께 제 생명을 바치겠나이다." 그의 말은 모든 것을 함축하는 것이었다.

주님은 더 잘 알고 계셨다. 그 자만심 많은 제자를 향해 "닭이 울기 전에, 네가 나를 세 번이나 모른다고 할 것이다"라고 말씀하셨다.

베드로의 깜짝 놀란 표정에도 예수님의 말씀이 옳았던 것이다. 베드로는 예수님이 재판받기 위해 마당으로 들어갈 때 그도 따라 들어가려고 시도해보았지만, 많은 무리들에 의해 위협을 받았고 많은 사람들의 의견에 그대로 휩쓸리고 말았다. 더 확실한 것은 예수를 따라 다녔던 자라며 그를 나무라며 소리 지르던 하녀 앞에서 그는 예수님을 세 번씩이나 모른다고 딱 잡아뗐던 것이었다. 그가 예수님을 모른다고 부인하자마자 닭이 울었고, 베드로는 예수님이 자신에게 했던 말이 생각이 났다. 그때 예수님께서 베드로를 바라보았고, 베드로는 너무나 부끄러웠다. 기가 죽어 낙담한 이 제자는 맘속에서 이 사건을 몇 천 번이나 지워버리려고 했다. 주인을 부인한 후에 베드로는 어둠의 그늘 속을 몰래 빠져나와 너무나 괴로워 비통함의 눈물을 흘려야만 했다.

그 일이 고작 삼 주 전의 사건이었다. 지금 자신을 의아하게 여기고 있다. "내 인생에 또 다른 기회가 주어질까?" 그는 부활하신 예수님에 대해 생각했다. 베드로는 빈 무덤에 처음으로 도착했던 사람들 중에 한 사람이었다. 그러나 그는 예수님을 보지 못했다. 심지어 천사조차도 보지 못한 것이다. 예수님께서 다락방에 모여 있는 제자들에게 나타났지만, 베드로에게 지난 날 자신을 부인했던 그 사건에 대하여 아무런 언급도 하지 않으셨다. 베드로는 예수님께 정말로 죄송하다는 말을 하고 싶었었다. 하지만 그는 그 말조차 할 기회를 갖지 못했다. 거기에는 너무나 많은 사람들이 있었고, 눈가에 눈물이 흘러내리지는 않았지만 그는 여전히 울고 있었던 것이다.

베드로는 하나님께서 자신의 죄를 무시하고 오히려 용서해 주셨을 것이라고 확신하였다. 죄가 베드로에게는 아무런 관심거리가 되지 않았다. 섬김이 문제였다. 그가 메시야를 다시 섬길 수가 있겠는가? 베드로는 자신이 그럴 가치는 없지만, 그래도 다시 예수님의 제자가 되기만을 간절히 바랐던 것이다. 그날 저녁 황혼이 질 무렵 베드로는 예수님을 처음 만났던 해변을 보기 위해 발걸음을 돌렸던 것이다. 자신을 부르시며 갈대 숲 얕은 물가로 손을 내미시던 예수님, 그분의 손으로 그물을 던지던 일들을 기억했다. "나를 따라 오너라. 내가 너를 사람 낚는 어부가 되게 하리라"는 단 한마디의 초청의 말을 생각했다.

귀뚜라미들의 대합창은 시작되었다. 달빛에 비친 그을린 그림자가 바위의 갈라진 틈을 뚫고 새어나왔다. 베드로는 자연의 아름다움은 돌아볼 겨를도 없이, 예수님의 말씀만 생각하고 있었다.

"나는 너를 사람 낚는 어부가 되게 하겠다!"

"바로 그것이야!" 그의 말을 듣는 사람이 아무도 없었음에도 베드로는 소리치며 말했다. "바로 그것이야! 나는 고기 잡으러 갈 것이야!"

그는 갑자기 앉아 있던 바위에서 뛰어 내려 가버나움으로 가는 길을 따라 집으로 향했다. 제자들 중에 몇 명은 이미 그곳에 있었다. 그의 걸음에는 새로운 목적을 찾은 기쁨에 찬 영적인 충만함이 그대로 묻어났다. 모든 사람들이 저녁 찬거리를 마련하기 위해 고기 잡을 궁리를 하고 있는 그 방으로 터질 것 같은 충만함으로 뛰어 들어갔다. "나, 고기 잡으러 갈 거야!" 그는 분명하게 공포하였다. "구름이 하늘을 덮고 있으니 고기가 곧 먹이를 위해 표면으로 튀어 오를 것이야." "난 고기 잡으러 갈 거야, 누구 나랑 같이 갈사람 없소?" 그의 붉은 수염에는 그의 열정이 그대로 묻어있다.

제자들 가운데 안드레, 야고보 그리고 요한 같은 이들도 역시 어부들이었다. 그래서 그들은 베드로와 같이 가기로 결정하였다. 돈이 없기 때문에 먹을 것을 장만하기 위한 기대감 속에 마음을 합한 것이었다. 또한 그 지역으로부터 나다나엘, 도마 그리고 빌립도 그들과 같이 가기로 결정하였다. 이들 역시 소년시절부터 줄곧 고깃배를 탔던 사람들이었다.

고기잡이를 위해 해변에 정박했던 배를 띠우려 일곱 명의 제자들이 배를 바다로 밀어 내고 있을 무렵 호수에는 어둠이 짙게 깔렸다. 배 밑바닥에 있는 모래를 가는 일은 연약한 체질의 베드로에게 있어 좋은 치료법이었다. 하지만 하나님의 손길은 일곱 명의 어부들과는 대조되어 보이는 듯하였다. 그물을 던질 때마다 헛손질만 계속했던 것이다. 어떤 고기도 잡지 못했다. 하나님은 그날 저녁 물고기 대신에 다른 것을 의도하고 계셨다.

그들은 몇 년 동안이나 고기를 잡으며 배운 경험으로 물고기가 잘 잡힐만한 곳으로 가서 그물을 내렸다. 하지만 한 마리의 고기도 잡지 못했다. 그들이 가지고 있는 기술을 이용해 여러 방법을 동원해 보았지만 헛

수고였다. 그들은 깊은 바다로 가보기도 하였고, 얕은 물가로 나가보기도 하였다. 하지만 한 마리의 물고기도 그들에게 걸려들지 않았다.

"이해할 수가 없네"라며 베드로가 불평이 가득 섞인 말로 투덜댔다. 그때는 이미 동쪽하늘에서 새벽을 알리는 빛이 드러나기 시작한 때였다. "덮인 구름의 양으로 보아서는 고기잡이에 안성맞춤의 날씨인데, 왜 한 마리도 못 잡는 거야!"

하늘은 밝아 오고 있었고, 호숫가에는 은은히 피어오르는 물안개로 가득했다. 산들 부는 바람은 지나가 버렸다. 갈릴리 바다는 유리 바닥과 같이 잔잔했다. 그때 일곱 명의 제자들은 해변에서 밀려드는 아우성거리는 커다란 소리에 압도당했다. 베드로는 안개 사이에 윤곽이 드러난 어떤 사람의 모습을 발견할 수가 있었다. 그 사람이 큰 소리로 이렇게 말했다. "무엇을 좀 잡았니?"

어부들은 자신들이 아무 것도 잡지 못함에 당혹감을 감추지 못했다. 이들은 가끔 이런 질문을 무시하기도 했지만, 이때는 아니었다. 베드로는 나머지 사람들과는 다른 생각으로 수염을 쓰다듬은 후에 소리쳐 말하기를 "아니오, 우리는 아무 것도 잡지 못했소이다."

그 사람이 다시 소리쳐 말하기를 "그럼 그물을 너희들 배가 있는 반대편 쪽으로 던져보아라. 그럼 그 쪽에서는 아마 고기를 잡을 수가 있을 것이다."

베드로는 자신의 마음 깊이에 잔잔한 감동을 주었던 한 울림이 삼 년 전에도 있었음을 기억하였다. 그들은 그날 밤새도록 고기를 잡고자 그물을 던져댔지만 한 마리도 못 잡았었다. 주님은 배를 바다 깊은 곳에 대고 그물을 던지라고 말씀하셨고, 마침내 이들은 이 말씀에 순종함으로 그물에 가득히 잡힌 고기를 볼 수가 있었다. 베드로는 천천히 질서를 지키라고 큰소리쳤고, 그들은 그물을 꽉 움켜 쥔 채 끌어당기기 시작했다. 재빠르게 그물을 배 안으로 끌어당긴 이들은 그물에서 잡힌 고기를 꺼내어 다른 쪽으로 던져 넣었다. 베드로는 명령에 즉시로 순종한 것이었다.

배의 다른 쪽에는 물 속 깊이 잠겨버린 그물이 있었고, 그물은 잡힌 고기들로 인해 출렁거렸다. 그곳은 황금 어장이었다. 그물 속 가득히 담겨진 기회가 마치 자신들이 열심히 해서 얻어진 것처럼 보였다.

"당겨!" 베드로는 자신의 육중한 무게를 이용해 밧줄을 당기며 고함쳤다. "이것 좀 거들어!" 과거 사람들을 부리던 독선적인 습관대로 베드로는 이것저것을 지시하였다. 일곱 명 모두는 밧줄을 당기기 위해 베드로 뒤에 달라붙었다. 하지만 배 안으로 그물을 당길 수가 없었다. 그물 안에 잡힌 고기들과 뱃사람들이 씨름하고 있었고, 잡힌 물고기들은 팔딱팔딱 뛰고 있었다. 갑자기 제자들 중에 젊은 친구가 당기던 그물을 놓고서는 돛대에 올라 기대섰다. 해변에 있는 그 사람을 찾기 위함이었다. 그 사람을 향해 손을 가리키며 요한이 말하였다.

"우리의 주님입니다."

해변에는 그분밖에 아무도 없었다. 그분은 모닥불 앞에서 불을 쬐며 앉아 있었다. 예수님은 더 이상 그들을 찾고자 애쓰지 않으셨다. 지금 그들이 다가 오고 있었기 때문이었다.

"나는 기다릴 수가 없어!" 베드로는 자신의 옷이 걸려 있는 의자에 다가서며 이렇게 말했다. 그는 매일 저녁 고기를 잡을 때마다 젖은 그물을 당기기 위해 옷을 벗어놓곤 하였다. 자신의 겉옷을 입으며 베드로는 허리에 띠를 동여매고 물속으로 뛰어 들었다. 강하게 물살을 가르며 베드로는 유연한 수영 솜씨로 해변으로 헤엄쳐 나왔다. 무거운 그물을 질질 끌어 매달은 배는 뒤에 남겨놓고 나온 것이다.

베드로는 해변 근처에 다다라서는 얕은 물가에서부터 예수님이 기다리고 있는 모닥불이 있는 곳까지 달려갔다. 배 안에 있던 나머지 여섯 명의 제자들은 계속해서 해변을 향해 노를 저었다. 그들이 얕은 물가에 다다랐을 무렵, 베드로는 그들을 돕기 위해 다시 돌아갔고, 밧줄을 잡고 힘차게 당겨 그물을 해변으로 끌어 내렸다.

"물고기 몇 마리만 가져오너라. 우리 함께 아침식사나 하자구나."

태양빛이 거라사 언덕을 넘어 그곳까지 비치었을 무렵, 제자들은 주님과 함께 있었다. 그들 가운데 어느 누구도 그분이 누구였는지를 물어보는 사람이 없었다. 그들은 모두 예수님이신 줄 알고 있었다.

열심히 일할 때와 마찬가지로 베드로는 먹기도 잘 먹었다. 식사를 마쳐갈 무렵, 제자들은 예수님께서 자신들에게 교훈하시고 가르치셨던 많은 시간들을 기억해 냈다. 만일에 예수님께서 그때 주신 교훈을 다시 주시기 위함일까 하며 베드로는 그것에 대비하고 있었다. 베드로는 주님 가까이에서 눈에 잘 띄는 곳을 발견하고, 그곳에서 교훈과 말씀을 듣기 위해 기다렸다. 하지만 설교하시는 방식으로 교훈이 내려지진 않았다. 그보다는 예수님께서 베드로의 마음을 꿰뚫어 보시는 말씀을 하신 것이다. "베드로야, 네가 나를 사랑하느냐?" 예수님께서는 잡힌 고기를 지적하시며 물으셨다.

"이것들보다 나를 더 사랑하느냐?"

베드로는 예수님께서 어느 누구에게도 그 질문을 하지 않으셨기에 너무나 슬펐다. 그분이 베드로의 사랑과 충성심을 시험하고 있는 것처럼 보였던 것이다. 하지만 왜 그분이 아닌가? 베드로는 모든 것을 뒤로 한 채, 절대로 자신은 아무것도 모른다고 딱 잡아떼며 예수님을 부인했던 것이었다.

예수님의 질문은 엄마가 아이를 사랑하는 것과 같은 또는 하나님께서 그분의 백성을 사랑하시는 듯한 깊이 있는 말을 사용하시어 베드로에게 물으신 것이다. 베드로는 주님이 대답을 기다리시며 자신의 마음을 꿰뚫어 보고 있는 것을 느꼈다. 베드로는 자신의 얼마나 사랑하고 있는지 허풍떨지도 않았고, 자랑하지도 않았다. 그는 협력하는 관계의 의미로서의 사랑이란 단어를 선택하여 조심스레 대답을 하였다. 베드로는 지금 진실을 말하고자 했다. 눈을 아래로 떨어뜨리며 "제가 주님을 좋아하는지 잘 아시잖아요!"라고 대답하였다.

예수님은 베드로의 마음의 정직함을 아시고 "내 양을 먹이라"고 말씀하셨다.

베드로는 지금 예수님께서 말씀하시는 명령이 무슨 뜻인지를 알 수가 없었다. 하지만 그는 예수님께서 말씀하시는 것이라면 무엇이든지 하고자 했다. 그의 마음은 지금 예수님께 모든 것을 내어드리고 있는 것이다. 그때 예수님은 같은 질문을 다시 하셨다.

"베드로야, 네가 나를 사랑하느냐?"

그 질문에 베드로는 당황스러웠다. 예수님께서는 베드로가 그분께 모든 것을 헌신하기에 충분하다는 의미로 사랑이란 의미를 알았으면 하고 바라신 것이다. 하지만 베드로는 예수님께 대한 이전의 반응에서와 같이 사랑이란 단어의 깊이 있는 의미가 담긴 대답을 하지 못해 당황스러웠다.

여전히 베드로는 정직하게 대답했다. 예수님은 지금 그가 할 수 있는 최선의 노력을 다하고 있다는 것을 알고 계셨다. 베드로는 최후의 만찬장에서 했던 것과 같은 자랑을 하지 않았다. 그는 전과 같이 똑같이 대답을 하였다. "제가 주님을 좋아하는 지 잘 아시잖아요!"

여섯 명의 제자들은 아무런 말 없이 앉아 있었다. 그들은 자신들이 왜 침묵하고 있는지에 대하여 직관적으로 알았던 것이었다. 그들은 예수님께서 분명하게 질문에 대한 의도를 알도록 조심스레 베드로를 이끈다는 사실을 깨달은 것이다. 예수님은 베드로가 절대로 피할 수 없는 어떤 것을 볼 수 있도록 하기 위해 애쓰셨다. 베드로가 천박한 의미가 담긴 단어를 사용하여 주님께 사랑한다는 답변을 한 후에 모든 시선은 본능적으로 예수님께 멈추어 버렸다. 그들은 주님이 지금 하시는 것이 무엇인지 진정 알기를 원했던 것이다. 예수님은 인내하시며 대답을 기다리셨

다. 그때 다시 질문하시기를

"정말로 네가 나를 좋아하느냐?"

예수님은 베드로의 수준에 맞추어 베드로가 했던 사랑에 대한 천박한 의미가 담긴 말로 다시 물어보신 것이다. 베드로는 예수님을 좋아한다고 하였고, 주님은 그가 정말 좋아했는지를 알고자 하셨다.

베드로는 주님이 세 번씩이나 같은 질문을 하셨기에 양심의 가책을 받았다. 하지만 베드로는 그가 주님을 세 번씩이나 부인한 사실을 기억해 냈고, 세 번씩이나 질문하신 주님이 당연하다고 생각하였다. 베드로의 눈은 아래로 떨구어졌다. 그는 다른 제자들을 바라볼 수가 없었으며, 그는 더더욱 주님을 바라 볼 수가 없었다. 비록 그가 예수님께 대한 깊은 사랑을 선포하기를 원했더라도 정직이 최선이란 것을 알았던 것이다. 그는 마침내 눈을 들었다.

"주님, 당신이 하나님이셨기 때문에 모든 것을 아시잖아요. 주님을 부인했던 나의 경험 때문에 주님을 좋아한다고밖에 대답할 수 없는 제 입장을 잘 아시잖아요."

그때 베드로는 어떤 확신을 가졌던지 지긋이 미소를 지었다. 왜냐하면 자신의 말에 진실함이 들어 있다는 것을 알았기 때문이었다.

"제가 주님을 좋아하는 지 아시잖아요."

주님은 베드로가 사랑의 의미가 깊이 담긴 표현을 한 것보다는 그의 마음 깊이에서 묻어난 정직함에 더 기뻐하셨다. 예수님은 이 만남에서 예수님을 진지함을 바라보는 제자들의 마음을 깊이 통찰하고 계셨던 것이다. 베드로 역시도 그 마음속에는 진실함이 있었다. 그 진실함이 거칠기는 했지만… 베드로는 마음이 깨어지고 섬기는 자가 되겠다고 다짐했다. 예수님께서는 그때 다시, "내 양을 먹이라"라고 베드로에게 명령을 재천명하시었다.

만남 이후

베드로는 그가 원래부터 가지고 있던 지도자로서의 자세를 새롭게 회복했다. 그는 오순절에 있었던 그의 설교에서 교회를 세우는데 있어 근본이 무엇인지를 역설하였다. 바울이 이방인 사역의 지도적 위치에 있었다면 베드로는 유대인을 위한 사역을 감당할 지도자였다. 베드로는 이 깨달음으로 그 일평생의 사역에 많은 유익을 지니게 되었다. 알려지기로는 그는 로마에서 약 주후 64년에서 66년 사이에 죽었다고 전하고 있다.

그의 아내에게 마지막으로 했던 말은 "주님을 기억하시오"라는 말이다. 이는 어려운 시기에 있어 크리스천들에게 전한 그의 메시지을 함축하고 있는 말이다(벧전 2:21; 벧후 3:1). 믿는 자들이 가장 어려운 환경에 처하고 있을 때, 주님이 어떤 고통을 당하셨는가에 대해 신실한 마음으로 깊이 묵상함이 필요하다. 그들에게 주어진 문제들을 잘 감당하고 무엇이든 신실함으로 견디며 살아가려면 주님의 고통당하심을 깊이 알므로 많은 도움과 위로를 그 가운데서 충분히 받아 누려야한다.

하나님을 만난 베드로의 시각

1. 하나님의 의도는 그리스도께 우리의 신실을 지키는 것만을 의미하지는 않는다.

베드로는 결코 주님을 부인하는 일이 없을 것이라고 주님께 말했었다. 그는 심지어 다른 제자들 앞에서 당당히 자랑까지 하였다. "비록 내가 주님을 위해 죽을지언정 주님을 부인하지는 않겠나이다"(마 26:35). 베드로가 주님을 세 번 부인했을 때, 그 사실을 통해 배울 수 있었던 것은 사람은 스스로 강하기에는 부족하다는 것이다. 물론 베드로는 주님을 부인한 후에 많은 후회와 뉘우침이 있었다(막 14:72). 분명한 것은 우리가 죄를 고백하고 정결케 되기를 간구하면 하나님께서는 우리를 용서하신 다는 사실이다. 하지만 그것이 예배 장소에 먼저 가 있다고 해서 우리가 반드시 회복된다는 것은 아니다. 오직 하나님만이 회복을 성취시킬 수 있는 분이다.

> 그런즉 선 줄로 생각하는 자는 넘어질까 조심하라(고전 10:12).

2. 어떤 이들은 타락 상태인 옛 습성으로 다시 돌아가기도 한다.

베드로는 다른 제자들에게 말했다. "나는 고기 잡으러 간다." 왜냐하면 그것은 자신을 지키고 보호하기 위해 할 수 있는 유일한 수단이었기 때문이다. 그러나 하나님은 주권적으로 물살을 움직이셨고, 그날 저녁 그들은 고기를 전혀 잡을 수가 없었다(요 21:3). 하나님께서는 베드로를 회복시키기 위한 계획을 가지고 계셨던 것이다.

> 내 백성이 결심하고 내게서 물러가나니 비록 저희(역자 주-바알을 가리킴)를 불러 위에 계신 자에게로 돌아오라 할찌라도 일어나는 자가 하나도 없도다(호 11:7).

3. 그리스도는 우리의 실패와 잘못을 생각나도록 질문을 사용하신다.

그리스도께서 해변에 나타나셨을 때 이렇게 물으셨다. "무엇을 잡았느냐?" 그것은 예수님으로부터 분리된 그들의 노력과 수고가 헛된 것임을 보여주고자 했던 것이다. 그리고 아침 식사 후에 그리스도는 베드로에게 물으셨다. "네가 나를 사랑하느냐?" 그것은 다시 베드로가 자신의 잘못을 깨닫도록 하기 위한 의도된 질문이었다. 우리는 어떤 일을 할 수 있을 것인가를 생각하기 전에 우리 자신이 타락하고 배반했던 상황에 대하여만 생각해야 한다.

> 나는 포도나무요 너희는 가지니 저가 내 안에, 내가 저 안에 있으면 이 사람은 과실을 많이 맺나니 나를 떠나서는 너희가 아무것도 할 수 없음이라(요 15:5).

4. 그리스도를 만남으로 우리는 열정을 회복한다.

열정적인 베드로는 예수님께서 해변에 서 계신다는 사실을 깨닫자마자, 그의 옷을 갈아입고 해변으로 나가기 위해 물속에 뛰어들었다. 그는 무엇을 해야할지 아무 생각이 없었을 것이다. 그는 무의식적, 자연발생적으로 그런 행동을 했을 것이고, 그것은 다른 사람에게 논리적으로 설명되지 못하는 부분일 것이다. 그것은 예수님을 사랑하는 흥분으로 인한 격정적인 반응일 것이다.

> 베드로가 대답하여 가로되 주여 만일 주시어든 나를 명하사 물 위로 오라 하소서 한대 오라 하시니 베드로가 배에서 내려 물 위로 걸어서 예수께로 가되(마 14:28,29).

5. 우리는 그리스도께 집중되어지면 비범한 일도 한다.

베드로는 그의 긴 외출복을 입고도 해변까지 헤엄쳐 갔다. 그리고 배가 해변에 다다랐을 때, 달려가 꽉 찬 그물을 끌어당기어 해변에 내려놓았다. 이것은 놀라운 일이 아닐 수 없다. 왜냐하면 전에 배에서 일곱 명이 달려들어 끌어 올리려고 했던 그물이었지만, 고기가 너무 많아 포기해야만 했던 일이었기 때문이다(요 21:6). 어떤 사람들은 그것이 기적적인 일이라고 말하는 사람이 있는가 하면, 또 다른 사람들은 베드로가 너무 흥분을 하여 갑자기 폭발적인 힘이 생겨 해변으로 그물을 끌어당길 수 있었던 아주 간단한 일이라고 생각하기도 한다.

내게 능력 주시는 자 안에서 내가 모든 것을 할 수 있느니라(빌 4:13).

6. 예수 그리스도께서는 우리 없이도
    세상에 관한 일을 성취하실 수 있지만
    우리는 받은 은사대로 예수 그리스도를 섬겨야 한다.

주님은 분명히 기적적으로 그물에 고기를 충분히 채울 수 있었던 분이었다. 바로 전에 그물을 던졌던 곳에서는 한 마리도 잡지 못했는데, 153마리의 고기를 잡은 것이다. 제자들이 해변에 도착했을 때, 아침 식사를 위해 물고기를 구워 먹을 수 있는 모닥불을 발견할 수 있었다. 예수님께서는 그들에게 이렇게 말씀하셨다. "너희가 잡은 물고기 몇 마리를 가지고 오너라"(요 21:10). 예수님은 물고기와 더불어 미리 준비해 놓은 것들도 불 위에 올려놓고 계셨다. 그리스도는 스스로 불 위에 올려놓지 않으시고 그들이 잡은 물고기를 먹기 위해 기다리고 계셨던 것이다. 이 두 가지 근거로부터 찾을 수 있는 이유가 있다면? 아마도 그 대답은 노동을 서로 나누어지는 법의 테두리에서 근거를 찾을 수 있을 것이다. 하나님께서는 섬김을 받기 위한 방식으로 우리를 도우시기 위해 단지 자신의 일부를 행하신 것이다. 우리는 섬김을 위해 우리에게 합당한 은사를 사용해야 할 것이다.

우리가 하나님과 함께 일하는 자로서 너희를 권하노니 하나님의 은혜를 헛되이 받지 말라(고후 6:1).

7. 우리가 예수 그리스도께 정직하게 복종한 후에는 섬김의 도구로 쓰여질 수 있다.

주님은 베드로에게 말씀하셨다. "너는 나를 사랑하느냐?" 베드로가 바른 대답을 하였을 때, 예수님께서 그에게 말씀하시기를 "내 양을 먹이라." 많은 사람들은 이것이 자신의 뜻대로 제자들을 이끌어갔던 이전의 습관에서 회복된 베드로 모습이라고 말한다. 그의 회복으로 인하여 베드로는 오순절에 있었던 자신의 설교에서 강력하고 영향력 있는 선포를 할 수가 있었다.

내가 저희의 패역을 고치고 즐거이 저희를 사랑하리니 나의 진노가 저에게서 떠났음이니라(호 14:4).

적용 생각하며 실천하기

- 나는 신실해지기 위해 보다 선한 의도가 필요하다.

- 나는 옛 습성으로 되돌아 갈 수 있음을 알아야 한다.

- 나는 그리스도께서 나의 실패를 생각나게 하기 위해 던지시는 질문을 안다.

- 나는 그리스도를 만남으로 인해 강력한 일을 할 것이다.

- 나는 그리스도께 집중 되어질 때 비범한 일을 할 수 있다.

- 나는 그분이 나 없이도 모든 일을 할 수 있을지라도 그리스도를 위해 고기를 잡아야 한다.

- 나는 그리스도 앞에서 정직함으로 인해 섬기는 자로서 쓰임 받을 수 있다.

SNAPSHOT 12

역동적인 변화
(A DYNAMIC CHANGE)[12]

찰스 피니(CHARLES GRANDISON FINNEY)
제2차 대각성 운동의 지도자
오하이오 주 오버린에 있는 오버린 대학의 총장

내가 뒤돌아 모닥불 옆에 막 앉으려는 찰나, 강한 성령 세례를 체험하였다. 그러한 일에 대한 어떤 경험도 전무한 터라 내게 어떤 일이 일어났는가에 대한 생각조차도 할 수 없었다. 세상에서 어느 누구에게도 들어본 적이 없는 독특한 방법으로 성령은 나의 육체와 영을 통해 내게 임한 것이었다. 그것은 전기가 통하는 찌릿함과 같은 강한 충격이었다. 그것은 또한 막힘없는 사랑의 물결로 밀려오는 듯 보여 졌다. 나는 그것을 다른 어떤 방법으로 표현할 수가 없다. 그것은 하나님의 숨결 같이 느껴졌다. 마치 거대한 날개처럼 나를 밀어주는 듯한 느낌을 또렷하게 회상할 수 있다.

내 마음 구석구석으로 파고든 이 놀라운 사랑의 물결을 어찌 형언해

---

12) Elmer Towns, *Understanding the Deeper Life* (Old Tappan, NJ: Revell, 1988), p.209.

야할까? 나는 기쁨과 사랑에 감격하여 큰소리로 울었다. 나도 모르게 용솟음치듯이 솟구쳐 나온 울음을 이제는 절제해야만 했다. 이 거대한 물결은 엄청나게 밀려들어 나를 혼곤하게 했다. 그때를 회상해보면
"이대로 계속해서 내게 밀려든다면, 나는 죽을 수도 있겠다"고 생각될 정도였다.
"주님, 나는 더 이상 견딜 수가 없어요."
그때 이후로 나는 죽음에 대한 두려움을 가지고 있지 않다.
아침에 깨어났을 때, 본능적으로 지난밤에 받았던 세례가 같은 방법으로 내게 임하고 있음을 알았다. 즉시 침대에서 무릎을 꿇고 기쁨의 눈물을 흘렸으며, 몇 시간을 무엇인가를 하기 위해 부어지는 성령 세례에 압도당한 그대로 하나님께 나의 모든 정신을 쏟아 부어드렸다.

CHAPTER 12

사울(SAUL)
그리스도를 좇는 자

....

만남: 심령의 변화
장소: 다메섹 도상에서
장소: 행 9:1-25

아주 혼란한 광경이다. 호기심 많은 구경꾼들이 그의 죽음을 보려고 달려들었다. 젊은이들뿐만 아니라 열광적인 레위인들까지 싸움판에 합세하기 위해 신속하게 돌멩이를 집어 들었다. 군중은 바닥에 흔건한 피를 보자 여기저기서 소리를 질렀다. 여자들은 노래를 불러댔다.

"그에게 돌을 던져라! 그를 돌로 치라! 그를 돌로 쳐 죽여라!"

"십자가의 길"로 잘 알려진 새로운 분파의 지도자 스데반은 예수를 좇는 사람이었다. 그는 입이 터져 시커먼 피가 흘러 나왔다. 날아오는 돌멩이를 막기 위해 그는 팔을 들어 얼굴을 가리고 있었다. 머리 뒷부분은 돌에 맞아 상처가 난 채 욱신거리고 쑤셨다.

군중은 그에게 사정없이 돌을 던졌다. 그는 바로 그리스도인이었던 것이다. 저들은 그를 증오했는데 그가 율법사들과의 논쟁해서 이겼기 때문이었다. 스데반은 약속의 땅 건너편에서 온 사람이었고, 이방 교육을 받아 논리적인 사람이었다. 산헤드린은 스데반과의 논쟁을 피하고자 하였다. 그는 이방인의 관점에서 구약의 말씀을 해석하였고, 그래서 그 논쟁에서 패배한 레위인들이 화가 나자 그에게 달려들어 주먹으로 사정없이 그를 내리쳐 버렸다. 그들이 회당 밖으로 그를 질질 끌고 나왔을 때, 한 사람이 소리쳤다.

"힌놈 골짜기로 그를 데리고 가서 돌로 쳐 죽입시다."

그들은 간단히 몇 대 때리는 선에서 그를 따끔하게 혼내주려고 했지만, 피 냄새를 맡은 약탈자들처럼 흥분한 사람들은 그를 죽이자고 선동하였던 것이다. 그들이 스데반을 돌로 쳐 죽이라고 소리치며 달려들기도 전에 그의 죽음은 이미 많은 사람들 마음 깊숙이 스며들고 있었던 것이다.

산헤드린의 젊은 율법사이자 과격하기로 소문난 행동 대원인 사울은 논쟁하는 장소에는 없었다. 아마 그가 있었다면 스데반의 논리에 정면으로 반박할 수 있었을 것이다. 사울은 아시아의 다소 출신의 유대인이었다. 다소는 자유주의 교육의 중심지이자 예술의 중심 도시였다. 사울은 율법 해석에 명석함을 가졌기에 논쟁에는 아주 뛰어난 인물이었다. 사울은 군중의 소란한 소리가 들리자 그곳으로 뛰어 나갔다.

"자, 여기 있어!" 돌을 던지고 있는 어떤 사람이 "네 겉옷을 내가 가지고 있을게"라며 자신이 던지려고 했던 돌을 건네주었다.

사울은 사정없이 돌 세례를 받고 있는 스데반을 보았다. 어떤 돌은 스데반을 빗나가기도 했지만, 그의 순교를 말리는 사람은 아무도 없었고, 군중을 진정시키고자 하는 사람도 전혀 없었으며, 그를 구하려고 접근하는 사람 역시 아무도 없었다. 산헤드린의 지도자가 도착하자 군중의 행동이 잠시 멈추어졌고, 수행원들이 주위를 둘러쳤다. 유대 장로 한 사람이 누군가로부터 호출을 받고 황급히 이곳으로 온 것이다. 그는 공식적인 예복을 입고 있지 않았다. 그는 모여 있던 사람들에게 물었다.

"여러분! 이 사람이 죽어야 할 합당한 이유가 있습니까?"

이에 아무런 대답도 하지 못하고, 큰 소리도 칠 수 없게 되었다. 사울은 스스로 생각했다.

"이런 그리스도인은 죽어야 한다. 왜냐하면 이들은 안식일도 지키지 않고…… 이들은 성전에 제사드릴 어린양을 가져오지도 않고…… 이들은 거리에서 이상한 말을 전하며 마술 같은 것으로 기적을 일으키기도 하고 또 이들은 예수가 죽음에서 다시 살아났다고 하니……."

사울은 채석장 근처에서 피 흘리며 무릎을 꿇고 있는 이 사람이 죽어야 한다고 생각했다. 예수도 죽었는데…… 하지만 예수에게 행했던 것처럼 스데반을 십자가에 못 박아 영웅으로 만들기를 원하는 사람은 없었다.

군중은 멈추어 잠시 냉정을 찾고…… 기다리면서 준비하고 있었다. 그때 산헤드린의 한 지도자가 다시 묻기를,

"이 사람이 죽을 합당한 이유가 있나요?"

"그렇습니다." 저 쪽에서 산헤드린의 한 장로를 향해 한 사람이 소리쳤다.

"그렇군요!" 장로도 맞장구를 쳤다.

"그렇죠!"라며 산헤드린의 청년 사울도 소리치며, 그리스도인이 죽는 것을 보는 것이 나의 기쁨이라고 말했다.

한 사람이 돌을 들어 세차게 던졌다. 스데반은 손을 들어 막았다. 그러자 서너 사람이 돌을 들어 동시에 던졌다. 그는 날아오는 모든 돌을 한꺼번에 막는다는 것은 불가능했다. 뒤쪽에서 날아온 돌이 스데반의 머리를 강타하였다.

"퍽!"

스데반은 이제 자신이 죽을 것이라고 생각했다. 이미 무릎을 꿇은 채 하늘을 바라보며 기도하였다. "나의 주 예수님이여!⋯⋯ 주님, 저들의 죄를 용서하소서." "저들을 위해 기도하오니, 저들을 구원하소서." 계속되는 기도에 스데반의 얼굴에는 평안함이 가득하였다.

죽음에 임박한 그 순간에도 그를 향해 가장 강렬하게 돌을 던지는 사람을 위해 기도했다. 그 죄를 깨닫게 하기 위해서, 심지어 자신을 가장 증오하는 말을 들으며 맹렬히 공격을 퍼 부었던 사람을 위해서도, 저들이 죄를 깨닫기를 위해 기도했던 것이다. 스데반은 하늘을 우러러 보았다. 군중은 아무것도 보지 못했지만 그는 예수님을 보았다. 사울은 이 사람이 죽기 전 남긴 마지막 말에 대단한 관심을 나타내었다. 죽음 직전에 놓인 사람이 마지막 토해내는 말에는 그가 진실로 믿는 것과 어떻게 사는지에 대한 것이 들어있다.

스데반은 하나님 보좌 우편에 앉아 계시는 예수님을 보았다. 비록 그가 예수님을 살아 생전에 그 눈으로 한 번도 본적은 없었지만, 수없이 그분께 기도했기 때문에 죽음에 놓이게 된 지금 그분이 예수님이신 것을 깨달은 것이다. 마치 어떤 사람이 친구를 만나러 오는 것과 같은 모습으로 예수님께서 스데반에게 걸어오기 시작하셨다. 그리고 스데반은 예수님과 맞닿았다. 사울은 스데반의 기도하는 소리를 들었으며, 예수님을 본 사람이 아무도 없었지만, "주 예수여! 나의 영혼을 받으시옵소서." 사울은 울며 부르짖는 음성을 들은 것이다. 돌을 던졌던 주변의 모든 사람들도 들었던 것이다.

스데반은 순교하였지만, 사람들이 던진 돌이 폐의 숨결까지는 끊어놓지는 못한 것이다. 주 예수님은 그를 본향으로 데리고 가셨다.

그날 이후, 사울은 여전히 돌무더기가 있는 곳에 머물렀다. 그는 시체에서 흘러나온 피를 말리고 씻겨내기 위해 물을 가지고 나오는 많은 그리스도인들을 본 것이다. 그들은 부드럽게 향유를 바르며 수의와 같은 덮개로 스데반의 상처 난 부위를 가렸다. 사울은 그들의 하는 모습에 강한 인상을 받았다. 그는 또한 그들이 부드러운 손길로 만지며 스데반에게 사랑을 전하는 모습을 본 것이다.

며칠 후 사울은 기독교의 전파를 막기 위한 계획을 가지고 산헤드린에 갔다. 그들이 스데반을 돌로 쳤을 때, 그들은 기독교인들이 길거리에서 말씀을 선포하도록 방관하지 않았다. 더 이상 기도하기 위해 공식적으로 모여드는 사람이 없었다. 유대인의 첩자들은 알렉산드리아, 바빌론, 그리고 다메섹과 같은 다른 도시로 가기 위해 예루살렘을 떠나는 이들에 대하여 보고하였다. 예루살렘과 가까운 곳에 유대인의 거대한 공동체가 이미 형성되어져 있었기 때문이었다. 사울은 화가 치밀어 올랐다. "그리스도인들은 우리에게서 개종한 사람들이란 말이야!" 그는 산헤드린에서 70명의 의원들이 모여서 회의하고 있는 뒷줄에 서서 말하였다. 갑자기 그는 성전에 피를 담아 놓는 그릇이 있는 곳까지 주먹을 불끈 쥔 채 튀어 오르며, 격양된 목소리로 더욱 핏대를 세워 또박 또박 분명하게 말하였다. "우리는 기독교인들이 전파되는 것을 이대로 방치할 수는 없소이다. 막아야 합니다……." 그는 잠시 멈추고 한 사람 한 사람씩 차례로 바라보았다. 산헤드린의 모든 사람들은 그의 말이 옳다는 듯이 고개를 끄덕이며, 그의 계획에 찬성하였다.

"나는 다메섹으로 갈 것입니다." 사울은 제안하였다. "그리스도인들을 모조리 잡아오겠습니다. 예루살렘으로 도망친 자들을 체포해서 데려올 공문 하나만 써 주시오."

"너는 할 수가 없어!" 점잖게 빵을 뜯어 먹으며 늙은 랍비 한 사람이 말하였다. "우리는 다메섹에까지 이렇게 할 권리가 없어." 산헤드린의 의원들 중에 몇 사람이 그 말에 동의하듯이 맞장구를 쳤다.

저 쪽에 앉아 있던 의원 한 사람이 입을 열어 말하기를 "우리는 이 거룩한 땅 외에서는 합법적으로 권리를 행사할 수가 없소이다"라며 거들었다.

"그렇소이다." 사울은 늙은 의원들 가운데로 달려들었다. 사울은 가말리엘의 문하에서 공부했던 학생이었다. 그는 이미 모든 조사를 끝냈다는 듯 의기양양했다. "우리는 다메섹, 알렉산드리아, 그리고 바빌론에 대한 합법적인 권리를 가지고 있소이다." 사울은 지적하기를 멈추더니, 계속 말을 이었다. "우리는 유대 땅을 벗어난 로마 제국의 어느 곳이라도 합법적인 권리를 가질 수가 있소이다."

사울은 아무 말 없이 듣고 있는 의원들을 향해 역사적인 내력에 대하여 설명하였다. 그는 주전 68년에 이집트에서 폼베이를 함락시키기 위한 전쟁에서 대제사장이 어떻게 율리우스 시저에게 협조했는지를 설명하였다. 로마 황제 시저는 결국 당시 대제사장이었던 히레니우스 2세와 그의 계승자들에게 유대 땅 밖의 모든 로마 제국 영토에서의 영적인 권리를 부여해 주었다고 설명하였다. 그러면서 사울은 이런 말까지 하였다. "이들 그리스도인도 결국은 유대인이기에, 이들도 합법적으로 다스릴 권리가 있는 것입니다." 모든 사람들이 사울의 총명함에 미소를 지었다. 사울 역시도 사람들이 자신을 지켜보고 있다는 것을 알면서 뒤를 돌아 지긋이 웃음을 띠었다. 그리고 그는 계속해서 말을 이었다. "이 문제는 가장 절박한 영적인 상황입니다. 어느 곳에 있든지 저들은 우리 유대의 믿음을 위협하고 있습니다."

모든 산헤드린의 의원들은 사울의 말에 동의와 감사의 의미로 우레와 같은 박수로 격려하였다. 그러나 사울은 아직 그들에게서 찬사를 받고자 하지 않았다. 그는 또 한 마디 덧붙이기를 "우리는 다른 지역 그리스도인을 다스리는데 있어 이 권리를 마음껏 사용할 수 없을 것입니다. 그들은 그런다고 해서 포교하는 일을 멈추지 않을 것입니다. 스데반을 다루었던 것처럼 그들을 제재할 수는 없을 것입니다. 그리스도인들 가운데 지도자들을 체포해서 예루살렘으로 압송해야 합니다. 그리고 그들에게 돌에 대한 복수심을 조장시켜야 합니다."

"옳소이다!" 산헤드린 모두가 환호하였다. "그렇군!" "맞아!"

사울이 자신의 계획을 가지고 개인적으로 대제사장을 찾아가지는 않았다. 거절에 대한 두려움 때문이었다. 그가 너무 젊기 때문에 거절하면 어떨까라고 생각했었다. 그래서 사울은 대제사장이 주재하는 공식 의회를 이용했던 것이다. 사울은 대제사장에게 압력을 행사하는 산헤드린이 되기를 바랐던 것이다. 사울은 그날을 그렇게 보내고 산헤드린은 모든 계획에 동의하였다. 지금 대제사장이 동의하고 있는 것일까? 모든 눈이 사울로부터 대제사장에게 쏠리기 시작하였다.

청년 사울과 늙은 대제사장 사이의 긴장감이 방안에 가득했다. 성미가 급한 젊은 사람과 모든 일을 현명하게 처리하는 지혜로운 노인과의 세 대차였다. 산헤드린의 모든 눈이 젊은 사울의 표정에서 대제사장의 눈빛에 시선이 집중되었다. 그 노인이 사울의 초기 발제에 대한 동의를 할까? 대제사장은 서서히 말문을 열었다.

"나는 사울에게 권리 행사를 위한 공문서를 발급해 줄 것입니다."

교묘한 하나의 계획으로 아직도 30을 넘기지 않은 청년 사울이 산헤드린에서 일약 스타덤에 오른 것이었다. 새로운 지도자로 급부상을 한 것이다. 사울은 어떤 사람도 일생에서 얻기 어려운 권리를 쟁취한 것이었다. 그는 대제사장을 대표하는 사람이 된 것이고, 산헤드린에서 강력한 발언권을 얻은 것이었다.

몇 주 후 낙타와 조랑말이 끄는 마차와 여행에 지친 자들이 바카 계곡(역자 주-시 84:6에 눈물의 골짜기로 번역되어 있기는 하지만, 정확한 위치를 파악하기에는 어려운 곳임)의 서쪽인 발삼향(역자 주-한글 개혁 성경에 뽕나무로 번역된 버들과 낙엽 교목의 일종으로 향기가 나는 15미터 크기의 나무임, 삼하 5:23,24; 대상 14:14,15을 참고) 나무숲이 우거져 있는 산 근처에 도착을 하였다. 그들은 산 정상에 올라서서 멀리 보이는 다메섹을 바라다 볼 수 있었다. 그들은 뒤돌아보면서 바카 계곡을 가로질러 레바논의 삼목들을 볼 수 있었고, 남쪽으로는 거룩한 땅으로 이어진 산맥을 알리는 눈 덮인 헬몬산을 바라볼 수가 있었다.

사울은 유대 망명자들을 체포해서 예루살렘으로 압송하라는 대제사장으로부터 발부된 공식 문서를 가졌을 뿐만 아니라 대단한 신임까지 받고 있는 상태였다. 사울은 가장 우아하게 치장된 말을 타고 모든 행렬의 선두에서 이들을 이끌고 있다. 그는 조랑말의 뒤쪽이나 낙타의 털털거리는 뒤쪽에 있는 사람들과는 달랐다. 그는 값비싼 말에 호위 군병들까지 거느린, 그야말로 모든 이목이 집중되는 사람이었으며, 그의 명령에 따라 모든 것이 좌지우지하는 권력을 쥔 자였다. 그의 짐은 짐꾼들에 의해 운반되었고 아주 풍족하게 보였다. 시시 때때로 사울은 로마 군대의 우두머리처럼 높은 곳에서 전쟁터를 바라다보듯이 능숙능란하게 말을 달렸다. 그것은 자신의 가치에 대한 만족감이었다.

하지만 모든 것을 돈으로 샀기 때문에 그가 짐꾼들로부터 취할 수 있는 것이라고는 그의 말에 순종하는 채 하는 실속 없는 것들이었다. 짐꾼들은 사울이 유대인이고, 대제사장의 대리인이라는 존귀한 신분임에도 아랑곳하지 않았다. 그들은 단지 돈 받고 그의 말을 듣는 것일 뿐, 그를 존경하지는 않았다. 사울은 스데반의 시체 앞에서 보여주었던 부드러운 사랑을 기억해 냈다. 사울은 짐꾼들뿐만 아니라 산헤드린에서도, 그리고 가말리엘의 문하에서 공부할 때 그를 따르던 학생에게서 조차도 어떤 형태로든지 사랑이란 것을 경험하지 못했었다.

사울은 얼굴과 목에 난 땀을 닦기 위해 하얀 수건을 집었다. 그 순간 그는 정오의 태양을 바라다보았다. 사울이 이제까지 경험했던 어떤 것보다도 밝고 강렬하게 내리 쬐고 있는 빛이었다. 너무도 밝은 빛에 눈이 멀어버린 것이다. 하지만, 사울의 눈을 멀게 한 강력한 빛은 태양으로부터 발산된 빛이 아니었다. 그것은 주님이신 예수 그리스도 그분 자체였던 것이다.

사울을 태우고 있던 말이 두려움에 떤 나머지 거칠게 발을 걷어차며 뛰어 올랐다. 갑자기 내리 쬔 빛에 눈이 멀고 균형감각을 상실한 사울은 땅바닥에 떨어지고 말았다. 그는 손으로 얼굴을 가리고 아무 것도 볼 수가 없어 손으로 모래를 집어 눈에 비비며 이리저리 내둘렀다. 사울은 앞을 볼 수 없는 자가 된 것이다.

짐꾼들도 강력히 내리 쬐는 빛을 보았다. 그들은 땅바닥으로 짐을 떨어뜨리고 두려움에 부들부들 떨었다. 그들은 무슨 일이 일어났는지 알 수가 없었지만, 이 광경이 초자연적인 현상이라는 사실 하나만은 알 수 있었다. 그들은 하늘로부터 들려오는 음성을 들었지만, 그들에게는 단지 소음이었던 것이다. 그들은 음성 가운데 내포된 말씀을 알아들을 수가 없었던 것이다. 그 음성은 히브리말로 사울에게 말하였다.

"사울아, 사울아, 네가 어찌하여 나를 핍박하느냐?"

"누 누 누구십니까?" 사울은 더듬으며 말했다.

"나는 예수이다." 하늘로부터 내려온 음성이 대답하였다.

"네 생각에 너는 그리스도인을 핍박한다고 하겠지만, 그것은 네가 나를 핍박하는 것이란다."

사울은 재빨리 그 마음속에서 모든 것들을 정리하기 시작했다. 그는 그리스도인을 증오했고 그들을 잡아 죽일 생각이었다. 그것은 마치 다른 유대인 지도자가 예수 그리스도를 잡아 죽인 것과 같은 것이었다. 그는 그리스도인들이 외쳐댄 예수가 죽지 않고 다시 살아 있다는 사실을 알았다. 지금 예수는 그에게 말씀하고 있는 것이었다. 사울은 그 음성을 들었다.

"나는 예수이다. 진리를 거슬러 사는 것이 아주 힘든 일이구나."

사울은 펄쩍펄쩍 뛰는 말에서 떨어져 진흙 바닥을 엉금엉금 기다가 누어 버렸다. 사울은 곧 자신이 가장 합당하다고 생각했던 하나님을 향한 방법이 총체적으로 잘못되었음을 알아 차렸다. 그리스도인들은 어느 한 사람을 믿는 종교에 대한 좋은 체계만을 갖지는 않는다. 그들은 그리스도를 좇는다. 예수 그리스도에 대한 신성을 처음으로 깨닫게 된 사울은 이렇게 대답했다. "주님,… 주님,… 제가 무엇 하기를 바라십니까?"

이로서 사울은 예수 그리스도의 인격에 그 자신을 굴복시키고 말았다. 모든 것을 포기한 채 자신을 그분께 드리기로 한 것이다. 지금까지 지녀왔던 모든 신학을 새롭게 정리해야 하는 반면, 삶에서 요구되어지는 모든 변화를 통해 자신이 가야 할 방향을 생각해야만 했다. 하지만 땅바닥에 누워서 사울은 예수님이 누구신가에 대한 기념비적 전환기를 맞이한 계기가 된 것이었다. 비록 눈이 멀었을지라도 사울은 빛을 본 것이었고, 그는 예수 그리스도의 찬란함을 경험했던 것이었다. 순복하는 마음으로 사울은 이렇게 물었다.

"주님께서 제게 원하시는 것이 무엇이오니까?"

주님은 그에게 이런 가르침을 주었다.

"일어나 성으로 들어가라, 네가 무엇을 해야 할지 알게 될 것이다."

이미 말은 달아나 버렸고, 짐은 그대로 남아 있었다. 말에게는 짐이 관심 밖이었기 때문이었다. 눈 먼 주인을 위해 일하는 짐꾼들은 돈만 더 준다면 사울을 성 안으로 데리고 가야한다. 성문은 오른 편에 있었다. 사울의 양 팔을 부추기며 그들은 유다라고 부르는 유대인의 집을 향해 곧장 걸어갔다. 이 얼마나 멋진 장면인가! 사울이 들어간 길은 백마를 탄 승리의 입성은 아니었다. 사울은 짐꾼들의 손에 이끌린 채, 눈이 멀어 더러워진 옷을 입고 들어갔던 것이었다. 하나님께서 비천한 모습으로 그를 낮추신 것이었다.

사울은 눈이 보이지 않았기에 너무나 추한 모습이었다. 그는 눈이 멀었을 뿐만 아니라 눈에 모래를 문지르는 바람에 염증이 생겨 눈가에 피멍이 붉게 들어 있었다. 그가 눈을 뜨고자 하면 할수록 고통은 더욱 심했으며, 마치 눈동자를 바늘로 찌르는 듯이 아팠다. 빛에 노출되면 더욱 견딜 수가 없었다. 사울은 그 빛을 차단하기 위해 눈을 더 찡그려야만 했고, 눈에서 피가 나기까지 문질러야만 했다. 눈에서 피가 나면 날수록 눈을 더 비볐고, 빵 껍질처럼 딱딱하게 상처를 덮은 딱지가 추한 모습으로 군데군데 생겨났다. 사울은 영적으로도 눈이 멀었을 뿐만 아니라 지금은 육체적으로도 눈이 먼 상태이다.

사울, 아주 훌륭한 바리새인이었던 사울, 그는 율법에 순종을 한다는 의미로 많은 시간 금식하기를 밥 먹듯이 했다. 하지만 지금 하고 있는 금식은 근본적으로 달랐다. 사울은 스스로는 먹을 수도 마실 수도 없다. 마치 갑작스런 가족의 죽음으로 인해 식욕을 상실한 것과 같은 모습이었다. 이렇게 예수 그리스도를 만남으로 인해 옛사람 사울은 죽어버린 것이다. 그는 생각했다.

'나는 그리스도와 함께 십자가에 못 박히겠다. 예수님이 죽으면 나도 죽겠다. 예수님이 장사되면 나도 역시 장사되겠다.'

그날에 사울은 십자가를 경험하였다. 청년 신학도로서 사울은 예수 그리스도께서 하시는 말씀을 들어왔던 것이다.

"누구든지 나를 따라오려거든 자기를 부인하고 나와 함께 죽고 매일 자기 십자가를 지고 나를 따라 오거라."

그날에 옛사람의 사울은 완전히 죽은 것이었다.

그 성 건너편에 살고 있는 신실한 그리스도인 한 사람이 있었는데, 그에게 하나님께서 말씀하셨다. 그는 아나니아라고 하는 사람이었다. "알겠습니다, 주님! 제가 주님을 위해 무엇하기를 원하시나이까?"라며 아나니아는 대답했다.

겸손히 하나님을 믿는 자에게 하나님께서는 사울이라는 사람이 눈을 가리고 다시 보기를 기도하며 누워있는 집으로 가라고 말씀하셨다. 아나니아에게 주님은 사울이 눈이 멀었다고 말씀하셨다. 아나니아는 이의를 제기하였다.

"주님, 내가 듣기로 사울이라는 사람은 예루살렘에서 그리스도인들에게 악한 일을 아주 많이 한 사람이라고 합니다. 그가 다메섹에 그와 같은 일을 또 하기 위해 왔잖아요."

주님은 아나니아의 두려움에 이같이 말씀하셨다. "사울은 지금 기도하고 있는 중이란다." 그때 하나님께서 다시 아나니아에게 말씀하셨다. "사울은 이방인들에게 나를 전하기 위해 택한 그릇이니라. 과거에는 그가 그리스도인들을 핍박했지만, 앞으로는 나를 전함으로 인해 많은 핍박을 받을 것이니라."

사울이 머무는 작은 방이 있는 집은 직가(Straight)라고 불리는 거리에서 아주 가까운 곳에 있었다. 빛을 막기 위해 차단기가 내려져 있었고, 언제나 문은 닫혀 있었다. 사울의 눈이 멀었기 때문에 빛은 그다지 필요치 않았다. 추하게도 갈색을 띤 붉은 색 상처가 눈 주위를 덮고 있었다.

그 집 종은 물동이를 지고 와서 상처를 닦아내려 했지만, 사울은 어떤 도움도 거절하였다.

어두운 방에는 단지 의자와 물 컵 하나가 놓인 테이블, 그리고 빵 몇 조각이 전부였지만, 사울은 모든 것을 거부하였다. 사울은 마룻바닥에 엎드려 누운 채 기도하고 흐느껴 울며 회개만 할 뿐이었다. 그는 그 일생이 눈먼 상태로 지내면 어쩌나 하는 생각을 했지만, 육신의 눈이 치료되는 것을 원하지는 않았다. 오히려 치료가 필요했던 것은 영혼의 눈이었던 것이다. 그는 영적인 눈이 열려지기 위해서 기도하였다.

삼 일 후 아나니아는 방문을 두드렸다. 방으로 들어오면서 그는 사울에게 이렇게 설명하였다. "당신은 나의 형제요… 그 이유는 예수님이 당신에게 나타나셨기 때문이오."

사울은 대답할 수가 없었다. 단지 동의한다는 의미로 고개만 끄덕일 뿐이었다. 아나니아는 계속해서 설명하기를 "예수님께서 당신에게 안수하고 시력을 되찾을 수 있도록 기도해 주라고 말씀하셨소……. 그러면 당신은 성령의 충만함을 받을 것임이오."

사울은 마룻바닥에 누어있는 자리에서 일어나 무릎을 꿇었다. 약속한 바와 같이 아나니아는 두 손을 사울의 머리에 얹고 기도하였다.

"주님, 이 사람의 눈을 치료해 주옵소서. 성령을 충만케 하옵소서. 이 방에 복음을 선포하도록 그를 사용하여 주옵소서."

기도가 끝나자 사울은 그 즉시로 볼 수가 있었다. 그렇게 쑤시고 아프던 고통이 한 순간에 사라져 버렸다. 그는 어떤 일이 일어나고 있음을 알았다. 왜냐하면 자신의 마음을 볼 수 있었으며, 색깔을 볼 수 있었으며, 동작이나 자신의 깊은 내면을 드려다 볼 수 있었기 때문이었다. 사울은 눈을 뜨기 위해 깜빡거렸다. 그가 감당할 수 없었던 것은 상처로 인한 심한 고통이었다. 하지만 상처는 깨어져 바닥에 떨어져 버렸고, 사울의 눈을 가리고 있던 손을 떼자 다시 시력을 회복한 것이었다. 그가 마음으로 볼 수 있었던 것을 지금 눈으로 직접 보고 있는 것이었다.

사울은 구원되었다. 눈도 치료 되었다. 하나님의 말씀을 전하라고 부름도 받은 것이다. 하지만 육신적으로 그는 많이 약해 있었다. 삼 일 동안 집중적으로 기도하느라 상태가 많이 약화된 것이었다. 그는 기진맥진하였다. 삼 일만에 처음으로 그는 몇 모금의 물을 입에 대었고, 빵을 조금 먹었다. 그는 육신적인 강함이 필요했던 것이다.

믿음의 형제들이 아나니아를 후원하기 위해 모여들었고, 사울을 위해 함께 기도하였다. 그들의 믿음에 대한 보상으로 사울은 그들에게 세례를 받았다.

만남 이 후

산헤드린의 많은 의원들 중에 한 사람이었던 사울이 이제는 바울이 되었다. 이방인을 위한 사도가 된 것이다. 회심 전에는 그리스도인들을 핍박했지만, 지금은 오히려 유대인들에게 핍박을 받게 되었고, 유대인들은 그를 죽이려고까지 했으며, 처음에는 다메섹에서 그리고 나중에는 예루살렘에서까지 죽을 위기를 맞이하기도 했었다. 바울은 교회가 세워

질 곳이면 어느 곳이나 달려갔고, 유대인들은 그를 따라 다니며 비판하고 감금하고 돌을 던지며, 그를 암살하기 위해 음모를 꾀하기도 하였다. 의심할 것 없이 다메섹 도상에서 예수님을 만난 이 사람은 기독교를 전파하는 일에 있어 가장 영향력 있는 사람이 된 것이다. 그리스도와의 만남은 그로 하여금 희생적 섬김이 되도록 동기를 부여해 준 것이었다. 그는 복음을 선포했으며, 많은 서신들을 기록하였고, 제자들을 양육하였으며, 기독교에 대한 미래의 방향설정에 많은 영향을 끼치었다.

하나님과의 만남을 통한 사도 바울의 교훈

1. 예수님을 만남에 있어 기본 원리는 논리적인 설명이나 개인의 경험이 아닌 예수 그리스도를 통한 경험에 기초한다.

가말리엘 문하에서 논리와 수사적인 교육과 훈련을 철저하게 받았던 사울은 확실하게 기독교와 대항해서 논쟁할 수 있었으며, 자신의 믿음을 방어할 합리적인 논쟁의 근거를 가지고 있었다. 하지만, 예수님을 본인 스스로가 만났을 때는 어떠한 방어도 할 수가 없었다. 이와 같은 방법에 따라 많은 무신론자와 하나님의 말씀을 의심하는 회의론자들은 그들이 예수님을 만남으로 자신들도 믿는 자가 된 것이다. 성경이 하나님의 말씀이라는 사실을 증명할 사람은 아무도 없다. 하나님의 존재에 대한 논쟁을 흥미롭게 생각하며 그것을 즐기는 사람은 아무도 없다. 그들이 구원자를 만나게 되면, 하나님이 실제로 살아 역사하시는 분이시며 그의 말씀이 진리라는 것을 안에서부터 깨닫게 되는 것이다.

> 내가 그리스도와 함께 십자가에 못 박혔나니 그런즉 이제는 내가 산 것이 아니요 오직 내 안에 그리스도께서 사신 것이라 이제 내가 육체 가운데 사는 것은 나를 사랑하사 나를 위하여 자기 몸을 버리신 하나님의 아들을 믿는 믿음 안에서 사는 것이라(갈 2:20).

2. 예수 그리스도와의 만남 이후 우리는 삶의 목적이 달라진다.

사울은 기독교인들을 체포하기 위해 다메섹에 가고 있었다. 그러나 그리스도를 만난 이 후 그는 말씀을 전하기 시작했다. "즉시로 각 회당에서 예수는 하나님의 아들이심을 전파하니"(행 9:20). 다메섹에서 사울은 자신이 본질적으로 생각했던 문제들을 중단하고 그는 그리스도에 대한 복된 소식을 전했던 것이다.

> 또 무리에게 이르시되 아무든지 나를 따라오려거든 자기를 부인하고 날마다 제 십자가를 지고 나를 좇을 것이니라(눅 9:23).

3. 주변에 있는 많은 사람들은 우리가 예수 그리스도와 만났을 때, 무슨 일이 일어났는지 이해하지 못한다.

사울과 함께 동행 했던 사람들은 사울이 듣고 본 것을 이해하지 못했었다(행 22:9). 우리가 예수 그리스도를 만났을 때 우리는 각기 다른 북을 치며 전진한다. 예수 그리스도를 알지 못하는 우리 주변의 많은 사람들은 무엇에 의해 동기 부여가 되었는지, 그리고 어떠한 목적을 가지고 있는지 이해하지 못한다. 아마도 그 이유는 하나님과의 수많은 만남이 개인적으로 이루어졌기 때문일 것이다. 하나님은 알고 계신다. 다른 사람들이 이해하지 못할지라도 그분은 종종 그분의 종을 개인적으로 만나신다는 것을!

> 나다니엘은 이 환상을 보고, 나와 같이 있는 다른 사람들은 그 환상을 보지 못하였다. 그들은 두려워하며, 도망쳐서 숨었으므로(단 10:7-표준 새번역).

4. 하나님과의 만남은 우리를 교만에서 멀어지게 하고 겸손하게 한다.

모든 사람들은 자신의 삶이 귀하고 화려한 옥좌에 앉게 되기를 소망한다. 우리 모두는 이기심이나 자기 본위적인 목표에 이끌림을 받는다. 하지만 예수 그리스도는 우리의 삶이 풍성한 위치에 앉게 되기를 바라고 계신다. 교만했던 사울이 예수님을 만났다. 그리고 그는 자신의 나머지 인생에 대하여 이렇게 말한다. "내가 아닌, 예수 그리스도"(갈 2:20).

> 형제자매 여러분 나는 아직 그것을 붙들었다고 생각하지 않습니다. 내

가 하는 일은 단 한 가지입니다. 곧 뒤에 있는 것을 잊어버리고 앞에 있는 것만을 바라보고, 그리스도 예수 안에서 하나님께서 위로부터 부르신 그 부르심의 상을 받으려고 목표를 향하여 달려가고 있습니다(빌 3:13,14-표준 새번역).

5. 하나님과의 만남을 통해 때로는 기쁘지 않은 일을 부여받기도 한다.

예수 그리스도를 만나기 전에 사울은 난 지 팔 일만에 할례를 받고, 이스라엘의 혈통이요, 베냐민의 지파요, 히브리인 중에 히브리인이요, 율법으로는 바리새인이라고 확신하며 증명해 보였다(빌 3:5). 그러나 예수님을 만남으로 인해 유대인만을 위한 사역에서 벗어나 이방인을 위한 사도가 되었던 것이다.

주께서 가라사대 가라 이 사람은 내 이름을 이방인과 임금들과 이스라엘 자손들 앞에 전하기 위하여 택한 나의 그릇이라 그가 내 이름을 위하여 해를 얼마나 받아야 할 것을 내가 그에게 보이리라 하시니(행 9:15,16).

6. 우리가 예수 그리스도를 만남으로 친구들과 동료들이 때로는 우리와 등을 돌리기도 한다.

유대인의 대변자로서 사울은 그리스도인들을 체포해서 예루살렘으로 압송하기 위해 공문서를 가지고 다메섹으로 갔다. 사울이 예수 그리스도를 만남으로 인해 사울과 함께 일하던 동료들이 오히려 사울을 죽이려고 계획하였다. 그것은 마치 전에 사울이 그리스도인들을 죽이려고 음모하던 것과 같다. 다메섹에서 "사울 죽이기를 공모하더니"(행 9:23). 사울은 예루살렘으로 도망갔는데, 거기서도 "그 사람들이 죽이려고 힘쓰거늘"(9:29). 아마 사울과 같이 우리도 친구들이나 동료들로부터 사랑을 받지 못한 경우도 있을 것이다. 그들은 우리가 그들을 위해 무언가를 해 줄 수 있을 때 사랑할 것이다.

> 사랑하는 여러분, 여러분을 시험하려고 시련의 불길이 여러분 가운데 일어나더라도 무슨 이상한 일이나 생긴 것처럼 놀라지 마십시오, 오히려 여러분이 그리스도의 고난에 참여하는 것이니, 기뻐하십시오, 그러면 그의 영광이 나타날 때에, 여러분이 기뻐 뛰면서 즐거워하게 될 것입니다(벧전 4:12,13-표준 새번역).

7. 하나님은 우리가 예수 그리스도를 만날 수 있도록 도와줄 사람을 계획하고 계신다.

다메섹에서 아나니아라고 불리는 믿음의 형제가 있었다. 그는 성경에서 한번도 언급되지 않았던 인물이며, 그후에도 전혀 거론되지 않았다. 분명 그는 인생의 찬란한 순간을 위해 나타난 인물이었고, 사울이 예수 그리스도와 만날 수 있도록 결정적으로 도와준 사람이었다. 비록 아나니아가 사울에 대한 선지식 때문에 처음에는 그에게 가기를 망설였다하더라도 그는 결국 하나님께 순종하여, 사울을 안수하여 눈이 치료되기를 위해 기도해 주었다. 하나님께서는 사울에게 그분의 말씀을 전하기 위해 아나니아를 사용하셨기에 사울은 이방인의 사도가 될 수 있었던 것이다.

빌립이 달려가서 그 사람이 예언자 이사야의 글을 읽는 것을 듣고 "지금 읽으시는 것을 이해하십니까?" 하고 물었다. 그가 대답하기를 "나를 지도해 주는 사람이 없으니, 내가 어떻게 깨달을 수 있겠습니까?" 하고 올라와서 자기 곁에 앉기를 빌립에게 청하였다(행 8:30,31-표준새번역).

적용   생각하며 실천하기

- 나는 논리와 생각이 아닌 그리스도로 인한 나의 믿음을 증명한다.

- 나는 예수 그리스도를 만남으로 인해 내 인생의 방향이 새롭게 설정된다.

- 나는 주변에 있는 사람들이 무슨 일이 일어났는지 알지 못할 때에도 그리스도를 만날 수 있다.

- 나는 그리스도를 만남으로 인해 말씀 안에서 겸손해 진다.

- 나는 그리스도를 만남으로 인해 때로는 기쁘지 않은 일을 부여받는다.

- 나는 그리스도를 만남으로 인해 친구를 잃을 수도 있다.

- 나는 그리스도와의 만남을 이해하기 위해 다른 믿음의 형제로부터 도움을 받을 수도 있다.

맺음말
EPILOGUE

하나님과의 만남을 위한 당신의 청사진
(Your Blueprint for an Encounter with God)

지금 당신은 인생이라고 하는 긴 여행을 하고 있다. 당신은 하루하루를 지나는 여행을 할 때마다 갈림길과 사거리를 만나게 된다. 바로 이런 결정의 순간이 당신에게 있어 중요한 전환점이 된다. 이 전환점은 당신을 높은 수준으로 여행하도록 끌어올리기도 하고 낮은 데로 떨어뜨리기도 한다. 결혼, 자녀의 출산 그리고 새로운 직장으로의 이동 등, 당신은 어떤 전환점을 기대하며 여행을 한다. 사고나 이혼이나 실직 등과 같이 길에서 벗어나는 예기치 않은 전환점을 맞기도 한다.

당신은 어떤 전환점에 이르면 하나님을 만날 수 있을 것이다. 문제를 해결할 수 있고, 새로운 직장으로 향하도록 하기 위해 하나님을 만나기도 하고, 혹은 예기치 않은 장소에서 하나님을 만남으로 인해 당신의 인생이 보다 풍성해 지기도 한다.

당신은 진정 하나님과의 만남을 기대하고 있는가? 그렇다고 가정해 보아라. 당신이 정말로 하나님이 필요하다고 가정해 보아라. 당신이 하나님을 만나는 일에 있어 절망적이거나 삶의 위기 가운데 놓였다고 가정해 보아라. 당신은 하나님을 어떻게 찾을 것인가? 인생의 수많은 전환점 중에서 단 한 번, 당신은 어떻게 하나님을 깨달을 수 있을 것인가? 당신은 어떻게 하나님과의 만남을 통해 인생에 유익을 얻을 것인가? 여기 당신이 하나님을 만나는 일에 있어 이해를 증진할 수 있도록 도와 줄 여섯 가지의 실마리들과 함께 문제를 해결해 보고자 한다.

여섯 가지의 실마리

당신은 과거에 하나님을 만났던 사람들만 생각할 것이다. 성경 속에서는 하나님께서 사람들을 만나셨지만, 오늘날은 그렇지 않다고……. 그러나 예수님은 밧모섬에서 요한에게 말씀하셨다. "나는…… 이제도 있고, 전에도 있었고, 장차 올 자요……"(계 1:8). 이 말씀의 의미는 예수님께서 지금도 우리 가운데 살아 계시고, 미래에도 살아계실 것이라는 뜻이다. 그리스도는 지금 당신을 만날 수 있다. 그 이유는 이 책이 살아 있는 사람들의 생애 가운데 하나님을 만난 사실을 증명해 주고 있기 때문이다.

1. 지금도 당신은 하나님을 만난다.

하나님과의 만남은 모든 사람들에게 열려있다. 물론 당신도 예외는 아니다. 기드온이나 예레미야와 같은 젊은이들도 하나님을 만났고, 시내산에서의 모세나 밧모섬에서 요한과 같은 노인들도 하나님을 만났다. 그러므로 하나님을 만나는 일에 있어 나이와는 전혀 상관이 없다는 의미이기에, 당신도 하나님을 만날 수가 있는 것이다. 사람들에게는 다양한 목적으로 하나님을 만난 경험이 있다. 구원 받지 못한 이들에게는 사울과 같이 회심을 위해, 경건한 자들에게는 하나님께 드릴 예배를 위해 그리스도를 만났다. 또 어떤 이들은 사명을 감당하도록 부르심을 위해, 새로운 일을 위해, 격려해 주기 위해, 그리고 자만심을 깨거나 타락으로부터 회복을 위해 그리스도를 만났다. 그러므로 어떤 문제가 당신의 인생 한 복판에 놓여 있다고 해도 문제가 되지 않는다. 당신은 그 문제를 해결 받기 위해 하나님을 만날 수 있는 것이다.

2. 하나님과의 만남에서 제외되는 사람은 없다.

성경에서 하나님을 만난 사건들이 정말이라면 당신은 의심할 수도 있을 것이다. 어떤 사람은 혹 이 이야기가 가공된 것이 아닌가라고 생각할 수도 있을 것이다. 하지만, 성경에 기록된 모든 이야기들은 사실로서 소개되고 있으며, 특히 개인적인 경험에 대한 증거들이 입증되고 있다. 당신이 성경에 소개되고 있는 내용의 동의 여부에 관계없이 시련 때마다 보인 증거들과 비교된 사실을 보더라도 충분히 입증할 수 있을 것이다. 증언자들이 같은 사건을 서로 이야기 하며 짜 맞추어 "공모한 증거들"이라고 한다면, 이 증거들이 때로는 법정으로 던져지기도 한다. 그러나 이 책의 증언에서는 공모한 증거들은 없다. 하나님을 만난 사람들은 시대와 장소와 문화와 그리고 언어적인 상황에 따라 각기 달리 나타나고 있다. 그들 모두는 하나님을 만났다. 하지만 그들이 처한 환경은 모두가 달랐고, 그 결과도 다르게 나타났다. 다만 한 가지 변하지 않는 것이 있다면 그들이 하나님과 만났다는 사실이다. 이 책에서의 증언들은 동일하게 증거하고 있으며 그것은 그들이 하나님을 경험하고 만났다는 사실이다. 그러므로 이 증언들은 사실로서 받아들일 수 있는 것이다.

3. 하나님과의 만남은 실현될 수 있다.

당신에게 처한 문제의 해답이 단순히 경험에서도, 또는 중요하다고 여겨지는 일들에 초점을 맞춘다고 얻어지는 것이 아니다. 그것은 단정 지을 수 있는 문제도 아니고 그렇다고 감정의 문제도 아니다. 당신은 하나님을 만나야 한다. 당신이 가장 필요한 존재는 하나님이시다. 그분은 당신이 어려운 위기에 처에 있거나 당신이 인생 가운데 잡고 싶거나 도달하고 싶을 때, 당신의 문제를 통해 당신을 도와 줄 수 있는 능력을 지닌 분이시다. 하나님은 당신에게 문제 해결의 실마리를 제공하실 수 있는 분이시다. 그러나 대부분의 사람들이 하나님으로부터 그 필요성을 깨닫지 못하고 있다. 기독교 역사에서 초대 교부였던 성 어거스틴은 그의 말을 통해 이미 자신의 문제를 깨달았던 것이다.

"주님은 스스로를 위해 우리를 빚었고, 주 안에서 안식을 찾고서야 비로소 우리의 마음이 평안을 얻을 수가 있었나이다."

4. 하나님을 찾아라.

하나님께서는 당신에게 보다 훌륭한 인생을 주겠다고 약속하셨다. 성경에서 이런 약속된 사실을 확인하기 바란다. 예수님은 우리의 삶을 풍성하게 채우시겠다고 말씀하셨다(요 10:10). 바울은 믿는 자들이 사랑으로 깊이 뿌리 내려지기를 원했다(엡 3:17). 그분은 또한 우리가 넉넉히 이겨 나갈 수 있도록 약속하셨다(롬 8:37). 하나님께서는 하늘의 문을 열어 놓으시고 우리가 생각하는 것보다 더 풍성한 복으로 부어 주시겠다고 성경은 말씀하고 있다(말 3:10). 우리는 말할 수 없는 기쁨으로 영광스럽게 될 것이라고 베드로는 말했다(벧전 1:8).

5. 하나님과의 만남은 유익하다.

당신은 이 모든 만남에서 한 가지 형태를 찾을 것이다. 엘리야는 깊은 낙심 가운데서 예배의 새로운 영적 감동을 받았다. 이사야는 무참히 깨어진 꿈에서 인생의 새로운 목적을 발견하였다. 사울은 반역하는 일을 통해서 순종하는 일을 찾았다. 에스겔은 평범하고 지루한 그의 삶 속에서 능력의 새로운 감동을 얻었다. 요한은 갇힌 상황 속에서 예배에 대한 자유를 찾았다. 성경에 소개된 많은 사람들이 하나님을 만났지만, 모든 만남이 삶이 변화하는 것만을 의미하지는 않는다. 이 책에서 소개되고 있는 하나님과의 만남은 일곱 가지 단계로 정의될 수 있다. 당신이 하나님과의 만남을 통해서 일곱 가지 원리를 찾아보아라. 다음 부분은 이 일곱 원리를 검증하고 있다.

6. 당신이 하나님을 만났을 때 이와 같은 원리들을 따르라.

하나님과의 만남은 다음 일곱 가지 원리에 따라 나타나는데,

(1) 하나님께서 당신을 의도적으로 만나고자 하실 때,

(2) 개인적으로 필요를 절감할 때,

(3) 예기치 않은 상황에서

(4) 하나님께서 당신에게 하나님 자신에 대하여 드러내고자 하실 때,

(5) 당신 자신 스스로에 대해서 무엇인가를 배울 수 있을 때,

(6) 무언가 특별한 일에 당신이 준비되어질 때,

(7) 만남에 대한 신비로운 요소들을 당신이 충분히 이해하지 못했을 때,

이 같은 원리들을 통해 당신은 하나님을 만날 수 있다.

하나님의 의도에 의한 만남: 기대감이 거의 없는 사람에게도 어떤 만남은 하나님의 의해서 계획되어진다. 어떤 때에는 물러서지 않고 기도하는 일에 열정을 보일 때에도 하나님은 다가오신다. 야곱이 하나님을 꼭 붙잡은 채 놓치 않고 밤새도록 하나님과 씨름하였다. 약속의 땅으로 모세를 인도하도록 하나님께서는 단지 천사들만을 보내시지는 않았다. 모세는 믿음으로 이렇게 여호와께 고하였다. "주께서 친히 가지 아니하시려거든 우리를 이곳에서 올려 보내지 마옵소서"(출 33:15).

> 나 주 여호와가 말하노라 나 곧 내가 내양을 찾고 또 찾을 것이라
> (겔 34:11).

절실한 필요를 느낄 때: 믿음이 상실되고 극심한 낙심에 빠져있을 때, 엘리야는 하나님을 만났다. 예레미야, 이사야 그리고 에스겔은 그들이 자신의 나라가 주변 강대국에 의해 무참히 짓밟힐 때 바로 그 순간에 하나님을 만났다. 야곱은 복수의 칼날을 갈고 달려든 형과 맞닥뜨릴 무렵 두려움에 떨고 있을 때, 하나님을 만났다. 이러한 문제는 이들이 하나님을 찾고자 하는 데 동기부여가 된 것이다. 그러나 어떤 사람들은 비록 그들이 하나님께 등을 돌릴지라도 하나님에 의해서 만나게 된다. 사울은 다메섹 도상에서 예수님을 만났을 당시, 그리스도를 증오했었다. 베드로는 예수님을 세 번씩이나 부인했었다. 이러한 만남에 있어 놀라운 사실은 사람들이 하나님을 필요로 했을 때, 그분은 찾아오신다는 사실이다.

> 그러나 마음속으로 곰곰이 생각하며 오히려 희망을 가지는 것은 주의 한결같은 사랑이 다함이 없고 그 긍휼이 끝이 없기 때문이다(애 3:21,22-표준 새번역).

예기치 않았을 때: 어떤 사람들은 하나님과의 만남을 기대하지 않는다. 마리아는 시신에 향유를 바르기 위해 동산에 왔지만, 결국에는 살아계신 예수님과 대화를 하였다. 에스겔이나 예레미야와 같은 이들의 경우는 다른 이들을 위해 축복하며 기도했고, 만남의 놀라운 은혜를 경험하였다. 또한 어떤 이들은 자신을 위해 하나님이 무언가를 해 주시기만을 바랐지만, 그들의 기대 이상으로 만남의 은혜를 경험하였다.

오묘한 일은 우리 하나님 여호와께 속하였거니와 나타난 일은 영구히 우리와 우리 자손에게 속하였나니 이는 우리로 이 율법의 모든 말씀을 행하게 하심이니라(신 29:29).

하나님께 받은 새로운 메시지(말씀): 하나님께서는 분명한 목적을 가지고 우리를 만나신다. 보통의 경우 우리를 위한 특별한 말씀으로 찾아오신다. 요한에게는 계시록을 기록하기 원하셨다. 그것은 간단하면서도 아주 명확한 사명을 주신 것이다. "네 본 것과 이제 있는 일과 장차 될 일을 기록하라"(계 1:9). 동산에 있었던 막달라 마리아와 같은 사람들은 개인적인 메시지가 필요했다. 예수님은 그를 위로하셨고, 그녀의 믿음을 다시 확신시킨 것이다.

주, 나의 하나님, 주께서는 놀라운 일을 많이 하시며, 우리 위한 계획을 많이도 세우셨으니, 주님과 견줄 사람이 아무도 없습니다. 내가 널리 알리고 전파하려 해도 이루 헤아릴 수 없이 많습니다(시 40:5- 표준 새번역).

하나님을 깊이 아는 것: 하나님께서는 우리가 하나님을 깊이 그리고 친밀하게 알기를 원하신다. 그분이 우리를 만나 주심은 우리가 하나님께 예배하고 그분과의 만남을 위함이다. "하나님 아버지는 예배하는 자를 찾으신다"(요 4:23). 우리가 하나님께 예배하고 찬양 드렸을 때, 우리는 그분에 대하여 보다 많은 것을 배우게 되고, 그러므로 보다 깊게 그분을 섬기게 된다.

나 주가 이렇게 말한다. 지혜 있는 사람은 자기의 지혜를 자랑하지 말아라. 용사는 자기의 힘을 자랑하지 말아라. 부자는 자기의 재산을 자랑하지 말아라. 오직 자랑하고 싶은 사람은 이것을 자랑하여라. 나를 아는 것과 나 주가 긍휼과 공평과 공의를 세상에 실현하는 하나님인 것과 내가 이런 일 하기를 좋아한다는 것을, 깨달아 알만한 지혜를 가지게 되었음을, 자랑하여라. 나 주의 말이다(렘 9:23,24-표준 새번역).

변화됨: 우리가 하나님을 만난 이후에는 새롭게 달라질 것이다. 하나님과의 만남은 우리의 삶을 변화시킬 것이다. 야곱은 육신적으로는 절뚝거리는 사람이었지만, 그가 겉으로는 하나님을 대면했다는 사실을 보았으며, 안으로는 하나님 앞에서 겸손하게 변했다는 사실이다. 모세가 얼굴에 광채가 난 것이나, 아브라함이 아들을 얻고, 바울이 사역의로의 부르심을 받은 것, 그리고 베드로가 사역을 위해 새로운 사명을 받은 것은 하나님을 만난 이후 자신들의 변화에서 비롯된 것이다.

너희를 두고 계획하고 있는 일들은 오직 나만이 알고 있다. 내가 너희를 두고 계획하고 있는 일들은 재앙이 아니라 번영으로서, 너희에게 미래에 대한 희망을 주는 것이다. 나 주의 말이다(렘 29:11-표준 새번역).

삶의 환경에서의 신비스러움: 우리가 하나님을 만나는 일에는 이해할 수 없는 경우들이 많이 발생한다. 왜 하나님은 야곱의 환도뼈를 치기 전에 밤새도록 그와 씨름을 해야만 했는가? 어떻게 천사가 핀 숯을 이사야의 입에 댈 수가 있었는가? 에스겔이 보았던 바퀴 안에 바퀴는 무엇이란 말인가? 우리는 하나님의 무한하심에 대하여 모든 것을 이해하지 못한다. 왜냐하면 우리는 유한한 존재이며, 인간으로서 제한되어 있기 때문이다. 하나님이 하시는 일 가운데는 어떤 신비스러움이 있다. 우리는 아직도 영적으로 어둡게 하는 죄의 본성을 지닌 채 살고 있다. 이것 때문에 우리는 주변에서 일어나는 일들을 영적으로 분별하지 못할 경우가 종종 있는 것이다. 바울은 우리에게 다음과 같은 말씀으로 상기시킨다. "지금은 우리가 거울 속에서 영상을 보듯이 희미하게 보지마는 그때에는 우리가 얼굴과 얼굴을 마주 볼 것입니다. 지금은 내가 부분밖에 알지 못하지마는 그때에는 하나님께서 나를 아신 것과 같이 내가 온전히 알게 될 것입니다"(고전 13:12-표준 새번역). 하나님과의 모든 만남에는 신비로움이 있다. 아마도 하나님께서는 우리 주변에서 일어나고 있는 모든 것들을 설명하지 않으실 것이다. 왜냐하면 그분은 우리의 믿음을 시험하고 계시기 때문이다. 만일에 우리가 하나님을 신뢰하며 그분께 전적으로 순종하게 될 경우에 우리로 하여금 이런 사실들을 알기 원하실 것이다. 우리가 예배 때마다 하나님께 경배하며 전적으로 그분의 뜻에 복종하기를 바라고 계신다.

> 여호와의 말씀에 내 생각은 너희 생각과 다르며 내 길은 너희 길과 달라서 하늘이 땅보다 높음같이 내 길은 너희 길보다 높으며 내 생각은 너희 생각보다 높으니라(사 55:8,9).

결론
CONCLUSION

나에게는 성공회 교회의 목사로 있는 한 친구가 있다. 그는 예배를 시작할 때마다 하나님께 대한 특별한 기원을 드린다. 당신은 이 책을 읽고 난 후에 축복에 대한 이 기도에 감사를 할 것이다. 그는 손을 올려 말하며 그의 성도들을 향해 이렇게 인사를 한다.

"오늘 여러분은 하나님을 터치할 수 있을 것입니다…. 지금 여기서… 지금 이곳에서 여러분은 하나님의 임재 가운데 들어오셔서 하나님을 터치할 수 있을 것입니다."

그리고 성공회 목사인 나의 친구는 성도들을 향해 미소를 지으며 어떤 목사들이라도 성도들에게 약속할 수 있는 아주 큰 소망을 불어 넣어 주었다.

"그러나 당신이 하나님을 터치하는 것보다 더 중요한 것이 있습니다. 그것은 바로 하나님이 당신을 터치하는 것입니다."

당신은 2년 전 혹은 20년 전에 경험했던
똑같은 경험을 기대하지 마시오.
당신은 신선한 경험을 새롭게 만나실 것이고,
그리고 하나님께서는 그분 자신의 방법으로
당신을 어루만지실 것이다.

무디 (DWIGHT L. MOODY)